数据包络分析

平衡标杆法

〔加〕Wade D. Cook　〔美〕Joe Zhu　著
吴华清　译

科 学 出 版 社
北 京

图字：01-2016-2619 号

内 容 简 介

本书较为全面、系统地介绍了数据包络分析(DEA)理论的基本原理、经典模型、算法设计、主流应用以及基于 Excel 平台的模型运算与分析软件的使用指导。全书共 14 章，主要内容包括：线性规划介绍、数据包络分析的基本概念及软件实现、径向效率和 DEA 乘子模型、DEA 对偶模型、DEA 模型和规模报酬、特殊情形下的 DEA 模型、基于松弛和非径向的 DEA 模型、权重约束、超效率 DEA 模型、基于 DEA 的 Malmquist 指数、情境依赖 DEA 模型、灵活指标、交叉效率、基准模型。本书设计了诸多案例，同时推出配套的案例数据及练习等文件信息下载(请访问网址 http://www.ecsponline.com/，选择“网上书店”，检索图书书名，在图书详情页面“资源下载”栏目中获取)，方便读者学习和使用。

本书内容由浅入深，语言通俗易懂，可读性强，且较好地平衡了 DEA 理论与方法的基础性与前沿性。不仅可作为高等院校经济类、管理类专业本科生、研究生(包括 MBA)的教材，也可作为对经济管理定量分析方法感兴趣的学者及研究人员的参考用书。

Data Envelopment Analysis: Balanced Benchmarking, Wade D. Cook and Joe Zhu, 978-1492974796.

图书在版编目(CIP)数据

数据包络分析：平衡标杆法 / (加)韦德·D. 库克 (Wade D. Cook)，(美)朱乔 (Joe Zhu)著；吴华清译. —北京：科学出版社，2017.9

书名原文：Data Envelopment Analysis: Balanced Benchmarking

ISBN 978-7-03- 054411-7

Ⅰ. ①数… Ⅱ. ①韦…②朱…③吴… Ⅲ.①统计数据–统计分析–教材 Ⅳ. ①O212.1

中国版本图书馆 CIP 数据核字 (2017) 第 221095 号

责任编辑：王腾飞 曾佳佳 / 责任校对：邹慧卿
责任印制：张 伟 / 封面设计：许 瑞

科学出版社 出版
北京东黄城根北街 16 号
邮政编码：100717
http://www.sciencep.com

北京厚诚则铭印刷科技有限公司 印刷
科学出版社发行 各地新华书店经销
*
2017 年 9 月第 一 版 开本：720 × 1000 1/16
2022 年 2 月第四次印刷 印张：14 5/8
字数：300 000

定价：89.00元

(如有印装质量问题，我社负责调换)

序

效率分析一直受到经济管理学者与实践者高度关注。它所蕴含的科学问题主要有如下四个方面：①效率评价，即通过主观或客观的角度、定量或定性的方法、自评或他评的机制、既定或未定的准则、静态或动态的层次，对被评对象的效率状态进行合理的判断；②效率机理，即对被评对象的效率高低的原因进行判定，既包括如效率分解的直接成因分析，也包括如影响因素的间接机理分析；③效率改进，即基于效率评价的结果，对被评对象的效率提升给出指导性对策，其改进的依据和方向可能是既定的准则，又可能是特定的标杆；④效率学习，效率学习是以效率机理为基础而发生的效率改进，是前三项科学问题的综合，通常而言，效率改进发生在同类样本的互相借鉴之中，而效率学习则是基于效率机理而发生的跨行业、跨时间的深度学习和提升。

作为非参数效率分析方法的典型代表，数据包络分析 (data envelopment analysis, DEA) 自 Abraham Charnes, William W. Cooper 以及 Eduardo Rhodes 这三位教授于 1978 年提出至今，已有 40 年整。John W. Boudreau 教授在 *Management Science* 创刊 50 周年庆祝专辑中撰文指出，“组织效率管理之所以被主流管理科学所接纳为一个子专题，并被广泛研究，是因为它拥有一种方法，这种方法就是数据包络分析。”

加拿大约克大学 (York University) 的 Wade D. Cook 教授与美国伍斯特工学院 (Worcester Polytechnic Institute) 的 Joe Zhu 教授，均是 DEA 领域的国际知名学者。该书是他们倾力编写的有关 DEA 的基础性著作。该著作有如下特点：①基础性，全书以清晰的逻辑阐明了 DEA 的基本原理、经典模型、算法设计、主流应用，通过阅读该书，读者能够非常轻松地学习到 DEA 的思想精髓，对于 DEA 在中国的进一步传播具有很好的推动作用；②应用性，作者不仅提供了有利于使用 DEA 工具的软件使用指导，而且还通过各种案例的提供，阐明了如何使用 DEA 来指导实践管理活动；③学术前沿性，该书的后半部分，将 DEA 近年的主要学术发展进行了高度凝练。通过该书，读者能够快速把握 DEA 研究的前沿命题和未来的议题方向，对于有志在本领域开展学术研究的读者是十分有帮助的。

中国学者已经在 DEA 领域国际学术研究团队中占有重要的一席之地，而且他们的国际影响力正不断提升。作为中国的一名管理科学学者，我衷心期待中国的 DEA 研究学者和学生能够从该书中得到更多的启发，也能够在未来国际学术研究中代表中国做出更多创新性的贡献；同时，我也衷心期待更多的实业界人士能够通过该书了解 DEA 的研究价值和应用前景，能在实践中更多地使用 DEA 工具来改进管理效率。最后，作为 Wade D. Cook 教授与 Joe Zhu 教授的学术合作伙伴，我衷心祝愿他们向中国读者提供的这份礼物能够结出丰硕的成果。

是为序。

2017 年 8 月

目　　录

第 1 章　线性规划介绍

1.1 引　　言

作为数据包络分析 (data envelopment analysis, DEA) 方法的核心，本章我们先介绍线性规划 (linear programming, LP) 的概念，在本书的后续章节中我们将深入探讨 DEA 方法和模型。尽管线性规划有许多理论概念，但是在本章中我们重点研究某些在 DEA 方法中具有一般适用性的简单应用。作为一类简单常见的线性规划应用，我们很容易通过它来理解线性规划的几何性质，以及用于分析此类问题的电脑软件 (Solver)。

1.2 线性规划模型

线性规划模型是一种可以帮助管理者制定决策的方法。20 世纪 40 年代末期第二次世界大战结束后，伴随着大量物流问题的兴起，线性规划模型就对许多组织产生了重大的影响。

以下是几个线性规划简单应用的例子：

(1) 一家工厂需要制订生产/库存计划来满足未来销售需求。理论上，这些生产计划与政策要既能满足公司销售需求，又能确保总生产和库存成本最小。

(2) 一位金融分析师想要从各类股票及债券中选择出投资组合来，他需要在考虑风险因素的同时，制定一种投资组合使得投资回报率最大。

(3) 一位营销经理想要在广播、电视、报纸及杂志等多种可选的媒体中，确定一种最佳的既定广告总预算的分摊方案，以确保产生最大的广告效应。

(4) 一家公司的仓库遍布全国各地，产品可以从任意仓库发货配送给顾客。公司需要确定从各个仓库发往不同消费者手中的各种产品的数量，以确保总运输费用最小。

这些例子展示了线性规划的用途，并且表明它可处理情境的多样性。仔细观察发现，这些例子都有一个基本的性质：即都关注某些总量的最大化或是最小化。例 1 目的是使成本最小化，例 2 是想实现投资回报率最大化，例 3 是营销经理希望广告效应最大化，例 4 中该公司想实现运输成本的最小化。

在所有的线性规划问题中，目标都是希望获得某个数量的最大化或者最小化。

同样，所有线性规划问题都有第二个性质：实现目标的过程中总是有或多或少的条件约束或者限制。在上述例子中，工厂的总生产和总库存问题受到产品需求以及生产能力的约束；金融分析师的投资组合问题受到自己可用投资总额以及每种股票或者债券可投资的最大量的约束；营销经理媒体选择问题受到广告总预算以及不同媒体的可获得性的约束；在分仓库运输问题中，运输费用最小化受到每间仓库的可供应产品总量的约束。因此，约束条件是每个线性规划问题所必备的一般特点。

1.3　一个简单的最大化问题

考虑以下简单的产品组合问题，约翰斯顿 (Johnston) 公司的两种产品 (1 号及 2 号) 每种利润分别为 3 美元及 3.6 美元。我们可以假定这些数据是净收入并且所有成本都会进入生产过程。产品在生产的过程中必须经过四个部门：A，B，C 和 D，生产一个单位的 1 号产品，要在部门 A 花费 2 小时，部门 C 花费 3 小时以及部门 D 花费 1 个小时 (该种产品不需要经过部门 B)。2 号产品则要在部门 A 花费 2 小时，部门 B 花费 3 小时，部门 C 花费 1 小时以及部门 D 花费 30 分钟。假定四个部门的生产能力如下：A 为 8 小时，B 为 9 小时，C 为 7.5 小时，D 为 3 小时。该公司想要确定最优的产品组合，即确定两种产品各自的生产数量，从而在符合资源约束的条件下使得利润最大化。

这个问题是典型的生产问题，许多组织都会有。为了找到最优产品组合，有必要对此问题运用解析法重新表述。

1.3.1　问题公式化

问题公式化或问题建模，是指将用文字描述的问题转化为数学表达的过程。这种公式化的方法是一种艺术，掌握它需要大量的练习及经验。尽管每个问题都有一些特点，但是大多数问题都是有共性的。所以，一些建模的一般原则对问题建模或许是有帮助的，特别对于初学者。我们将通过为约翰斯顿公司的问题建模来阐述这些原则。

彻底理解这个问题：我们选择约翰斯顿公司的问题来介绍线性规划的一个主要原因是其容易理解。然而，一些更复杂问题则需要更多的思考，以确定哪些问题需要包括在模型中。此例中，我们首先快速阅读问题描述从而对该问题有个基本了解。

用文字形式描述出问题的目标及约束条件。目标：利润最大化。约束条件：四个部门可用的最大生产时间，这直接约束了两种产品生产总量。

定义决策变量：明确基于决策制定者控制下的变量或是数量。

我们将以上想法用公式化语言表达出来，从决策变量开始。

(1) 决策变量：解决此类型问题第一步都是确定决策变量，这些是决策者能够控制的总量，并且为了实现组织目标可以设定任何值。在此例中，我们想要分别确定两种产品的生产量。因此，这里决策变量就是：x_1 代表 1 号产品总量，x_2 代表 2 号产品总量。

(2) 利润函数：在定义了决策变量之后，就可以构建利润函数与约束条件的数学表达式。已知 1 号及 2 号产品的单位利润分别为 3 美元及 3.6 美元，那么 x_1 及 x_2 单位的这两种产品的总利润为 $3x_1+3.60x_2$。我们将表达式 $3x_1+3.60x_2$ 定一个更为一般的名字：目标函数。

(3) 约束条件：1 号及 2 号产品都需要在部门 A 花费 2 小时的时间。所以，部门 A 的资源需求可表示为 $2x_1+2x_2$。已知部门 A 的生产能力为 8 小时，并且假定不能超出该生产上限，所以约束条件可用下列表达式表示出来：

$$2x_1+2x_2 \leqslant 8$$

同理，部门 B，C，D 的可用时间表示为以下约束条件：

$$\begin{aligned}&0x_1+3x_2 \leqslant 9\\&3x_1+x_2 \leqslant 7.5\\&x_1+0.5x_2 \leqslant 3\end{aligned}$$

这四个不等式将部门资源有限性全部以约束条件表达出来。

(4) 非负性：在此类型的大部分问题中，变量一般都不能为负数。这里，在给出设计的变量 (产品总量) 的含义之后是很自然的。因此非负性约束可以表示为

$$x_1, x_2 \geqslant 0$$

必须指出非负性约束不是经常有效，考虑一种情况：Y 为月底 1 号产品货架库存总量。如果确实存在库存剩余，很明显 Y 应为正数，然而如果产品用完了并且延期交货，那么为了适应延期交货现象我们需要将 Y 定义为负数。

1.3.2 约翰斯顿公司问题的数学模型

现在，约翰斯顿公司问题的数学表达或说公式表达已经完成了，我们已经将现实问题的目标与约束转换为一系列的数学关系，即数学模型。产品组合问题的完整代数表达式为

$$\begin{aligned}&\max\quad 3x_1+3.60x_2\\&\text{s.t.}\\&2x_1+2x_2 \leqslant 8 \quad (\mathrm{A})\\&0x_1+3x_2 \leqslant 9 \quad (\mathrm{B})\\&3x_1+x_2 \leqslant 7.5 \quad (\mathrm{C})\\&x_1+0.5x_2 \leqslant 3 \quad (\mathrm{D})\\&x_1, x_2 \geqslant 0\end{aligned}$$

我们的目标是找到满足所有条件的产品生产组合，同时得到一个大于或等于任何其他可行解的目标函数值。为此，我们就能找到此问题的最优解。该问题的数学模型即为线性规划。它包含约束条件及目标函数，这是所有的线性规划所共有的。但是，什么是使这一数学模型成为线性规划问题的特别之处呢？特别之处就是，目标函数与所有的约束条件 (约束不等式的左边) 都是决策变量的线性函数。数学函数是以决策变量的一次方独立出现，就叫做线性函数。目标函数 $3x_1+3.60x_2$ 是线性函数，因为每个决策变量都是独立出现，并且均为决策变量的一次方。部门 A 所用的工作总量 $2x_1+2x_2$ 由于相同原因也是线性函数，同样地，约束条件 2,3,4 中的左式都是线性函数，因此，该问题的数学模型被称为线性规划模型，线性规划与计算机编程无关。这里用 “规划” 一词意味着 “选择一种方法”，而当问题的数学模型仅仅包含线性函数时，线性规划就成了解决方法。

1.4　图解法程序

在约翰斯顿公司问题中，两种产品的任一特定产量组合均被看成是问题的解。然而，只有那些满足所有的约束条件的解才被称作可行解。在所有可行解当中，能够满足利润最大化的那组解，则被称作是最优解，也即最优的生产组合。然而此时，我们并不知道最优解是什么。在这一节中，我们将介绍怎样运用图解法程序来找出有两个决策变量的线性规划问题的可行解与最优解。另外，我们也将介绍如何用基于 Excel 的软件包 Solver 来求解该模型。

介绍图解法之前，我们首先建立二维图表，横轴代表 x_1，纵轴代表 x_2(图 1.1)，每个点 (x_1, x_2) 代表着每个可能的解决方案，所以图中显示的点都是一个可行解。

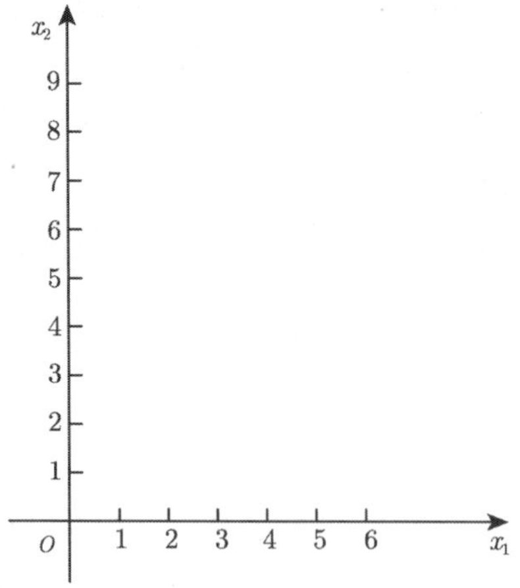

图 1.1　二维可行解空间

$x_1 = 0, x_2 = 0$ 代表的可行解被称为原点。由于 x_1 与 x_2 是非负的，所以图 1.1 中可行解变量均为大于零的正数。

之前我们已经将部门 A 所要求的约束条件表示出来：

$$2x_1 + 2x_2 \leqslant 8$$

为了在图中表示出满足条件的可行点，我们首先画出取等号时的情形。

我们描出满足等式的任意两点，连接这两点来画出这条直线。令 $x_1 = 0$，那么得到 $x_2 = 4$，因此 $(x_1 = 0, x_2 = 4)$ 满足该等式，为了找到满足等式的另一点，我们令 $x_2 = 0$，得到 $x_1 = 4$，那么满足等式的第二个点便是 $(x_1 = 4, x_2 = 0)$，有了这两点便可以画出这条直线，这条直线被称作部门 A 的约束线，见图 1.2。

而满足资源 A 的不等式条件的可行解 (x_1, x_2) 则是这条约束线及坐标轴围成区域的点的集合，那么在该例中，所有的可行解就是这条约束线上的所有点及围成三角形内部的点 (包括原点)，如图 1.3 所示。

其余三个约束条件的图示跟上面的步骤类似，满足这四个约束条件的区域我们称作可行域。如图 1.4 所示。

接下来可按构建约束线的类似方法构建利润函数线，并切过可行域。将该直线尽可能往右移动但仍需保证跟可行域相交，注意到移动到最边缘的时候正好过约束 A 与约束 B 的交点，如图 1.5 所示。

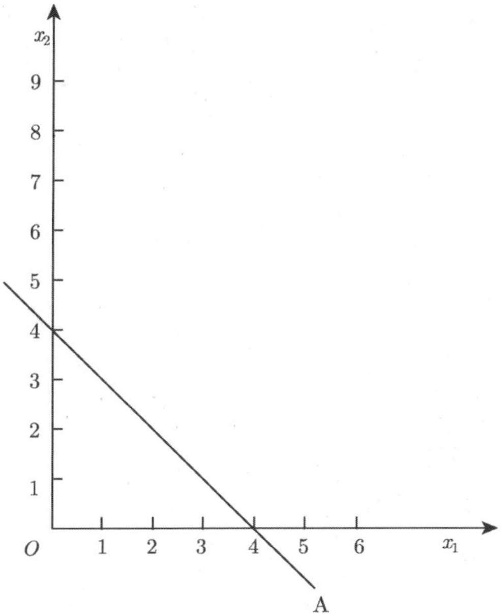

图 1.2 部门 A 资源等式约束

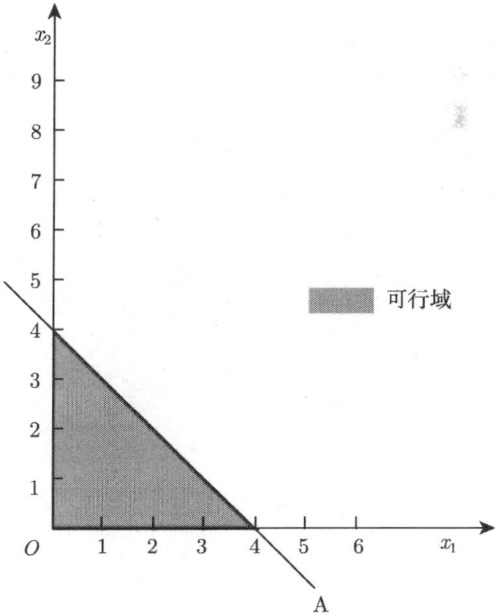

图 1.3 部门 A 资源不等式约束

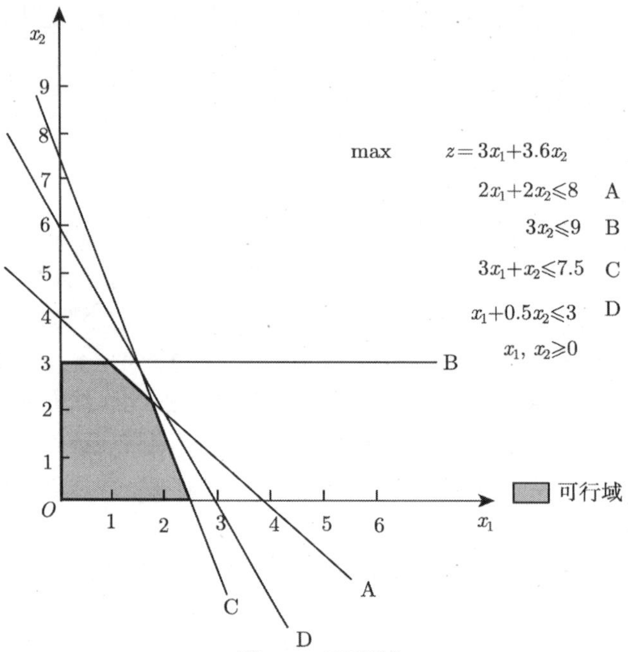

图 1.4　可行域

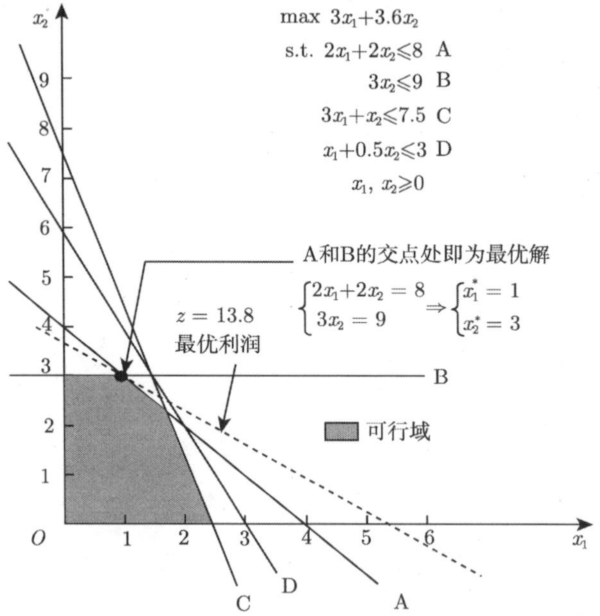

图 1.5　最优解

注意到，在该点时部门 A 与 B 正好完全使用其资源，即不再有可用资源剩余。然而对于部门 C 与 D 却不是这样，部门 C 与 D 还存在剩余 (松弛)。明确地说，部门 C 总共有 7.5 小时可利用却只利用了 6 个小时，存在 1.5 小时的剩余 (松弛)。同样地，部门 D 也存有 0.5 小时的剩余 (松弛)。

在接下来的章节中，我们将用软件 Solver 演示如何找到该问题的最优解。

1.5　约翰斯顿公司问题数据表模型的公式表示

本节中，我们将演示如何将约翰斯顿公司的问题用电子表格程序解决，使用 Excel Solver 来确定数据模型的最优解。

线性规划的电子表格程序在 Excel 中的实现包括以下四部分：①决策变量单元格；②计算目标函数值的公式单元格；③计算约束条件左边的公式值单元格；④计算约束条件右边的公式值单元格。我们使用该问题中的数据直接来构建电子表格程序的四个部分。

构建电子表格程序的步骤：

通过之前对线性规划模型的讨论，我们了解到无论何时，要想为一个问题构建电子表格程序，必须遵循以下五个步骤：

步骤 1：往表格中输入该问题的相关数据；

步骤 2：确定所有决策变量的单元格位置；

步骤 3：选择一个单元格，并输入计算目标函数的公式；

步骤 4：选择一个单元格，并输入计算每个约束条件的左侧的公式值；

步骤 5：选择一个单元格，并输入计算每个约束条件的右侧的公式值。

按照以上五个步骤，有如图 1.6 所示的表格显示。

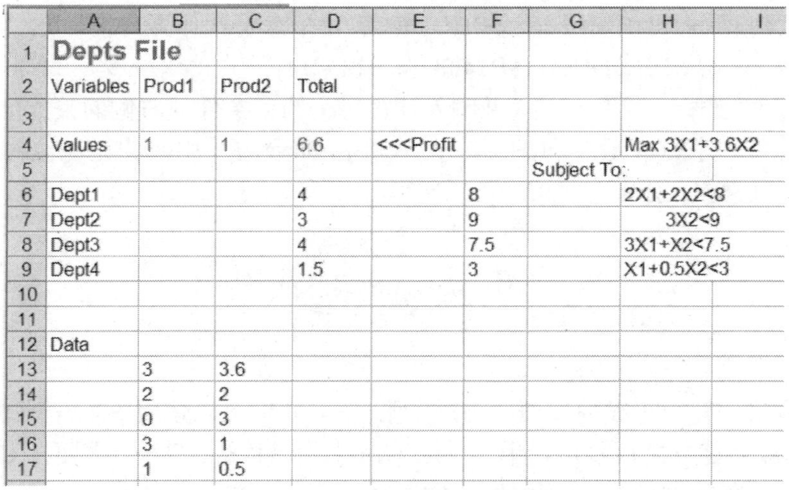

	A	B	C	D	E	F	G	H	I
1	Depts File								
2	Variables	Prod1	Prod2	Total					
3									
4	Values	1	1	6.6	<<<Profit			Max 3X1+3.6X2	
5							Subject To:		
6	Dept1			4		8		2X1+2X2<8	
7	Dept2			3		9		3X2<9	
8	Dept3			4		7.5		3X1+X2<7.5	
9	Dept4			1.5		3		X1+0.5X2<3	
10									
11									
12	Data								
13		3	3.6						
14		2	2						
15		0	3						
16		3	1						
17		1	0.5						

图 1.6　约翰斯顿公司问题表格

注意到该表格包括两个部分：数据部分以及模型部分。将数据及模型分开的优点在于，一旦决定哪些单元格用来包含问题所需数据的话，分析师便可以独立建立模型。第二个优点就是一旦模型被确定了，我们可以通过只改变表格中的数据来研究输入变量的变化造成的影响。现在让我们详细说明在约翰斯顿公司问题上如何构建这两个部分。

步骤 1：输入所有与问题相关的数据。我们首先从表格底部开始输入数据。对于约翰斯顿公司问题，我们需要输入以上讨论的各产品的生产时间等。例如，生产每单位产品 1 与 2 在部门 A 需要的时间 (即 1 号产品需要 2 小时，2 号产品需要 2 小时) 分别在单元格 B14 及 C14 显示。同样地，对于其他三个部门，部门 B 在 B15 与 C15 显示，部门 C 在 B16 与 C16 显示，部门 D 在 B17 与 C17 显示。相似地，每单位产品的利润则在单元格 B13 及 C13 显示。

步骤 2：明确所有决策变量的单元格位置。单元格 B4 将包含产品 1 的数量，而单元格 C4 则包含产品 2 的量。

步骤 3：选择一个单元格，并输入计算目标函数的公式。单元格 D4 包含计算目标函数的公式，即 D4=B4*B13+C4*C13。对应的利润表达式就是 $z = 3x_1 + 3.6x_2$。

步骤 4：选择一个单元格，并输入计算每个约束条件的左侧的公式(这些单元格被称作左手边单元格，LHS)，单元格 E6 包含了部门 A 所需时间的公式，即 E6 的内容就是：=B4*B14+C4*C14。

其他三个部门相应的就是 (分别位于 E7 到 E9)：

=B4*B15+C4*C15

=B4*B16+C4*C16

=B4*B17+C4*C17

注意到，我们可以使用 SUMPRODUCT 函数来替代计算公式，那么单元格 E6 内容即为：=SUMPRODUCT($B$4:$C$4,B14:C14)。

步骤 5：选择一个单元格，并输入计算每个约束条件的右侧的公式值 (这些单元格被称作右手边单元格，RHS)。在单元格 F6 到 F9 中我们已经输入了四个部门可用时间总量，分别为 8,9,7.5,3。

1.6　Solver 的使用

1. 调用软件

在表格中建立起线性规划 (LP) 模型之后，我们可以使用 Solver 来求最优解。在 DEA 模型建立之后也可以用软件 Solver 求得最优解。首先，需要在 Excel 中单击 Data 标签来调用 Solver 软件，如图 1.7 所示。

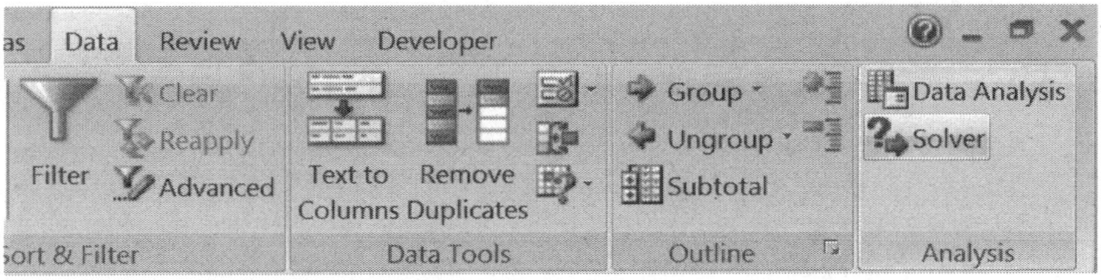

图 1.7 Solver 会话框展示

如果 Data 标签没有 Solver，请按照以下步骤来安装：

(1) 单击文件标签，然后单击选项；

(2) 单击添加，然后会出现管理框，选择Excel 添加；

(3) 单击运行；

(4) 在添加可用框里面，选择Solver 添加项，并单击确认(图 1.8)。

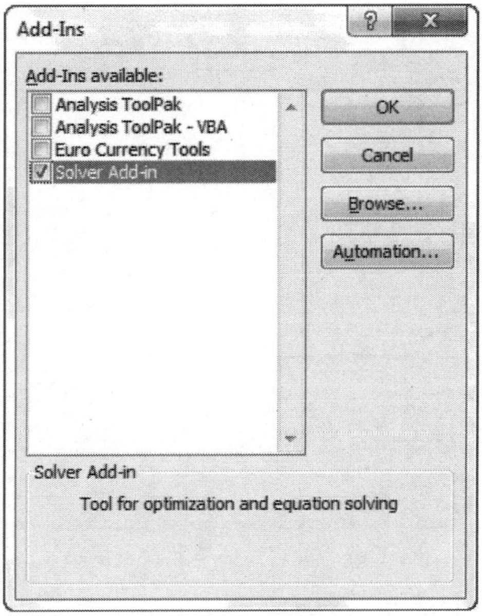

图 1.8 Solver 添加

现在，你应该可以看到图 1.9 显示的 Solver 参数会话框了。

2. 设定目标单元格

在表格模型中目标单元即目标函数单元格，并且无论其值应该是最大化还是最小化。在该例子中，目标单元对应 D4 中的目标函数，该值应该最大化 (图 1.10)。

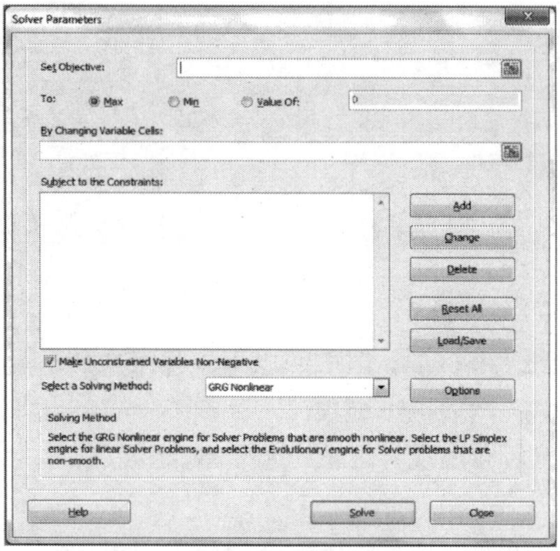

图 1.9　Solver 参数会话框

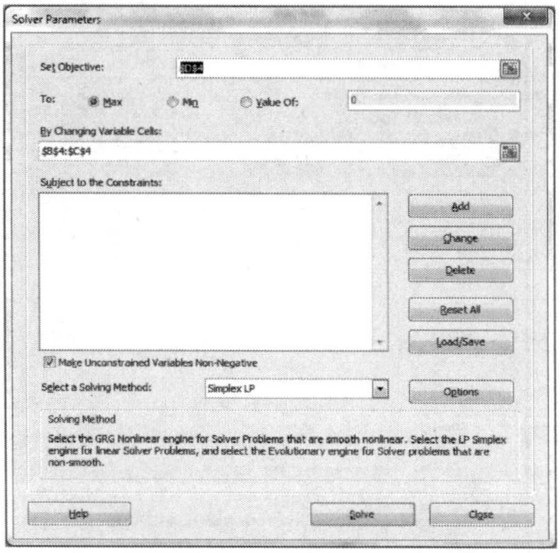

图 1.10　确定目标单元及变量单元

3. 确定变量单元

变量单元在表格模型中意味着决策变量，在该例中，即表示两种产品的数量，在单元格 B4 及 C4 中表示。

4. 添加约束条件

约束条件代表着表格中的约束条件，在该例中，它们是由单元格 D6：D9 及 F6：F9 决定的，单击图 1.10 中的添加选项，此时添加约束条件框会显示出来，如图 1.11 所示。

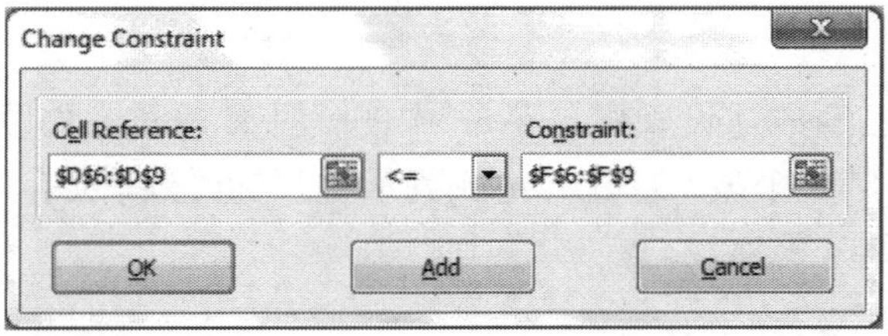

图 1.11 添加约束条件

在图 1.6 表示的表格模型中，总共有四个约束条件。“参考单元格” 对应于四个部门的资源总量，而 “约束单元格” 则对应于可用资源。

5. 非负性与线性模型

有必要指明变量均是非负的，并且该模型是线性规划模型。这个可以通过单击选项 “使不受约束的变量非负”。由于 DEA 模型是线性模型，所以在选择求解选项中，我们应该选择 “单纯形 LP”。我们可能需要检查 Solver 中 “自动缩放” 选项 (实际上在 Solver 中该选项是默认选项)，如图 1.12 所示。

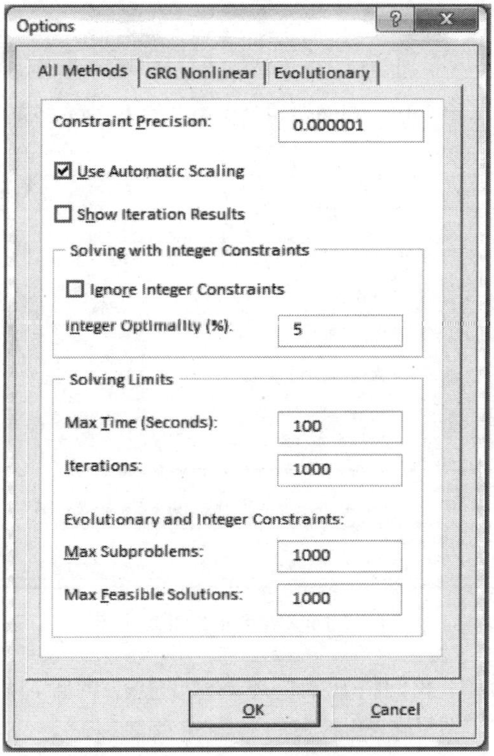

图 1.12 非负性与线性模型

6. 求解模型

现在，我们已经成功设置好 Solver 中的一些参数了，如图 1.13 所示。单击 Solve 按钮开始求解该模型。当 Solver 找到最优解的时候，会有 Solver 运行结果会话框显示，如图 1.14 所示。

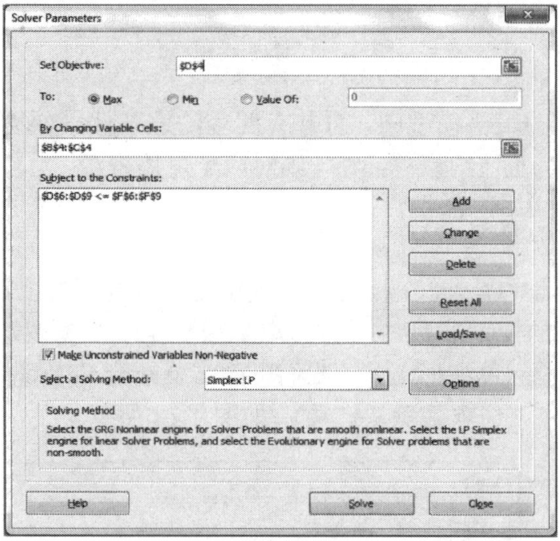

图 1.13　约翰斯顿公司模型的 Solver 参数

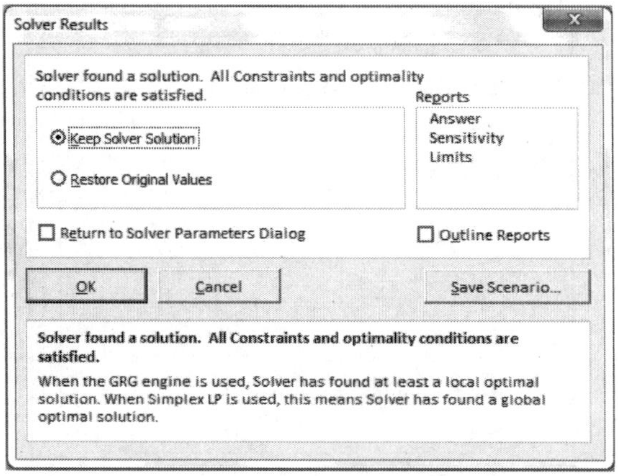

图 1.14　Solver 结果会话框

在接下来的章节中，我们将开始讲述本书的核心内容，即数据包络分析 (DEA) 方法。本章所使用的工具将在接下来的内容中反复提起。

第 2 章　数据包络分析

2.1　绩效评价与基准

对于所有的组织而言，其运营的效率都是一个重要的关注点，管理者往往采取各种评价标准对组织的运营绩效进行评估。例如，对一个工业企业而言，一台机器生产一套产品的必要时间是一个评估标准，这样的标准是很普遍的，有助于评估标准达到的程度。过去几年来，“基准”、“同类最佳” 和 “最佳实践” 等术语，已经成为常见的表达，并且随着行业竞争越发激烈，管理者更加全面深入地研究企业绩效，这些术语间呈现出更大的相关性。绩效评价与基准积极地推动企业持续发展与提升，以获得在全球竞争环境下的生存与繁荣。通过绩效评价，可以实现以下企业目标：①揭示出商业运行、活动及流程的优势与不足；②更好地运营企业以满足消费者的需要与需求；③识别机遇以提升现有运营与流程，并开发出新产品、新服务与新流程。

如果采用 “工业标准” 来评价绩效，诸如银行、医院、疗养院、学校等这样的组织的最佳实践是很难评价的。在许多类似组织中，尤其是在服务企业，这样的评价标准一般是不存在。为了了解像医院这样的组织的绩效如何，可以用一种更为合理的方法 —— 将其跟相似组织进行对比 (其他医院)；在一些组织里，像投资回报率 (return on investment，ROI) 或销售回报率 (return on sale, ROS) 这样的财务比率指标，可以用来衡量其财务健康程度。然而，当将 A 公司与 B 公司进行比较的时候，似乎经常会出现以下问题：A 公司在某个评价维度上比 B 公司好，而在其他方面却不如 B 公司，两个公司之间不存在绝对的优劣关系。正如 Camp (1995) 所指出的，我们经常面临的两难问题是，如何在多投入-多产出评价中识别出评价基准。如果一家健康服务管理机构需要评价一些医院的绩效，可以借用制造业的评价标杆识别的方法定义标准的 “输出” 或 “产品” 指标：服务不同类型的病人总数，受过培训的医务人员总数 (包括护士及实习生)，手术 (外科) 总数等。为了给每个决策单元 (decision making units, DMU) 提供一个相对合理的评价方法，我们不仅应该衡量产出，也应该关注投入。例如，小医院可能不会产生大医院那么高水平的产出量，在这种情况下，输入应当包括以下指标，如不同类型的员工数、医疗物资、病房数及可用床位数等。

应用单一的评价指标 (例如 ROI) 来进行绩效评价，往往会出现一个主要问题，即容易忽略不同变量之间的交互与平衡。再次考虑医院绩效评价问题，为了论证此观点，我们考虑最简单的情况：单输出指标服务病人总数和两个输入指标职工总数以及可用床位数。为了进一步简化问题，在假设所有的医院都服务相同数量的病人之后，我们可使用二维图来演示。所以，所有医院仅在两种输入量组合上存在差异，图 2.1 展示出几个决策单元 S_1，S_2，S_3，S_4 的位置。或许有人会争辩说，在员工总数与可用床位数之间有一定的折中关系。具体来说，医院的职工越多，就可以用更高的效率服务更多的病人，所以仅需要较少的床位；而较少的职工会导致大量病人滞留，相应需要更多的床位。因此，这两种输入指标之间存在某种程度上的折中率 (或者称替换率)，我们在图中用一段曲线表示。在微观经济学中，该曲线被称作等量曲线。在这个特殊的例子中，我们选择 S_1，S_2，S_3 通过等量曲线，虽然实际上 (缺少正式的生产标准) 我们并不知道该曲线更精确的位置或者是准确的函数表达式。

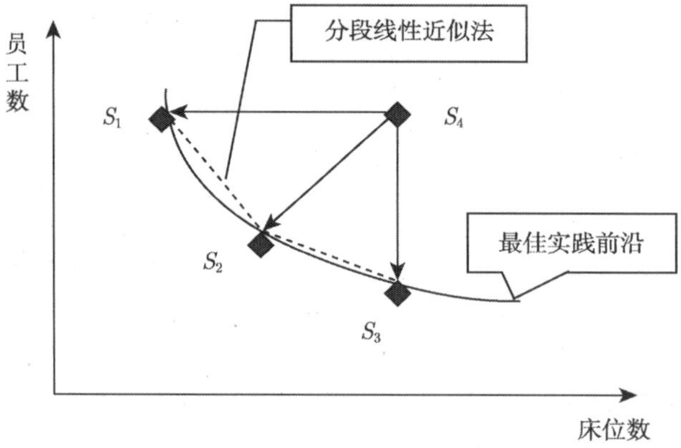

图 2.1　医院绩效评价的效率前沿

作为完全有效或生产函数的替代，可能有人会想到通过确定最佳实践函数来实现绩效评价。因为，绩效评价的目标是通过内部评价当前运作，并且与外部相似运营单元作比较，然后确定最优表现的集合。在图 2.1 中，虽然我们也认为两种输入指标之间明确的替代率不可知，但是我们知道 S_1，S_2，S_3 均位于有效前沿曲线上，因为没有哪个决策单元严格优于其他两个。然后，单元 S_4 被认为被其他单元占优。这样，我们对于最佳实践前沿的定义有了合理的假定：即连接占优单元线段集合 (图 2.1)。这里，在等量曲线上的不同点的斜率近似于各点曲线的斜率。因此，无论具体的最优生产函数是什么形式，我们都可以用分段线性近似法来确定效率前沿，下面我们将进一步讨论这个想法的实现手段。

2.2 数据包络分析：平衡标杆法

Charnes，Cooper 和 Rhodes(1978) 提出用数据包络分析 (DEA)的方法来确定上述分段线性前沿。它使用数学规划模型来识别占优决策单元，在图 2.1 中即为 S_1，S_2 和 S_3，并且间接地用线性部分组成有效前沿。该工具 (Charnes et al., 1978) 的初始运用是应用到得克萨斯州的教育效率评价上，评价为贫困学生开办的教育机构的绩效水平。在此后 30 多年里，DEA 得到迅速的发展和应用，已经运用到成千上万个领域。具体参考 Charnes，Cooper，Lewin 和 Seiford(1994) DEA 的应用总结。DEA 方法能够为提高绩效提供许多有效的管理信息，特别是在提高服务业生产率上具有非常卓越的效果 (Sherman and Zhu，2006)。

在 Sherman 和 Zhu(2013) 发表在 *Sloan Management Review* 杂志的一篇文章中，作者将 DEA 方法称作 "平衡标杆法"，它们能够被用以确定最佳实践，而其他常规的管理方法往往发现不了。如今，任何人都可以用 Excel 对 DEA 进行操作。如 Sherman 和 Zhu(2013) 所述，DEA 能为管理者们提供一个复杂机制，以准确评价不同服务提供者之间的绩效 —— 例如比较伦敦和东京办事处的广告代理商 —— 远比通过简单比较的指标或比率，如利润率和雇员收入等方法精准。通过 DEA 的结果，一家公司不仅仅能够识别最无效率的办事处或者业务单元，也能够估计其无效规模并通过分析得到改进绩效的潜在路径。而且，执行者能够学习表现出色的单元，识别最佳实践，并在整个组织内传播有价值的知识以获取绩效提升；最后，DEA 能够在组织实施可能导致相反效果的成本缩减方案之间检测公司的某些设想是否适用。

DEA 是一种能以简单综合模型处理含多种输入和输出评价指标评价问题的线性规划技术。一般而言，输入指标都是需要尽量最小化的指标，例如成本、职员、所用材料等；而输出指标都是尽量使其最大化的，例如利润、收入、产品等。在选择输入或输出指标时，我们通常需要考虑具体的 "生产过程"。但应该注意到，有一些特殊的指标，如污染作为产出应该使其最小化。

通常，在运用 DEA 模型之前都要选择好输入或输出指标，两者一般都是分开的。然而，有些时候某些指标拥有输入及输出的双重角色。例如，大学的博士生总数作为教学资源 (研究助理) 时是可认定为输入指标，但作为研究生教育的绩效指标时又可看作输出指标。针对此类自由指标问题，此处将不再讨论其合理建模问题。

下面给出不同应用条件下选取输入/输出指标体系的例子。

1. **教育** (Charnes et al.，1981)

1) 输入

(1) 母亲的教育水平，以母亲中高中毕业率来衡量;

(2) 根据预先做好的等级量表确定的家庭成员的最高职业等级;

(3) 父母访问指数，表明父母访问学校的总次数;

(4) 父母咨询指数，即通过与学生一起参加学校相关活动 (如一起读书等) 的时间来得出;

(5) 在给定的地点的教师总数。

2) 输出

(1) 阅读总得分，通过国民成就测验获得;

(2) 数学总得分，通过国民成就测验获得;

(3) 库珀史密斯自信量表，测量自信程度。

2. 初级护理医师

1) 输入

(1) 医疗设施使用天数;

(2) 流动外科手术数;

(3) 病人探视;

(4) 给附属专业医师的推荐;

(5) 实验室及诊断考试;

(6) 急救室探视。

2) 输出

(1) 婴儿及小孩;

(2)20~39 岁的女性;

(3)20~39 岁的男性。

3. 心脏外科医生

1) 输入

(1) 在医院治疗的总天数;

(2) 辅助服务的咨询。

2) 输出

(1) 通过导管插入的低危冠心病搭桥移植手术;

(2) 通过非导管插入的低危冠心病搭桥移植手术;

(3) 通过非导管插入的高危冠心病搭桥移植手术;

(4) 通过导管插入的高危冠心病搭桥移植手术。

4. 疗养院

1) 输入

(1) 申请的疗养经费;

(2) 其余劳动力成本;
(3) 医疗设备;
(4) 医药开销;
(5) 其他开支。
2) 输出
(1) 医疗保险收入;
(2) 医疗补助计划及公众收入;
(3) 私人收入。

5. 彩票销售部

1) 输入
(1) 竞争;
(2) 潜在客户;
(3) 成年人投注量;
(4) 商店存在时间;
(5) 规模。
2) 输出
(1) 收入;
(2) 赌注号。

6. 棒球

1) 输入
打席：打数总数 + 走动总数
2) 输出
总数：
—— 走动
—— 单杀
—— 双杀
—— 三杀
—— 全垒打

7. 银行分支机构

1) 输入
(1) 工作时间;
(2) 分支机构规模;
(3) 电脑终端数;

(4) 运营经费。

2) 输出

(1) 交易量;

(2) 信用卡成交量;

(3) 存款交易量。

在 DEA 方法中，我们用决策单元 (decision making units, DMUs) 来表示任何一家需要评价的商业项目、流程或者商业运营实体。DMU 的定义是通用且灵活的，决策单元可以为城市、政府、银行、银行分支机构、大学、医院、产品、公司、信息系统、房子、航线等任何能够将多输入转化成多产出的实体。

作为图 2.1 的替代，考虑一种输入–输出的情况，如图 2.2 所示的效率前沿 (灰色实线)，回归线 (黑色实线) 代表的是观察的决策单元的平均水平。而 DEA 有效前沿则是最外延的数据点，表示最优表现。需要指出的是，回归需要输入与输出之间有明确的函数关系，而 DEA 方法不需要这种先验的关系。如前所述，此信息可能不会完全可得。

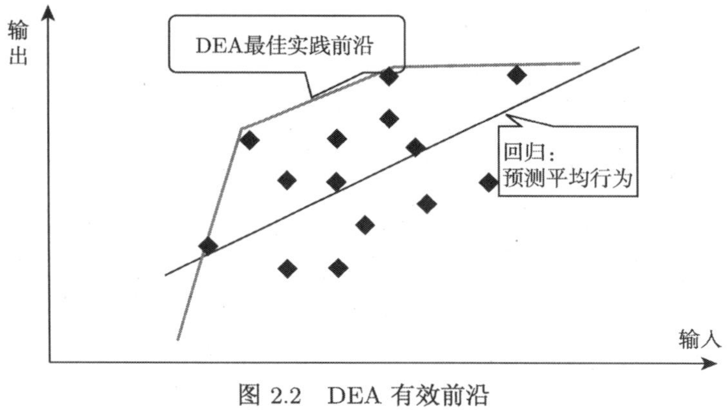

图 2.2　DEA 有效前沿

当有效决策单元确定了，DEA 有效前沿面自然就确定了，有效边界线包括所有有效决策单元。通过将每个决策单元与有效前沿作比较，数据包络分析方法能够得到：①每个决策单元的效率得分；②对于每个无效单元的效率参考集；③每个无效单元的目标，即为了使其变得有效，需要将输入指标减少多少或输出指标增加多少。因此，数据包络分析模型通过投影到有效前沿上，可以提供提升生产率与绩效水平等指导。这也是 DEA 为决策单元的决策者提供的“做什么”的信息，效率参考集也为表现欠佳的决策单元提供了标杆 (参考)。

2.3 什么是数据包络分析的输入与输出指标

我们知道 DEA 要求评价指标体系需要分为输入和输出指标，问题在于，为了刻画决策单元的绩效，应当如何选择输入和输出指标呢？正如 Cook，Tone 和 Zhu(2013) 所指出的，尽管输入和输出比较好理解，但研究者或者使用者们总是对此想当然，很少注意到所选指标需要正确反映待研究的 “生产过程” 上。熟悉文献后，人们觉得没有必要花费时间去了解一个生产过程实际是如何运作的。毕竟，在生产或服务过程中，输入或者输出一般都是很清楚明确的。例如，雇员数和利润很明显是输入和输出指标。

尽管 DEA 与经济学中的生产理论有很强的联系，该工具一般专供基准使用，其中可将一系列的指标选来对生产和服务机构进行评价。在基准化环境下，有效决策单元可能不必形成 “生产前沿面”，而是产生 “最佳实践前沿”。例如，如果想要衡量电脑的效能，自然会考虑各种特点 (屏幕大小和分辨率、内存大小、运行速度、硬盘大小等)，为了运用数据包络分析模型可能会将其分为输入和输出指标。然而，就标准的生产概念来说，这些特性可能根本代表不了输入和输出指标。实际上，如果你去检索关于基准的文献，你会发现有些人会用 “指示” 或者 “产出” 来表示类似的意思。接下来的问题就是为了应用 DEA 模型，如何将评价体系分为输入和输出指标。

一般地，DEA 使输入最小化，输出最大化；换句话来说就是前者越小后者越大，那么也就越有效，这将成为将输入和输出进行分类的一个原则。然而除此之外，生产过程产生的污染作为输出的话，越多反而越无效。后面将会有关于如何处理非期望产出的一些模型 (见第 6 章)。

在某些情况下，某个因素可能具有输入与输出的双重特性。例如，当评价大学的效率的时候，如果将博士生总数考虑成教育过程的产物，那么其可作为输出；然而同时，博士生会参与研究调查，此时可作为一种资源视作输入。第 12 章将会有类似的例子，此时需要清晰明确出基准化的目标是什么，以此来选取输入和输出指标。另外，在某些情况下，决策单元拥有更为复杂的内部结构，如两阶段过程。例如，银行第一阶段产生存款 (存款作为输出)，在第二阶段存款作为输入为银行创造效益，在这个例子里，存款既作为第一阶段的输出，又作为第二阶段的输入。

总之，如果潜在的 DEA 问题是以 “生产过程” 形式呈现的话，那么输入和输出指标很容易确定。使用的资源往往被视作输入，产出往往被视作输出，输入指标一般是 “越少越好” 类型的指标，而输出指标一般是 “越多越好” 类型的指标。

2.4　DEA 模型的导向以及计算

当某个决策单元无效，即位于有效前沿之内，有很多方式来使其移动到有效前沿上。两种基本的导向分别是输入导向和输出导向。在输入导向中，一般是将输出维持在固定水平尽量使输入减少。而在输出导向中是将输入维持在固定水平尽量使输出增大。考虑图 2.3 单输入单输出的例子，决策单元 D 是无效的。在输出导向 DEA 模型下，决策单元 D 将会投影到 D' 上。在输入导向 DEA 模型中，却是投影到 D'' 上。

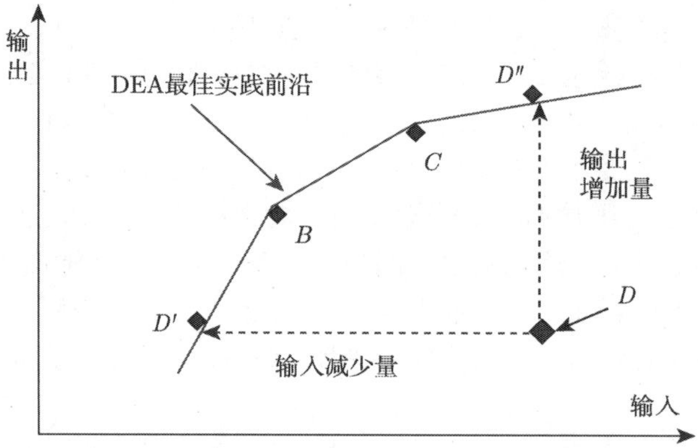

图 2.3　DEA 导向

到目前为止，我们已经用图示展示出单输入单输出的 DEA 模型了，为了对 DEA 的几何意义有更好的理解，我们考虑两种输入一种输出的情况，以及两种输出一种输入的情况。在这两个例子中，我们假设对于所有的决策单元都有相等的单独的输入 (输出) 总量。这个假设并不改变 DEA 的运行，却可以让我们形象地观测 DEA 是如何评价每个决策单元效率的。

在第一个例子中我们已经说明了有效与无效的概念，以及径向投影到有效前沿的思想。考虑一下表 2.1 显示的点 $B_1, \cdots, B_5$ 所代表的坐标 (x_1, x_2) 如图 2.4 所示。

表 2.1　两种输入变量的 DEA 模型

点	B_1	B_2	B_3	B_4	B_5
输入 1(x_1)	2	6	12	8	10
输入 2(x_2)	80	40	20	80	40

图 2.4 描绘出 5 个银行分支机构 (B_1，$\cdots$，B_5)，每家银行分支机构都有两个

输入指标 (即出纳员工作时间以及供应的美元数)。所有机构都有相同数量的输出指标，即 100 成交量。通过计算，有三家机构 B_1，B_2 和 B_3 都是有效的，两家机构 B_4 与 B_5 是无效的。由于这是一个输入导向的 DEA 模型，对于两家无效的决策单元，它们的输入应该减少。这里有好几种方式使其投影到生产前沿面上。最常见的方法就是将两种输入以同比例减少。例如，我们将把 B_4 减少一定比例使其投影到前沿上的 T_1 点。

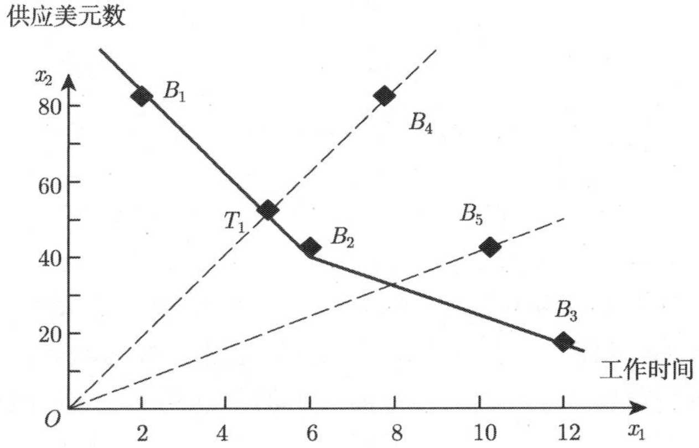

图 2.4 两种输入变量的 DEA 模型

注意到可以通过将无效决策单元与原点连接，那么与有效前沿的交点以及 OB_4 之间的距离就是改进目标。

为了将 B_4 投影到有效前沿上，即 T_1 上，我们将使用最简单的线性方程理论。注意到连接 B_1 与 B_2 的线可以通过普通的解析几何方法获得。具体地，可先通过以下公式解得该直线的斜率：

$$m = \frac{x_{22} - x_{21}}{x_{12} - x_{11}}$$

我们现在得知 $B_1 = (x_{11}, x_{12})$ 和 $B_2 = (x_{21}, x_{22})$，有

$$m = \frac{40 - 80}{6 - 2} = \frac{-40}{4} = -10$$

$$x_2 - x_1 = -10(x_1 - x_{11})$$

即

$$x_2 - 80 = -10(x_1 - 2) = -10x_1 + 20$$

那么就有 $x_2 = -10x_1 + 100$，因此 $x_2 + 10x_1 = 100$。

下一步我们将考虑计算出连接 B_4 及原点的直线斜率，这里很容易得到

$$m=\frac{80-0}{8-0}=\frac{80}{8}=10$$

因此，该直线的方程式可以表示成

$$x_2=10x_1+0 \quad 或 \quad x_2-10x_1=0$$

这两条直线的交点 T_1 点，可以通过解以下方程组得到

$$\left.\begin{aligned} x_2+10x_1=100 \\ x_2-10x_1=0 \end{aligned}\right\}$$

因此，可以解得 $20x_1=100$，即 $x_1=5$，$x_2=10\times 5=50$。

那么 T_1 点的坐标即为 $(x_1,x_2)=(5,50)$。

很容易注意到连接 B_4 与原点上的直线上任一点的坐标 $(\hat{x}_1,\hat{x}_2)$ 与 B_4 的坐标成一定的比例，特别地，T_1 点的坐标是 $(5,50)=0.625\times(8,80)$。

这样，输入减量的比例可以通过 OT_1/OB_4 算得为 0.625，接下来我们将知道 0.625 即为 B_4 的效率得分。在这个单输出的例子中，减缩因数就是 DEA 效率得分，而对于有效决策单元，投影到有效前沿上的点就是它本身，因此，有效决策单元的效率得分就是 1。

现在看一个两种输出单输入的例子，如图 2.5 所示，图中的点的坐标 (y_1,y_2) 如表 2.2 所示。图 2.5 假设每个决策单元都有相同的输入，假设是 5 个职员。两个输出指标即为销售量 (y_1) 和市场占有率 (y_2)。显然，三个决策单元即 H_1，H_2 和 H_3 都是有效的，而 H_4 和 H_5 是无效的。H_4 的投影点是 T_2(即 OH_4 与有效边界线的交点)。由于这是以输出为导向的 DEA 模型，所以对于非有效决策单元为了使其有效应该增加输出量。

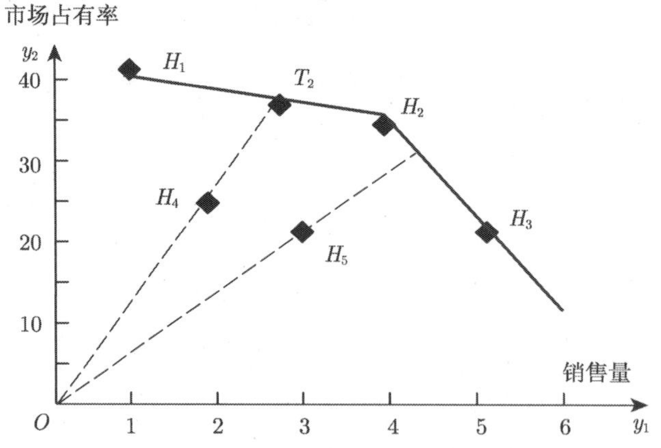

图 2.5　两种输出变量的 DEA 模型

表 2.2 两种输出变量的 DEA 模型

点	H_1	H_2	H_3	H_4	H_5
输出 1(y_1)	1	4	5	2	3
输出 2(y_2)	40	35	20	25	20

运用上述相同的方法，我们可以得到 H_4 的投影点的坐标，也就是 T_2，连接 H_1 与 H_2 的直线斜率是

$$m = \frac{y_{21} - y_{22}}{y_{11} - y_{12}}$$

而这里已知 H_1 与 H_2 的坐标是 $(1, 40)$ 与 $(4, 35)$，

$$m = \frac{y_{21} - y_{22}}{y_{11} - y_{12}} = \frac{40 - 35}{1 - 4} = \frac{5}{-3} = -1.67$$

那么，H_1H_2 直线方程式可以表示为

$$y_2 - y_{22} = -1.67 \times (y_1 - y_{12})$$

即

$$y_2 - 35 = -1.67 \times (y_1 - 4) = -1.67 \times y_1 + 6.68$$

即

$$y_2 = -1.67 \times y_1 + 41.68$$

得到

$$y_2 + 1.67 \times y_1 = 41.68$$

同理，连接 H_4 与原点的直线的斜率是

$$m = \frac{25 - 0}{2 - 0} = \frac{25}{2} = 12.5$$

直线方程式可以表示为

$$y_2 = 12.5 y_1$$

两直线的交点即 T_2 可以通过联立以下方程式解出

$$\begin{cases} y_2 + 1.67 y_1 = 41.68 \\ y_2 = 12.5 y_1 \end{cases}$$

因此，$14.17 y_1 = 41.68$，即 $y_1 = 2.94$，$y_2 = 12.5 \times 2.94 = 36.75$。求得 T_2 的坐标为 $(y_1, y_2) = (2.94, 36.75)$。

显然连接 H_4 与原点上的直线上任一点的坐标与 H_4 的坐标成一定的比例，特别地，对于 T_2 点有：$(2.94, 36.75) = 1.47 \times (2, 25)$。这里，$T_2$ 坐标是 $(2.94, 36.75)$，

而 H_4 的坐标是 $(2, 25)$。那也就是说 $(2, 25) = 0.68 \times (2.94, 36.75)$，我们可以称 0.68 为 H_4 的效率得分。

通过以上两个例子，我们了解到 DEA 是通过将决策单元投影到有效前沿面上来评价效率的，而有效边界是通过观察数据中的最优表现集确定的。输入导向模型确定决策单元能否在保持相同产出水平下减少当前输入，而输出导向模型确定决策单元能否在保持相同投入水平下增加当前输出。

DEA 一个最基本的假设就是，如果决策单元 A 能够通过输入 $X(A)$ 产生 $Y(A)$ 的输出量，那么其余的决策单元或者决策单元的组合也能够达到相同水平。例如，图 2.4 中的 T_1 就是决策单元 B_1 与 B_2 的组合。即 T_1 的输入可以通过利用 25%的 B_1 与 75%的 B_2，这样的决策单元可能不会真的存在，我们称作虚拟决策单元。

数据包络分析最关键一点就是为每个真实决策单元找到有效虚拟决策单元，通过保持相同输入下增加其输出量或者保持相同输出下减少输入量，这时虚拟决策单元比原始决策单元更有效，因此原始决策单元是无效的。

简单的两维度的例子通过作图的方法来计算效率得分是很容易的，但是在更高维度上就变得复杂了。在现实世界中，通常出现的情况并不是所有的决策单元都能够保持相同的输出或者输入量。计算效率得分通常的做法是运用 DEA 的线性规划模型。

假设我们现在需要评价 4 所大学的效率，它们都有两个输入量，三个输出量，如表 2.3 所示。两个输入指标是：①每年收到的公众或者私人基金；②教师总数。三个输出指标是：①每年平均毕业生总数；②毕业生的平均年薪；③发表学术论文的总数。

表 2.3　大学

大学	输入 1/十亿美元	输入 2/人	输出 1 /千人	输出 2 /千美元	输出 3 /千篇
A	1	2500	5	50	12
B	0.8	2200	4	40	8
C	0.6	1500	3	55	6
D	1	2750	4	40	8

接下来，我们将构建虚拟决策单元，注意到对于每一所大学，会得到不同的虚拟决策单元，并且虚拟决策单元都是现有决策单元的组合 (在这个例子中是这 4 所大学)。因此，假设一系列的未知权重：$\lambda_A, \lambda_B, \lambda_C$ 以及 λ_D，满足 $\lambda_A + \lambda_B + \lambda_C + \lambda_D = 1$，那么虚拟决策单元的两个输入量分别是 $\lambda_A + 0.8\lambda_B + 0.6\lambda_C + \lambda_D$ 和 $2500\lambda_A + 2200\lambda_B + 1500\lambda_C + 2750\lambda_D$。三个输出量是 $5\lambda_A + 4\lambda_B + 3\lambda_C + 4\lambda_D$，$50\lambda_A + 40\lambda_B + 55\lambda_C + 40\lambda_D$ 和 $12\lambda_A + 8\lambda_B + 6\lambda_C + 8\lambda_D$。通过对这 4 个权重赋值，我们可以得到不同的虚拟决策单元。

相比最优的虚拟决策单元，我们希望知道真实决策单元能否通过增加输出或者减少输入达到。假设虚拟决策单元的输入量小于或者等于真实决策单元，输出量大于或者等于真实决策单元。对于决策单元 A 可用数学语言表示为

$$\lambda_A + 0.8\lambda_B + 0.6\lambda_C + \lambda_D \leqslant 1$$
$$2500\lambda_A + 2200\lambda_B + 1500\lambda_C + 2750\lambda_D \leqslant 2500$$
$$5\lambda_A + 4\lambda_B + 3\lambda_C + 4\lambda_D \geqslant 5$$
$$50\lambda_A + 40\lambda_B + 55\lambda_C + 40\lambda_D \geqslant 50$$
$$12\lambda_A + 8\lambda_B + 6\lambda_C + 8\lambda_D \geqslant 12$$
且满足$\lambda_A + \lambda_B + \lambda_C + \lambda_D = 1$

下一步，假设我们使用的是输入导向的 DEA 模型，即我们希望在保持当前输出水平时使输入减少，对于决策单元 A，我们构建以下模型：

$$\begin{aligned}
&\min \theta \\
&\text{s.t.} \\
&\lambda_A + 0.8\lambda_B + 0.6\lambda_C + \lambda_D \leqslant 1 \times \theta \\
&2500\lambda_A + 2200\lambda_B + 1500\lambda_C + 2750\lambda_D \leqslant 2500 \times \theta \\
&5\lambda_A + 4\lambda_B + 3\lambda_C + 4\lambda_D \geqslant 5 \\
&50\lambda_A + 40\lambda_B + 55\lambda_C + 40\lambda_D \geqslant 50 \\
&12\lambda_A + 8\lambda_B + 6\lambda_C + 8\lambda_D \geqslant 12 \\
&\lambda_A + \lambda_B + \lambda_C + \lambda_D = 1 \\
&\lambda_A, \lambda_B, \lambda_C, \lambda_D, \theta \geqslant 0
\end{aligned}$$

同样，对于决策单元 B，有

$$\begin{aligned}
&\min \theta \\
&\text{s.t.} \\
&\lambda_A + 0.8\lambda_B + 0.6\lambda_C + \lambda_D \leqslant 0.8 \times \theta \\
&2500\lambda_A + 2200\lambda_B + 1500\lambda_C + 2750\lambda_D \leqslant 2200 \times \theta \\
&5\lambda_A + 4\lambda_B + 3\lambda_C + 4\lambda_D \geqslant 4 \\
&50\lambda_A + 40\lambda_B + 55\lambda_C + 40\lambda_D \geqslant 40 \\
&12\lambda_A + 8\lambda_B + 6\lambda_C + 8\lambda_D \geqslant 8 \\
&\lambda_A + \lambda_B + \lambda_C + \lambda_D = 1 \\
&\lambda_A, \lambda_B, \lambda_C, \lambda_D, \theta \geqslant 0
\end{aligned}$$

对于决策单元 C，有

$$
\begin{aligned}
&\min \theta \\
&\text{s.t.} \\
&\lambda_A + 0.8\lambda_B + 0.6\lambda_C + \lambda_D \leqslant 0.6 \times \theta \\
&2500\lambda_A + 2200\lambda_B + 1500\lambda_C + 2750\lambda_D \leqslant 1500 \times \theta \\
&5\lambda_A + 4\lambda_B + 3\lambda_C + 4\lambda_D \geqslant 3 \\
&50\lambda_A + 40\lambda_B + 55\lambda_C + 40\lambda_D \geqslant 55 \\
&12\lambda_A + 8\lambda_B + 6\lambda_C + 8\lambda_D \geqslant 6 \\
&\lambda_A + \lambda_B + \lambda_C + \lambda_D = 1 \\
&\lambda_A, \lambda_B, \lambda_C, \lambda_D, \theta \geqslant 0
\end{aligned}
$$

对于决策单元 D，有

$$
\begin{aligned}
&\min \theta \\
&\text{s.t.} \\
&\lambda_A + 0.8\lambda_B + 0.6\lambda_C + \lambda_D \leqslant 1 \times \theta \\
&2500\lambda_A + 2200\lambda_B + 1500\lambda_C + 2750\lambda_D \leqslant 2750 \times \theta \\
&5\lambda_A + 4\lambda_B + 3\lambda_C + 4\lambda_D \geqslant 4 \\
&50\lambda_A + 40\lambda_B + 55\lambda_C + 40\lambda_D \geqslant 40 \\
&12\lambda_A + 8\lambda_B + 6\lambda_C + 8\lambda_D \geqslant 8 \\
&\lambda_A + \lambda_B + \lambda_C + \lambda_D = 1 \\
&\lambda_A, \lambda_B, \lambda_C, \lambda_D, \theta \geqslant 0
\end{aligned}
$$

在这些模型中, 决策变量是 $\lambda_A, \lambda_B, \lambda_C, \lambda_D, \theta$，目标函数是 θ 本身，我们可以用软件 Solver 来解决这些模型，第 2.6 节及 2.8 节将会展示如何用软件来解决输入及输出导向的 DEA 模型。

2.5　凸集及 DEA 有效前沿

图 2.3～ 图 2.5 的有效前沿都是通过有效单元的连接获取的，用分段线性近似法得到边界曲线。任意两个有效单元之间的点 (比如图 2.4 中 B_1 与 B_2 之间的 T_1) 都被称作这两个决策单元的凸集。换句话说，DEA 前沿就是由有效决策单元的凸组合得到的。

A 和 B 的凸组合形式可以表示成 $\lambda_A A + \lambda_B B$，并且 λ_A 和 λ_B 是非负性的，且 $\lambda_A + \lambda_B = 1$，通过对 λ_A 和 λ_B 不同的赋值，可以得到不同的凸组合。例如，考虑图 2.4 中 B_1B_2 上的点 $(x_1, x_2) = (5, 50)$，我们想要知道 λ_{B1} 和 λ_{B2}，可通过

$\lambda_{B_1} \times B_1 + \lambda_{B_2} \times B_2 = (5, 50)$，进一步有

$$\left.\begin{aligned} 2\lambda_{B_1} + 6\lambda_{B_2} = 5 \\ 80\lambda_{B_1} + 40\lambda_{B_2} = 50 \end{aligned}\right\}$$

联立方程:

$$\left.\begin{aligned} 2\lambda_{B_1} + 6\lambda_{B_2} = 5 \\ 2\lambda_{B_1} + \lambda_{B_2} = 1.25 \end{aligned}\right\}$$

解得 $5\lambda_{B_2} = 3.75$，即 $\lambda_{B_2} = 0.75, \lambda_{B_1} = 0.25$，即 $0.25 \times B_1 + 0.75 \times B_2 = (5, 50)$。

注意到位于 B_1 与 B_2 之间的点，总会满足 $\lambda_{B_1} + \lambda_{B_2} = 1$ 且 $\lambda_{B_1}, \lambda_{B_2} \geqslant 0$。实际上，过 B_1 与 B_2 的直线上的任意点坐标 $(x_1, x_2) = (2\lambda_{B_1} + 6\lambda_{B_2}, 80\lambda_{B_1} + 40\lambda_{B_2})$，$\lambda_{B_1} + \lambda_{B_2} = 1$，且 $\lambda_{B_1}, \lambda_{B_2} \geqslant 0$。

回忆前面讲的评价大学效率的例子，在构建虚拟决策单元时，我们会假定 λ_A，λ_B, λ_C 满足 $\lambda_A + \lambda_B + \lambda_C = 1$，即在得知虚拟决策单元的输入是原始决策单元的输入的凸组合下，可知虚拟决策单元就是原始单元的凸集。当有效决策单元确定之后，那么有效虚拟决策单元就是有效决策单元的凸集。

权重的数目是跟观察决策单元的数量有关的，表 2.4 中共有 15 个最佳财富城市 (Zhu，2001)，这里财富杂志选择了一系列的衡量指标来对生活质量测量，我们只选取了三个输入指标及两个输出指标。三个输入指标是: ①高档房屋价格 (以美元为单位)；②低档房屋月租 (美元)；③一块法式面包的价格 (美元)。两个输出指标是: ①医生总数 (以千人为单位)；②中等家庭收入 (美元)。在这个例子中，由于

表 2.4　最佳财富城市

决策单元	城市	房屋价格/美元	月租/美元	面包单价/美元	医生总数/千人	家庭收入/美元
1	Seattle	586 000	581	1.45	4.49	46 928
2	Denver	475 000	558	0.97	2.79	42 879
3	Philadelphia	201 000	600	1.5	3.64	43 576
4	Minneapolis	299 000	609	1.49	2.67	45 673
5	Raleigh-Durham	318 000	613	0.99	4.94	40 990
6	St. Louis	265 000	558	0.89	3.4	39 079
7	Cincinnati	467 000	580	1.25	2.8	38 455
8	Washington	583 000	625	1.29	3.35	54 291
9	Pittsburgh	347 000	535	0.99	3.66	34 534
10	Dallas–Fort Worth	296 000	650	1.5	1.96	41 984
11	Atlanta	600 000	740	1.19	2.23	43 249
12	Baltimore	575 000	775	0.99	4.02	43 291
13	Boston	351 000	888	1.09	5.69	46 444
14	Milwaukee	283 000	727	1.53	3.11	41 841
15	Nashville	431 000	695	1.19	3.25	40 221

总共有 15 个城市 (决策单元)，为了构建虚拟决策单元，我们共需要 15 个权重 (即 $\lambda_1, \lambda_2, \cdots, \lambda_{15}$)。

虚拟决策单元可以用三个输入指标和两个输出指标的凸集合表示：

虚拟决策单元的房屋价格可表示为

$$\begin{aligned}&586\ 000\lambda_1 + 475\ 000\lambda_2 + 201\ 000\lambda_3 + 299\ 000\lambda_4 + 318\ 000\lambda_5 + 265\ 000\lambda_6\\&+ 467\ 000\lambda_7 + 583\ 000\lambda_8 + 347\ 000\lambda_9 + 296\ 000\lambda_{10} + 600\ 000\lambda_{11} + 575\ 000\lambda_{12}\\&+ 351\ 000\lambda_{13} + 283\ 000\lambda_{14} + 431\ 000\lambda_{15}\end{aligned}$$

虚拟决策单元的租金可表示为

$$\begin{aligned}&581\lambda_1 + 558\lambda_2 + 600\lambda_3 + 609\lambda_4 + 613\lambda_5 + 558\lambda_6 + 580\lambda_7 + 625\lambda_8\\&+ 535\lambda_9 + 650\lambda_{10} + 740\lambda_{11} + 775\lambda_{12} + 888\lambda_{13} + 727\lambda_{14} + 695\lambda_{15}\end{aligned}$$

虚拟决策单元的面包价格可表示为

$$\begin{aligned}&1.45\lambda_1 + 0.97\lambda_2 + 1.5\lambda_3 + 1.49\lambda_4 + 0.99\lambda_5 + 0.89\lambda_6 + 1.25\lambda_7 + 1.29\lambda_8\\&+ 0.99\lambda_9 + 1.5\lambda_{10} + 1.19\lambda_{11} + 0.99\lambda_{12} + 1.09\lambda_{13} + 1.53\lambda_{14} + 1.19\lambda_{15}\end{aligned}$$

虚拟决策单元的医生数可表示为

$$\begin{aligned}&4.49\lambda_1 + 2.79\lambda_2 + 3.64\lambda_3 + 2.67\lambda_4 + 4.94\lambda_5 + 3.4\lambda_6 + 2.8\lambda_7 + 3.35\lambda_8\\&+ 3.66\lambda_9 + 1.96\lambda_{10} + 2.23\lambda_{11} + 4.02\lambda_{12} + 5.69\lambda_{13} + 3.11\lambda_{14} + 3.25\lambda_{15}\end{aligned}$$

虚拟决策单元的家庭收入可表示为

$$\begin{aligned}&46\ 928\lambda_1 + 42\ 879\lambda_2 + 43\ 576\lambda_3 + 45\ 673\lambda_4 + 40\ 990\lambda_5 + 39\ 079\lambda_6\\&+ 38\ 455\lambda_7 + 54\ 291\lambda_8 + 34\ 534\lambda_9 + 41\ 984\lambda_{10} + 43\ 249\lambda_{11} + 43\ 291\lambda_{12}\\&+ 46\ 444\lambda_{13} + 41\ 841\lambda_{14} + 40\ 221\lambda_{15}\end{aligned}$$

由于决策单元的数量不同，输入与输出在评价不同的问题上也会因此不同。为了使得针对某一特定系列的决策单元进行数据包络分析，我们提出以下概念：

(1) 决策单元，一般记作 $\mathrm{DMU}_j, j = 1, 2, \cdots, n$。

n 指的是决策单元的总数量，在表 2.4 中，$n = 15$。

(2) 输入，一般记作 $x_{ij}, i = 1, 2, \cdots, m$。

① 第 j 个决策单元的第 i 个输入；

② 对于每个输入：$i = 1, 2, \cdots, m$；

③ m 指的是输入总数，在表 2.4 中，m=3；

④ 第 5 个决策单元的第 2 个输入：x_{25} (在表 2.4 中是 613)。

(3) 输出，一般记作 $y_{rj}, r=1,2,\cdots,s$。

① 第 j 个决策单元的第 r 个输出；

② 对于每个输出：$r=1,2,\cdots,s$；

③ s 指的是输出总数，在表 2.4 中，$s=2$；

④ 第 6 个决策单元的第 2 个输出：y_{26} (在表 2.4 中是 39 079)。

这些输入及输出值作为观察值是已知的，尽管它们被表示成 DEA 模型的符号。以表 2.4 的数据集为例, 决策单元即为 15 个城市 (记为 $\text{DMU}_j, j=1,2,\cdots,n, n=15$); 输入指标记为 $x_{ij}, i=1,2,\cdots,m, m=3$, 分别为房屋价格、租金以及面包价格；输出指标记为 $y_{rj}, r=1,2,\cdots,s, s=2$, 分别为医生数和收入。

(经验) 效率前沿是由这 n 个观测值决定的，以下两条性质保证了我们可以用分段线性近似法来描绘出效率前沿和其占优区域，如图 2.1 所示。

性质 2.1　凸性。$\sum_{j=1}^{n}\lambda_j x_{ij}\,(i=1,2,\cdots,m)$ 和 $\sum_{j=1}^{n}\lambda_j y_{rj}\,(r=1,2,\cdots,s)$ 都是 (虚拟决策单元的) 可能的输入及输出值，其中 λ_j 是非负的且 $\sum_{j=1}^{n}\lambda_j=1$。

性质 2.2　无效性。相同输出 y_{rj} 可以通过使用 $\hat{x}_{ij}$ 获得，并且 $\hat{x}_{ij}\leqslant x_{ij}$ (即相同输出可以以更多的输入生产得到)；相同输入 x_{ij} 可以获得 $\hat{y}_{rj}$, 且有 $\hat{y}_{rj}\geqslant y_{rj}$(即相同输入可用于产生更少的输出)。

考虑图 2.1 中员工数及床位数代表两种输入量，对 S_1，S_2 及 S_3 应用性质 2.1 使得线性部分近似于图 2.1 的有效边界线，运用这两个性质可将线性分段 S_1-S_2 以及 S_2-S_3 扩展到曲线包络形成的区域。

对于某个特定观察值 $x_i\,(i=1,2,\cdots,m)$ 以及 $y_r\,(r=1,2,\cdots,s)$，基于性质 2.1 及性质 2.2，我们有

$$\begin{cases}\lambda_1 x_{i1}+\lambda_2 x_{i2}+\cdots+\lambda_j x_{ij}+\cdots+\lambda_n x_{in}\leqslant x_i & i=1,2,\cdots,m\\ \lambda_1 y_{r1}+\lambda_2 y_{r2}+\cdots+\lambda_j y_{rj}+\cdots+\lambda_n y_{rn}\geqslant y_r & r=1,2,\cdots,s\\ \lambda_1+\lambda_2+\cdots+\lambda_j+\cdots+\lambda_n=1\end{cases}\tag{2.1}$$

下一步就是通过式 (2.1) 确定有效前沿，即我们是否能够找到这样的权重组合成的凸集比某一评价单元要有效。如果答案是肯定的，那么该评价单元不在有效前沿上；如果答案是否定的，那么该评价单元就是有效前沿上的点。

2.6　输入导向数据包络分析模型

如前所述，在 DEA 模型中，为了刻画出有效前沿有两种方式，一种是输入导向型，另一种是输出导向型。以下是输入导向型方法，即在保持输出水平不变的基础上使输入最小化。

$$
\begin{aligned}
&\theta^* = \min \theta \\
&\text{s.t.} \\
&\sum_{j=1}^{n} \lambda_j x_{ij} \leqslant \theta x_{io} \quad i = 1, 2, \cdots, m \\
&\sum_{j=1}^{n} \lambda_j y_{rj} \geqslant y_{ro} \quad r = 1, 2, \cdots, s \\
&\sum_{j=1}^{n} \lambda_j = 1 \\
&\lambda_j \geqslant 0 \quad j = 1, 2, \cdots, n
\end{aligned}
\tag{2.2}
$$

式中，DMU_o 指的是 n 个决策单元中的一个待评价单元，并且 x_{io} 与 y_{ro} 代表的是 DMU_o 的第 i 个输入及第 r 个输出。

在模型 (2.2) 中，λ_j 都是未知的权重，这里 $j = 1, 2, \cdots, n$ 代表的是决策单元的数量。在表 2.4 中，$n = 15$，不等式左侧代表的是所有决策单元的输入和输出的凸集合 (或者叫做虚拟决策单元)，右侧代表的是待评价单元的输入和输出。

该模型有三个约束条件，实际上有 $(m + s + 1)$ 个约束条件，“第一个约束条件”其实代表 m 个不同的约束条件，每个输入都有一个约束条件；“第二个约束条件”其实代表 s 个不同的约束条件，每个输出都有一个约束条件。也就是说，模型 (2.2) 可以表示成

$$
\begin{aligned}
&\theta^* = \min \theta \\
&\text{s.t.} \\
&\lambda_1 x_{i1} + \lambda_2 x_{i2} + \cdots + \lambda_j x_{ij} + \cdots + \lambda_n x_{in} \leqslant \theta x_{io} \quad i = 1, 2, \cdots, m \\
&\lambda_1 y_{r1} + \lambda_2 y_{r2} + \cdots + \lambda_j y_{rj} + \cdots + \lambda_n y_{rn} \geqslant y_{ro} \quad r = 1, 2, \cdots, s \\
&\lambda_1 + \lambda_2 + \cdots + \lambda_j + \cdots + \lambda_n = 1 \\
&\lambda_j \geqslant 0 \quad j = 1, 2, \cdots, n
\end{aligned}
$$

或者更详细地表示成

$$
\begin{aligned}
&\theta^* = \min \theta \\
&\text{s.t.} \\
&\lambda_1 x_{11} + \lambda_2 x_{12} + \cdots + \lambda_j x_{1j} + \cdots + \lambda_n x_{1n} \leqslant \theta x_{1o} \quad (\text{第 1 个输入})
\end{aligned}
$$

$$\lambda_1 x_{21} + \lambda_2 x_{22} + \cdots + \lambda_j x_{2j} + \cdots + \lambda_n x_{2n} \leqslant \theta x_{2o} \quad (\text{第 2 个输入})$$

……

$$\lambda_1 x_{m1} + \lambda_2 x_{m2} + \cdots + \lambda_j x_{mj} + \cdots + \lambda_n x_{mn} \leqslant \theta x_{mo}$$

(第 m 个输入，即最后一个输入)

$$\lambda_1 y_{11} + \lambda_2 y_{12} + \cdots + \lambda_j y_{1j} + \cdots + \lambda_n y_{1n} \geqslant y_{1o} \quad (\text{第 1 个输出})$$

$$\lambda_1 y_{21} + \lambda_2 y_{22} + \cdots + \lambda_j y_{2j} + \cdots + \lambda_n y_{2n} \geqslant y_{2o} \quad (\text{第 2 个输出})$$

……

$$\lambda_1 y_{s1} + \lambda_2 y_{s2} + \cdots + \lambda_j y_{sj} + \cdots + \lambda_n y_{sn} \geqslant y_{so}$$

(第 s 个输出，即最后一个输出)

$$\lambda_1 + \lambda_2 + \cdots + \lambda_j + \cdots + \lambda_n = 1$$

$$\lambda_j \geqslant 0 \quad j = 1, 2, \cdots, n$$

式中，θ 是决策变量，代表着效率值。由于 $\theta = 1$ 是式 (2.2) 的可行解，所以式 (2.2) 的最优解 θ^* 必定小于 1，如果 $\theta^*=1$，意味着当前输入不能再缩减了，即 DMU_o 是位于效率前沿上的；如果 $\theta^* < 1$，那 DMU_o 在有效前沿围起来的区域内，或者说评价单元的输入可以以同等比例 θ^* 缩减。也就是说，相同水平的输出量可以通过更少的输入实现。

在演示如何用表 2.4 中的数据构建数据模型之前，我们先来看表 2.5 的例子，表 2.5 共有 5 个决策单元。在一个星期内，每个决策单元都通过供应链成本及反应时间的不同组合产生了 1500 美元的利润。

图 2.6 展示出这五个决策单元以及有效前沿，决策单元 1,2,3 和 4 都在前沿面上。如果我们将模型 (2.2) 应用到 DMU_5 的评价上，有

$$\begin{aligned}
&\min \theta \\
&\text{s.t.} \\
&1\lambda_1 + 2\lambda_2 + 4\lambda_3 + 6\lambda_4 + 4\lambda_5 \leqslant 4\theta \\
&5\lambda_1 + 2\lambda_2 + 1\lambda_3 + 1\lambda_4 + 4\lambda_5 \leqslant 4\theta \\
&15\lambda_1 + 15\lambda_2 + 15\lambda_3 + 15\lambda_4 + 15\lambda_5 \geqslant 15 \\
&\lambda_1 + \lambda_2 + \lambda_3 + \lambda_4 + \lambda_5 = 1 \\
&\lambda_1, \lambda_2, \lambda_3, \lambda_4, \lambda_5 \geqslant 0
\end{aligned}$$

表 2.5 每周供应链运行情况

决策单元	反应时间/d	成本/百美元	利润/百美元
DMU_1	1	5	15
DMU_2	2	2	15
DMU_3	4	1	15
DMU_4	6	1	15
DMU_5	4	4	15

我们可以得到唯一的最优解 $\theta^* = 0.5, \lambda_2^* = 1$，以及 $\lambda_j^* = 0 (j \neq 2)$，意味着 DMU_5 的标杆即是 DMU_2，DMU_5 需要将输入量减少到 DMU_2 的水平。

不像之前的例子，图 2.6 展示出效率评价过程中的"松弛"问题。DMU_4 显然没有 DMU_3 有效，这两个 DMU 都有相同量的输入指标 2(总供应链成本)，但是 DMU_4 比 DMU_3 使用更多的输入 1(反应时间)。那么这两者之间的差距就是 DMU_4 的松弛。因此，DMU_3 可以视作最有效单元，而 DMU_4 却不是。

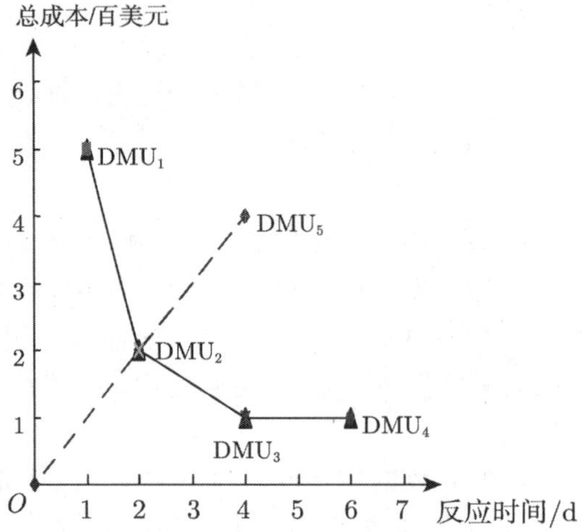

图 2.6　五家供应链运行情况

2.7　输入导向包络分析模型在 Spreadsheets 中的实现

为了评价表 2.4 中 15 个城市的效率，输入导向的 DEA 模型需要 15 次计算，每个城市一次。我们将展示怎么通过表格将效率评价问题模型化，并且将演示如何用 Excel Solver 软件来计算这 15 个城市的效率得分。

首先，我们将在表格中输入表 2.4 中的数据 (图 2.7)。数据包络分析模型的表格将包括以下四个主要的部分：①决策变量单元格 (例如 λ_j, θ)；②目标函数单元格 (效率)(例如 θ)；③计算 DEA 参考集的公式单元格 (约束条件的左侧式子)(如 $\sum_{j=1}^{n} \lambda_j x_{ij}, \sum_{j=1}^{n} \lambda_j y_{rj}, \sum_{j=1}^{n} \lambda_j$)；④计算评价单元的效率值的公式单元格 (如 θ, x_{io}, y_{ro})。

在图 2.7 中，单元格 I2~I16 代表 $\lambda_j (j = 1, 2, \cdots, 15)$，单元格 F19 代表目标函数也就是效率得分 θ。对于 DEA 的参考集 (包络分析模型的左侧公式)，我们使用以下公式来计算所有的决策单元的输入和输出加权和：

B20=SUMPRODUCT(B2：B16，$I$2:$I$16)

B21=SUMPRODUCT(C2：C16，$I$2:$I$16)

B22=SUMPRODUCT(D2：D16，$I$2:$I$16)

B23=SUMPRODUCT(F2：F16，$I$2:$I$16)

B24=SUMPRODUCT(G2：G16，$I$2:$I$16)

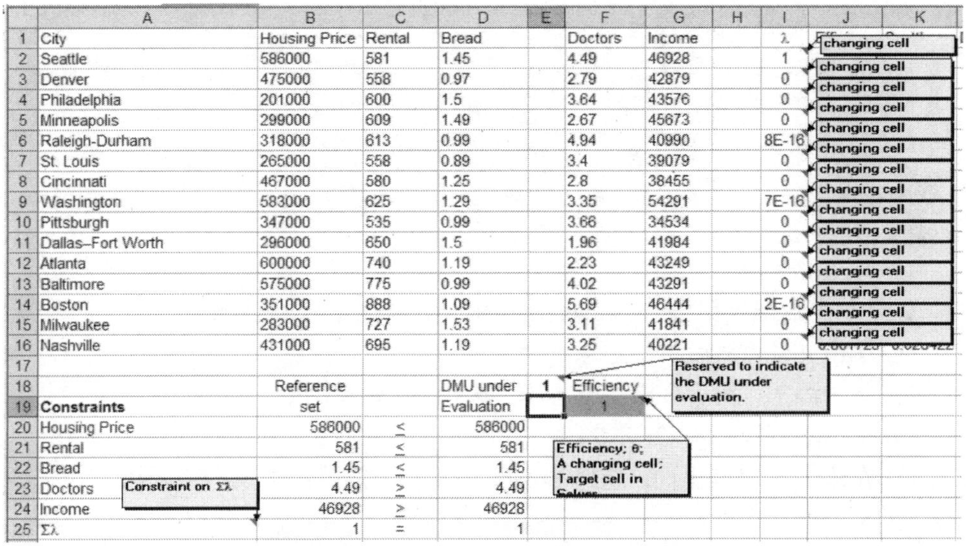

	A	B	C	D	E	F	G	H	I
1	City	Housing Price	Rental	Bread		Doctors	Income		λ
2	Seattle	586000	581	1.45		4.49	46928		1
3	Denver	475000	558	0.97		2.79	42879		0
4	Philadelphia	201000	600	1.5		3.64	43576		0
5	Minneapolis	299000	609	1.49		2.67	45673		0
6	Raleigh-Durham	318000	613	0.99		4.94	40990		8E-16
7	St. Louis	265000	558	0.89		3.4	39079		0
8	Cincinnati	467000	580	1.25		2.8	38455		0
9	Washington	583000	625	1.29		3.35	54291		7E-16
10	Pittsburgh	347000	535	0.99		3.66	34534		0
11	Dallas–Fort Worth	296000	650	1.5		1.96	41984		0
12	Atlanta	600000	740	1.19		2.23	43249		0
13	Baltimore	575000	775	0.99		4.02	43291		0
14	Boston	351000	888	1.09		5.69	46444		2E-16
15	Milwaukee	283000	727	1.53		3.11	41841		0
16	Nashville	431000	695	1.19		3.25	40221		0
17									
18		Reference		DMU under	1	Efficiency			
19	**Constraints**	set		Evaluation		1			
20	Housing Price	586000	≤	586000					
21	Rental	581	≤	581					
22	Bread	1.45	≤	1.45					
23	Doctors	4.49	≥	4.49					
24	Income	46928	≥	46928					
25	Σλ	1	=	1					

图 2.7 输入导向包络的表格模型

对于待评价单元 (DMU_1)，我们在 D20~D24 输入以下公式：

D20=$F$19*INDEX(B2：B16，E18，1)

D21=$F$19*INDEX(C2：C16，E18，1)

D23=INDEX(F2：F16，E18，1)

D24=INDEX(G2：G16，E18，1)

最后，将公式 $\sum_{j=1}^{n} \lambda_j = 1$ 分别输入到单元格 B25(=SUM(I2：I16)) 和单元格 D25(=1) 中。

单元格 E18 用来指明待评价单元，函数 INDEX(数组，行数，列数) 返回的值是数组中特定行与列的值，因为单元格 E18 的值为 1，那么 INDEX 函数返回的值就是数组 F2: F16 第一行第一列的值。当单元格 E18 从 1 到 15 变化，单元格 D20 到 D24 中的 INDEX 函数返回的是该评价单元的输入和输出值。如果会使用 VBA 语言来进行 DEA 的计算，这个特点就更加明显并且有用。

2.7.1　使用 Solver

在表格中建立起 DEA 模型之后，我们可以运用 Solver 软件来找到最优解，首先，我们通过单击数据菜单来打开 Solver，如图 2.8 所示。

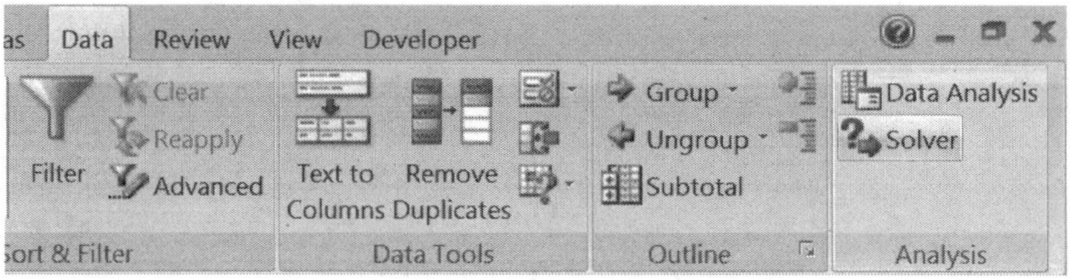

图 2.8　Solver 参数会话框

如果单击数据菜单没有 Solver 出现的话，请遵循以下步骤：

(1) 单击文件，然后单击选项；

(2) 单击添加，然后会出现管理框，选择 Excel 添加；

(3) 单击运行；

(4) 在添加可用框里面，选择 Solver 添加项，并单击确认 (图 2.9)。

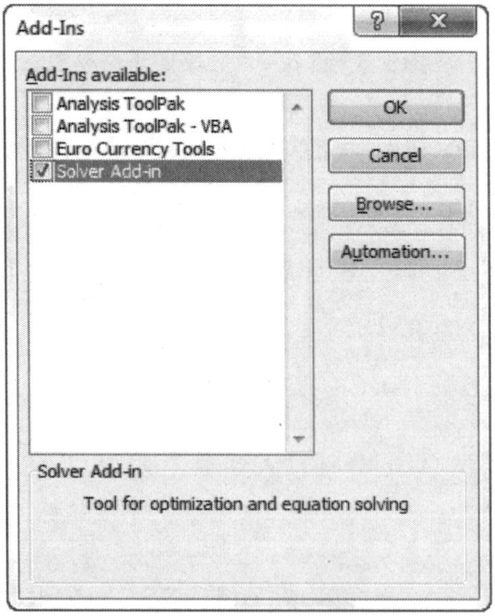

图 2.9　Solver 的添加

现在，你应该可以看到图 2.10 所示的 Solver 参数会话框了。

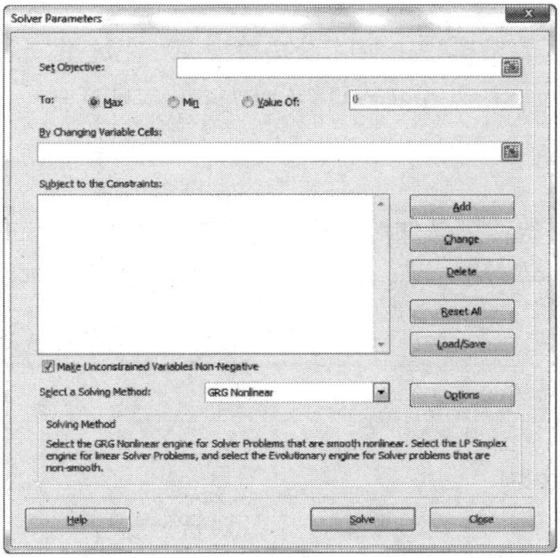

图 2.10 Solver 参数会话框

2.7.2 设定目标单元格

设置目标单元在表格模型中意味着目标函数单元格，并且不管其值应该是最大化还是最小化。在例子中，目标单元对应 F19 中的目标函数，该值应该是最小化，因为我们使用的是输入导向的数据包络分析模型 (图 2.11)。

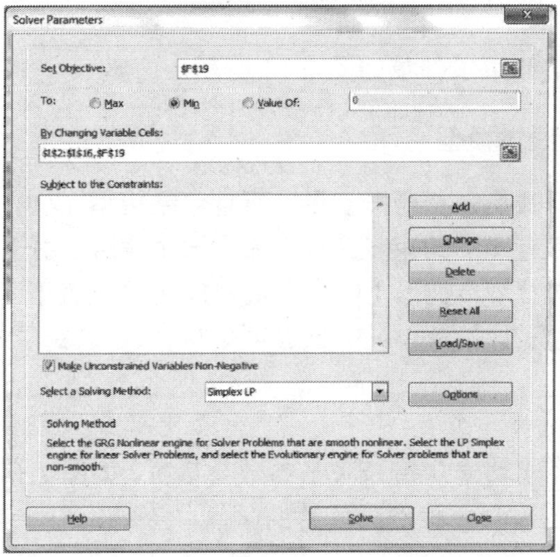

图 2.11 确定目标单元及变量单元

2.7.3　确定可变变量单元

可变变量单元在表格模型中意味着决策变量，在这里，即代表 $\lambda_j(j=1,2,\cdots,15)$ 和 θ，应该分别对应单元格 I2~I16 和 F19(图 2.11)。

2.7.4　增加约束条件

约束条件跟表格的约束条件对应，在例子中，它们是由 B20~B25 以及 D20~D25 的单元格所决定的，单击图 2.11 中显示的添加键，此时添加约束条件对话框会弹出，如图 2.12 所示。

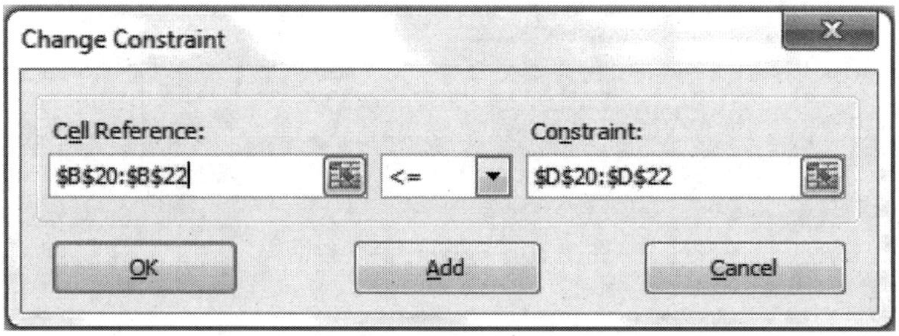

图 2.12　添加约束条件

图 2.7 所示的表格模型中共有 6 个约束条件，“参考单元格” 对应 DEA 参考集，并且 “约束条件” 对应要评价的决策单元。前三个约束条件跟三个输入指标有关。单击添加键来添加约束条件(输出约束条件以及 $\sum\limits_{j=1}^{n}\lambda_j=1$)，完成约束条件添加后单击 OK 按钮。约束条件集如图 2.14 所示。

2.7.5　非负性以及线性模型

有必要说明 λ_j 以及 θ 都是非负的，而且包络模型 (2.2) 是线性规划问题。这点可以通过单击 “设置不受约束变量为非负” 选项实现。由于 DEA 模型是线性模型，所以我们应该选择 “单纯形 LP”。我们可能需要检查下 Solver 中 “自动缩放” 选项 (见图 2.13，实际上在 Solver 中该选项是默认选项)。

2.7.6　求解模型

现在，我们已经成功建立起 Solver 参数会话框，如图 2.14 所示。单击 Solve 按键来求解此模型，当 Solver 找到最优解的时候，会有 Solver 运行结果会话框显示，如图 2.15 所示。

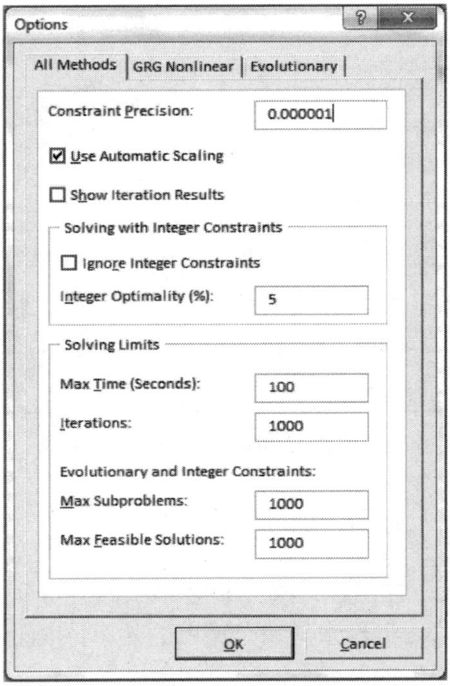

图 2.13 自动缩放图

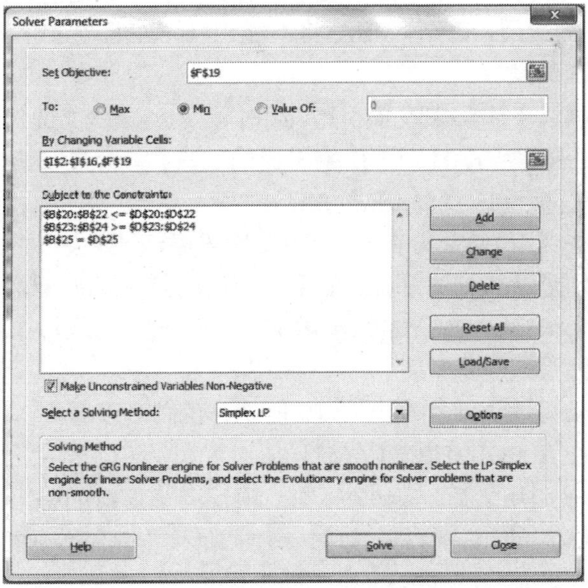

图 2.14 输入导向包络分析模型的 Solver 参数

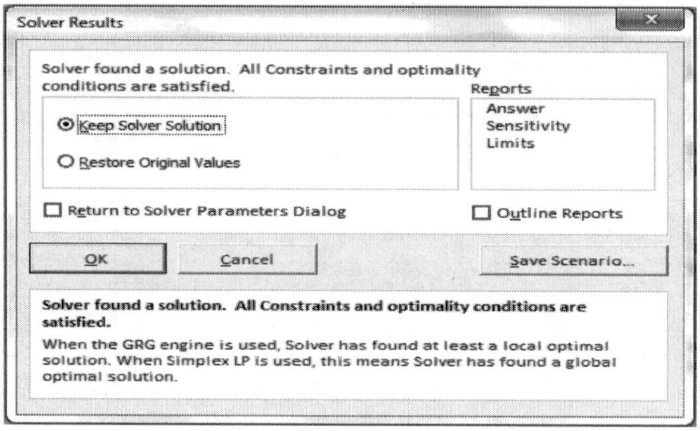

图 2.15 Solver 运行结果会话框

2.7.7 DEA 计算的自动化

为完成剩下 14 个城市的效率分析，需要手工改变可变化的单元格 E18 的值到 2, 3,· · · , 15，再运行 Solver 继续求解每个城市的效率，并且记录效率得分 (例如，在第 J 栏)。当决策单元很多的时候，该过程就会显得冗长累赘。

注意到在评价剩下的决策单元时，Solver 参数设置完全一致。所以，我们可以编写简单的 VBA 语言来使整个过程自动运行。在着手做之前，有必要先在 VB 编辑窗口设置 Solver 引用。否则，VBA 将不能识别 Solver 函数，并且会出现 "未定义目标函数" 的错误提示。

我们可以根据以下步骤来设置引用，同时按 Alt 与 F11 进入 VB 编辑窗口 (或者使用 Developer 按键①)。打开 VB 编辑器的工具栏，会显示出一系列的引用，其中一个应该是 Solver(Solver.xlam)(图 2.16)。

为了添加这个引用，简单检查下对话框。如果提示 "缺失: Solver.xla"，那么就单击浏览按钮，并且搜寻 Solver.xlam。如果你使用的是 Excel 2007 版本，Solver.xlam 一般位于 C 盘 \program files\microsoft office\office12\library\solver。当然这取决于 office 的安装位置。

在添加 Solver 引用之后，如图 2.17 所示，我们可以看到 VBA 项目浏览窗口引用的 "Reference to SOLVER.XLAM"。

在添加 Solver 引用之后，应该在 VBA 项目浏览窗口的引用下出现 "Reference to SOLVER.XLAM" 的相关信息，如图 2.17②所示 ("包络分析表格.xls" 文件包含

① 为了展示 Developer 按键，请在 Excel 选框中检查 "Show Developer tab in the Ribbon" 对话框。

② 在 Excel 97-2003 中，引用文件是 Solver.xla。

表格模型)。

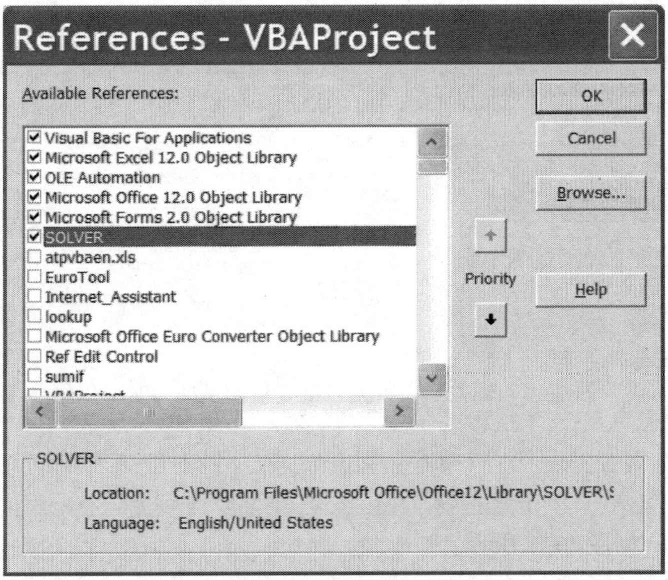

图 2.16 添加 Solver 引用

下一步，在 VB 编辑器选择插入菜单/模块 (图 2.18)，此时会在 Excel 文件中添加一个新的模块 (你可以在该模块的名字属性中修改模块名字)。

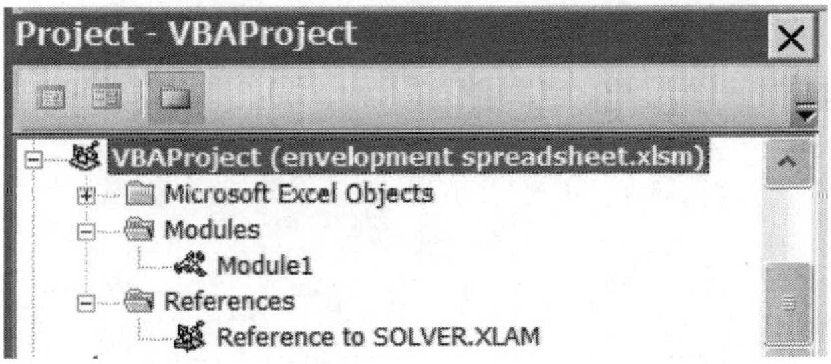

图 2.17 在 VBA 项目管理器添加 Solver 引用

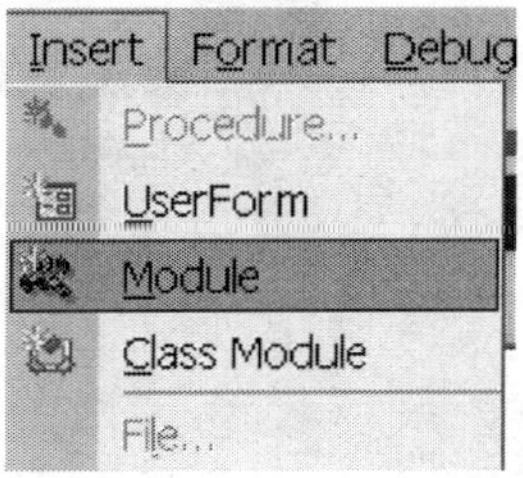

图 2.18 插入模块

现在，可以往模块中输入 VBA 代码了，首先输入 “Sub DEA()”，这直接生成了 DEA 的 VBA 程序，并且 DEA 也是宏名称 (图 2.20)。图 2.19 展示的是 DEA 自动计算的 VBA 代码。

宏语句 “SolverSolve UserFinish:=True” 说明 Solver 解决 DEA 问题后将不会显示 Solver 结果会话框，“Offset(行位移，列位移)” 代表着相对于指定单元格位移之后的单元格。例如当我们在评价第一个决策单元的时候，DMUNo=1，Range(“J1”)。Offset(1,0) 则代表单元格 J2，语句 “With Range(“J1”)” 和 “Offset(DMUNo，0)” 会在单元格 F19 显示出最优目标函数值 (即效率得分)，并且 DMUNo 从 J2，J3，$\cdots$，J16 依次取。

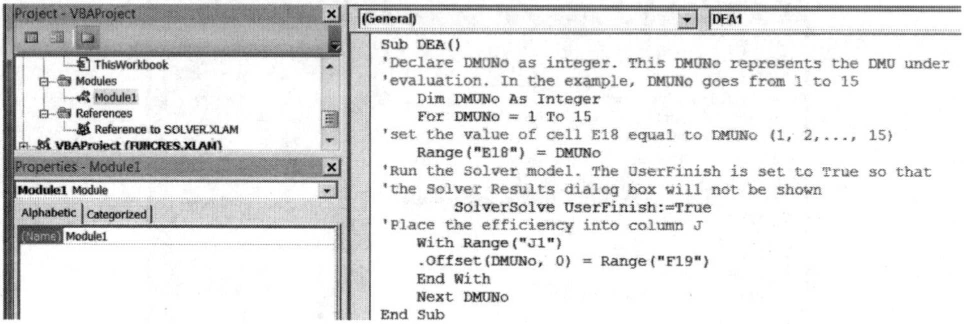

图 2.19　输入导向数据包络分析模型的 VBA 代码

按 Alt-F8 组合键运行宏 (或者使用开发/宏)，此时应该出现 “DEA”，如图 2.20 所示。选择 “DEA”，单击运行键 (Run)。这样可以得到 15 个城市的效率得分 (单元格 J2~J16)，如图 2.21 所示。

运行结果显示，有 9 个城市是有效的 (效率得分为 1)。对于无效城市，非零权重 λ_j 代表着标杆系数。例如，Nashville 的效率得分是 0.8，那么 Nashville 的标杆就是 Seattle, Denver, St. Louis, Pittsburgh。

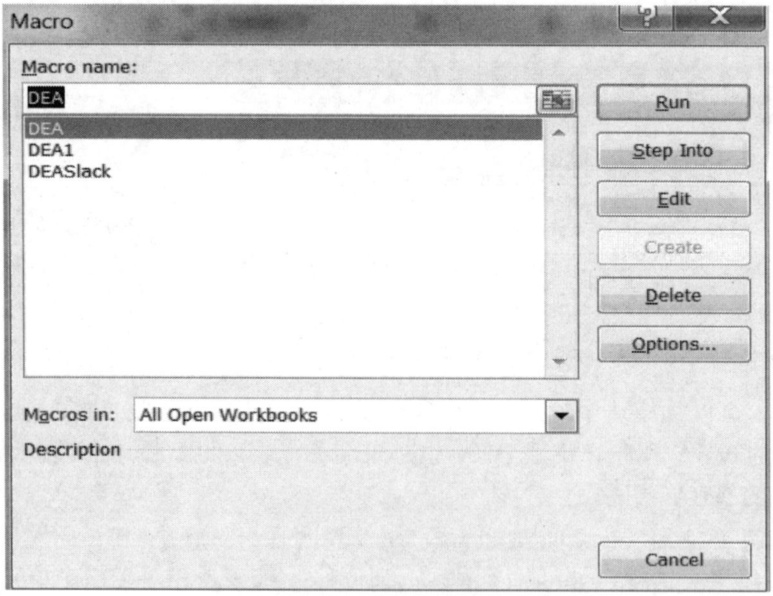

图 2.20　运行 “DEA” 宏

	A	B	C	D	E	F	G	H	I	J
1	City	Housing Price	Rental	Bread		Doctors	Income		λ	Efficiency
2	Seattle	586000	581	1.45		4.49	46928		0.026	1
3	Denver	475000	558	0.97		2.79	42879		0.319	1
4	Philadelphia	201000	600	1.5		3.64	43576		0	1
5	Minneapolis	299000	609	1.49		2.67	45673		0	0.988677
6	Raleigh-Durham	318000	613	0.99		4.94	40990		0	1
7	St. Louis	265000	558	0.89		3.4	39079		0.593	1
8	Cincinnati	467000	580	1.25		2.8	38455		0	0.941046
9	Washington	583000	625	1.29		3.35	54291		0	1
10	Pittsburgh	347000	535	0.99		3.66	34534		0.061	1
11	Dallas–Fort Worth	296000	650	1.5		1.96	41984		0	0.891509
12	Atlanta	600000	740	1.19		2.23	43249		0	0.823845
13	Baltimore	575000	775	0.99		4.02	43291		0	1
14	Boston	351000	888	1.09		5.69	46444		0	1
15	Milwaukee	283000	727	1.53		3.11	41841		0	0.813882
16	Nashville	431000	695	1.19		3.25	40221		0	0.801725
17										
18		Reference		DMU under	15	Efficiency				
19	**Constraints**	set		Evaluation		0.8017246				
20	Housing Price	345543.2951	≤	345543.295						
21	Rental	557.1985849	≤	557.198585						
22	Bread	0.93646128	≤	0.95405225						
23	Doctors	3.25	≥	3.25						
24	Income	40221	≥	40221						
25	Σλ	1	=	1						

图 2.21 输入导向数据包络分析模型的效率得分

过去的宏 “DEA” 在工作表中不会记录 λ_j，可以通过在现有模块中添加名为 “DEA1” 的 VBA 程序实现。

```
Sub DEA1 ()
'Declare DMUNo as Integer.  This DMUNo represents the DMU under
'evaluation.  In the example, DMUNo goes from 1 to 15
    Dim DMUNo As Integer
    For DMUNo=1 To 15
'set the value of cell E18 equal to DMUNo (1, 2, ···, 15)
    Range ("E18")=DMUNo
'Run the Solver model.  The UserFinish is set to True so that
'the Solver Results dialog box will not be shown
      SolverSolve UserFinish:=True
'Place the efficiency into column J
    Range ("J" & DMUNo+1)=Range ("F19")
'Select the cells containing the optimal lambdas
    Range ("I2:I16").  Select
'Copy the selected lambdas and paste them to row "DMUNo+1"
```

```
'(that is row 2,3, ··· , 16) starting with column K
Selection. Copy
Range ("K" & DMUNo+1). Select
Selection. PasteSpecial Paste:=x1 PasteValues, Transpose:=True
    Next DMUNo
End Sub
```

在宏运行会话框中，选择 “DEA1”，单击运行按钮。程序 “DEA1” 将会同时记录效率得分以及相关的权重 $\lambda_j(j=1,2,\cdots,15)$(见文件 “包络分析数据.xls”) 。

2.8　输出导向型的数据包络分析模型

输入导向 DEA 模型 (2.2) 所确定的效率前沿展示的是规模报酬可变情形，模型 (2.2) 所确定的有效前沿可称为可变规模报酬前沿。第 5 章我们将对规模报酬以及其与 DEA 模型的关系进行详细的探讨。现在我们对规模报酬和有效前沿作个简单的介绍。

考虑图 2.22 所示 5 个决策单元的单输入单输出情况。规模收益可变有效前沿由决策单元 A,B,C 和 D 组成。AB 代表规模报酬递增 (IRS)，B 代表不变规模报酬 (CRS)，BC 和 CD 代表规模报酬递减 (DRS)。

模型 (2.2) 是基于规模报酬可变的、输入导向的数据包络模型，决策单元 E 与效率前沿上的点 F(A 和 B 的凸集) 相比是无效的。即 E 应该减少输入到 F，或者说 F 是 E 的效率投影点。如采用的是输出导向模型，E 的效率投影点应该是 C(增加其输出到 C)。

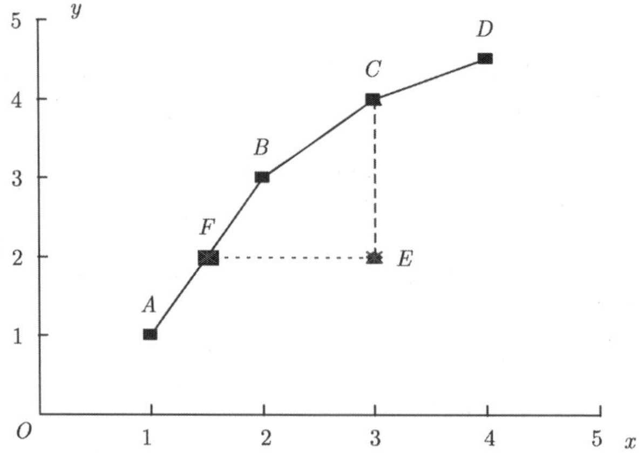

图 2.22　可变规模报酬有效前沿

输出导向数据包络分析模型可以描述为 (当决策单元 DMU$_o$ 作为评价对象时)

$$
\begin{aligned}
&\max \phi \\
&\text{s.t.} \\
&\sum_{j=1}^{n} \lambda_j x_{ij} \leqslant x_{io} \qquad i=1,2,\cdots,m \\
&\sum_{j=1}^{n} \lambda_j y_{rj} \geqslant \phi y_{ro} \qquad r=1,2,\cdots,s \\
&\sum_{j=1}^{n} \lambda_j = 1 \\
&\lambda_j \geqslant 0 \qquad\qquad\quad j=1,2,\cdots,n
\end{aligned} \tag{2.3}
$$

输出和输入导向包络分析模型所确定的边界是一致的，它主要是在保持输入水平不变的情况下找到系数 ϕ 来增加其输出。ϕ^* 就是效率得分。如果 $\phi^*=1$，那么当前输出不能成倍增加了，即 DMU$_o$ 在有效前沿上；如果 $\phi^*>1$，那么同水平输入能够产生更多的输出。注意到 $\phi^*=1$ 总是可行解，因此，该模型的解 $\phi^*\geqslant 1$。在输出导向模型中，效率得分越高意味着越无效。

在应用输出导向模型来评价 15 个最佳财富城市的效率之前，首先来考虑一个简单的例子，如图 2.23 所示，共有 4 个决策单元，单输入两个输出，并且 4 个决策单元的输入是一样的。

图 2.23 中，决策单元 1,2,3 是有效的。如果运用模型 (2.3) 来计算决策单元 4 的效率值的话，有

$$
\begin{aligned}
&\max \phi \\
&\text{s.t.} \\
&\lambda_1+\lambda_2+\lambda_3+\lambda_4 \leqslant 1 \\
&6\lambda_1+5\lambda_2+2\lambda_3+3\lambda_4 \geqslant 3\phi \\
&2\lambda_1+3.5\lambda_2+5\lambda_3+3.5\lambda_4 \geqslant 3.5\phi \\
&\lambda_1+\lambda_2+\lambda_3+\lambda_4 = 1 \\
&\lambda_1,\lambda_2,\lambda_3,\lambda_4 \geqslant 0
\end{aligned}
$$

解得 $\phi^*=1.2$，$\lambda_2^*=8/15$,$\lambda_3^*=7/15$, 决策单元 4 是无效的，效率投影点是 G，即决策单元 4 应该增加两种输出到 G。

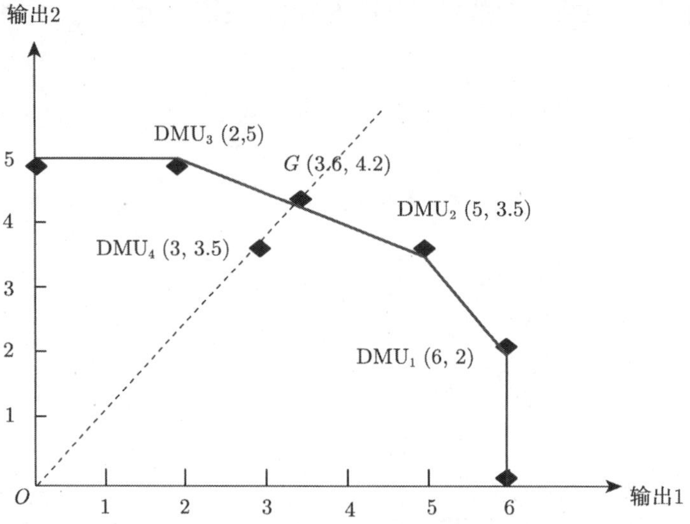

图 2.23　输出导向的效率前沿

2.9　基于规模报酬可变的输出导向模型在 Spreadsheets 中的实现

下一步我们考虑基于规模报酬可变的输出导向包络分析模型在 Spreadsheets 中的实现，这个模型跟图 2.7 所示的类似，但是此模型中对于评价单元有一系列不同的公式设置。如图 2.24 所示。

为了使数据模型更容易理解，我们在公式中加入了“类别名称”。选择一个需要命名的类别，然后在 Excel 的左上方“名称框”输入合适的类别名称。“名称框”位于列 A 上方 (图 2.24)。例如，我们选中 B2:B16 区域 (输入区域)，然后在“名称框”中输入“InputUsed”(使用的输入)(图 2.24)；另一种方式是使用菜单方式：插入/名称/定义菜单项。接下来就可以称 B2：B16 区域为“使用的输入”。

可以以同样方式将F2：G16 区域称作“OutputProduced”(产生的输出)，将单元格 I2：I16 和 F19 分别命名为“Lambdas”和“Efficiency”。那么，$\sum_{j=1}^{n}\lambda_j$ 可以通过单元格 B25=SUM(Lambdas) 表示,DEA 参考集的相关函数可以设定为

B20=SUMPRODUCT(INDEX(InputUsed，0，1)，Lambdas)

B21=SUMPRODUCT(INDEX(InputUsed，0，2)，Lambdas)

B22=SUMPRODUCT(INDEX(InputUsed，0，3)，Lambdas)

B23=SUMPRODUCT(INDEX(OutputProduced，0，1)，Lambdas)

B24=SUMPRODUCT(INDEX(OutputProduced，0，2)，Lambdas)

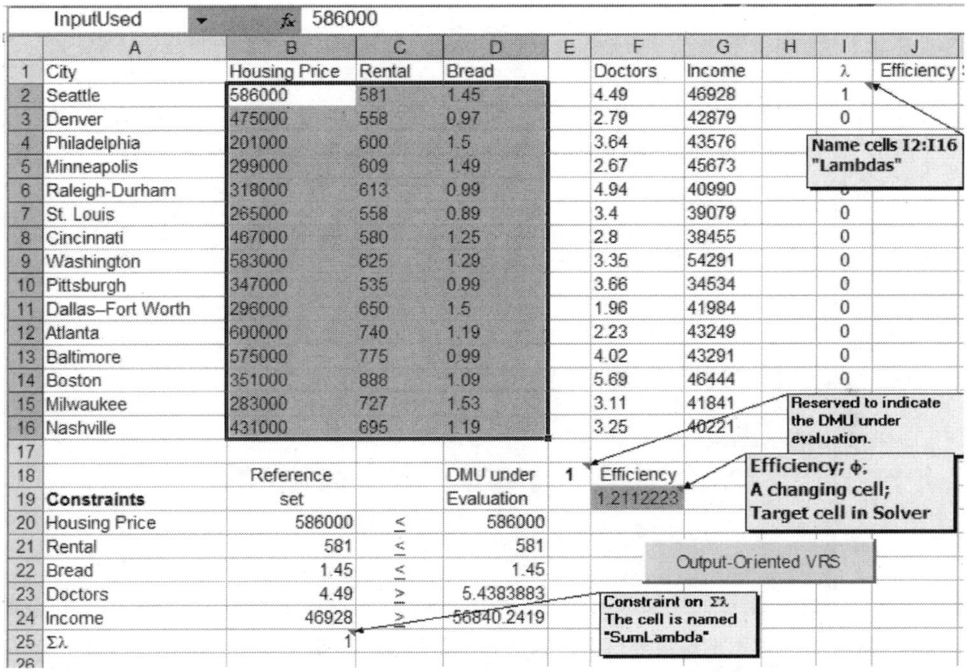
InputUsed | f_x 586000

	A	B	C	D	E	F	G	H	I	J
1	City	Housing Price	Rental	Bread		Doctors	Income		λ	Efficiency
2	Seattle	586000	581	1.45		4.49	46928		1	
3	Denver	475000	558	0.97		2.79	42879		0	
4	Philadelphia	201000	600	1.5		3.64	43576			
5	Minneapolis	299000	609	1.49		2.67	45673			
6	Raleigh-Durham	318000	613	0.99		4.94	40990			
7	St. Louis	265000	558	0.89		3.4	39079		0	
8	Cincinnati	467000	580	1.25		2.8	38455		0	
9	Washington	583000	625	1.29		3.35	54291		0	
10	Pittsburgh	347000	535	0.99		3.66	34534		0	
11	Dallas–Fort Worth	296000	650	1.5		1.96	41984		0	
12	Atlanta	600000	740	1.19		2.23	43249		0	
13	Baltimore	575000	775	0.99		4.02	43291		0	
14	Boston	351000	888	1.09		5.69	46444		0	
15	Milwaukee	283000	727	1.53		3.11	41841			
16	Nashville	431000	695	1.19		3.25	40221			
17										
18		Reference		DMU under	1	Efficiency				
19	Constraints	set		Evaluation		1.2112223				
20	Housing Price	586000	≤	586000						
21	Rental	581	≤	581						
22	Bread	1.45	≤	1.45						
23	Doctors	4.49	≥	5.4383883						
24	Income	46928	≥	56840.2419						
25	Σλ	1								

图 2.24 输出导向可变规模报酬包络分析的电子数据表

注意到 INDEX 函数的行参数我们输入的是 “0”，0 返回的值是所选区域的所有行。例如，INDEX(INPUTUsed，0，1) 返回的值是单元格 B2:B16。

单元格 E18 代表待评价决策单元，可以将 E18 命名为 “DMU”(如上相似命名)，对于评价单元的函数计算如下：

D20=INDEX(InputUsed，DMU，1)

D21=INDEX(InputUsed，DMU，2)

D23=INDEX(InputUsed，DMU，3)

D24=Efficiency*INDEX(OutputProduced，DMU，1)

D25=Efficiency*INDEX(OutputProduced，DMU，2)

单元格 “B20：B22” “B23：B24” “B25” “D20：D22” “D23：D24” 分别被称作 “输入参考集” “输出参考集” “Lambdas 总和” “DMU 输入” 和 “DMU 输出”。基于这些类别名称，我们可以得到如图 2.25 所示的 Solver 参数，由于这是输出为导向的包络模型，所以效率得分 ϕ 应该是最大化。

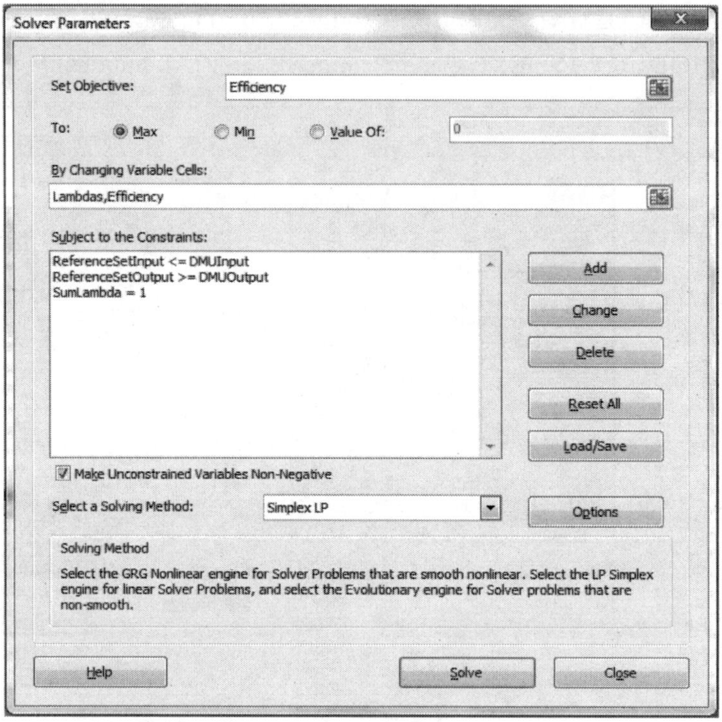

图 2.25　基于规模报酬可变的输出导向数据包络分析模型的 Solver 参数框

首先，通过单击开发/插入键打开 ActiveX 的控制框，然后单击 Command Button 的图标，并将其拖拉到工作表中 (图 2.26)①。

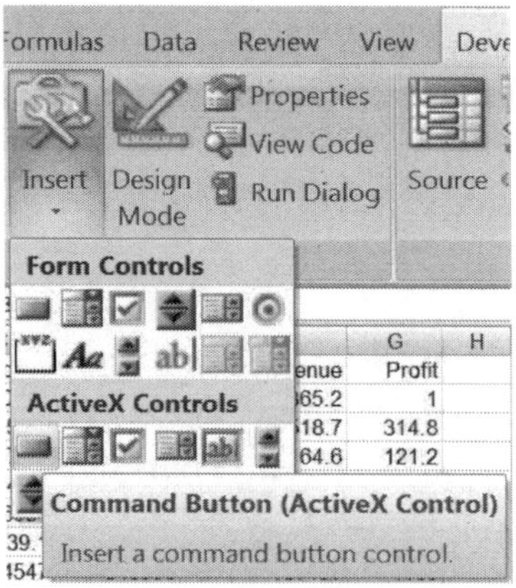

图 2.26　添加 Command Button(命令)

① 在 Excel 97-2003 中，选择 View/Toolbars/Control Toolbox 菜单键打开 Control Toolbox 命令，然后在 Control Toolbox 单击 Command Button 按钮，并将其拖拉到工作表中。

一旦命令按钮添加结束，你就可以在 Control Toolbox Toolbar 中单击 Properties 选项来改变相关属性。例如，将 TakeFocusOnClick 的属性值设置为 False，就会使得工作表选区保持不变。你也可以通过修改 "基于规模报酬可变的输出导向" 的 Caption 属性来修改命令按钮的名称 (图 2.27)。

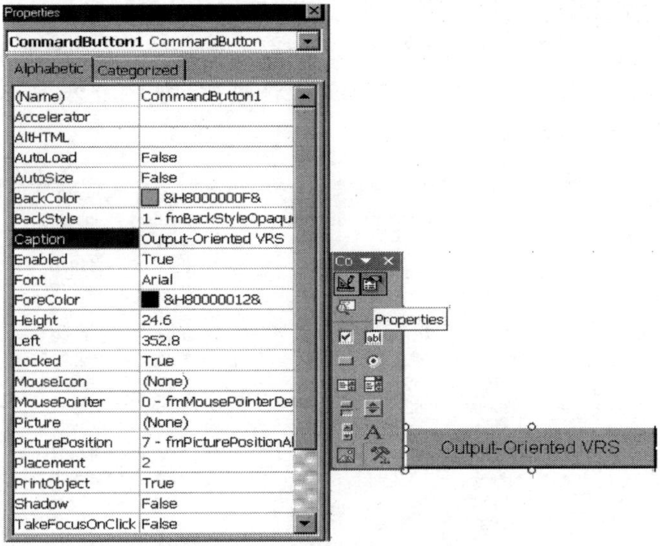

图 2.27 改变命令按钮的属性值

双击命令按钮，这样会打开 VB 编辑器并且会出现代码窗口。将图 2.28 所示的语句插入进去。

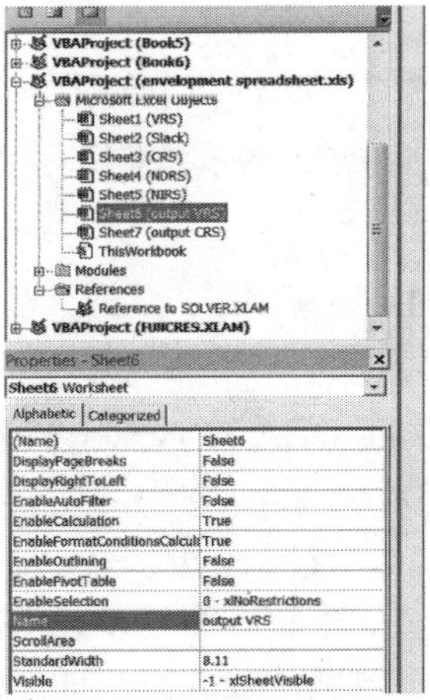

```
Private Sub CommandButton1_Click()
'NDMUs, NInputs, and NOutputs represent the number of DMUs, inputs,
'and outputs, respectively.

Dim NDMUs As Integer, NInputs As Integer, NOutputs As Integer

'In the example, NDMUs=15, NInputs=3, and NOutputs=2
    NDMUs = 15
    NInputs = 3
    NOutputs = 2

'This i represents the DMU under evaluation

    Dim i As Integer
    For i = 1 To NDMUs
'set the cell representing the DMU under evaluation equal to i
    Range("DMU") = i
'Run the Solver model.
    SolverSolve UserFinish:=True
'In the example, placing the efficiency into column J

Range("A1").Offset(i, NInputs + NOutputs + 4) = Range("Efficiency")

'copy the optimal lambdas and paste the values
    Range("Lambdas").Copy
    Range("A1").Offset(i, NInputs + NOutputs + 5).Select
    Selection.PasteSpecial Paste:=xlPasteValues, Transpose:=True
'calculate next DMU
    Next i
End Sub
```

图 2.28 基于规模报酬可变的输出导向 DEA 的 VBA 代码

宏名称 “CommandButton1_click” 之前的单词 Private 代表这个宏文件不会出现在宏运行窗口。这个宏只对包含模型的工作表 “基于规模报酬可变的输出导向” 有效 (图 2.28)。

在宏中，我们介绍了三个变量：NDMUs，NInputs 和 NOutputs，分别代表决策单元的总数以及输入和输出总数。在该例子中，NDMUs=15，NInputs=3，NOutputs=2。对于不同的决策单元群，改变这些变量值，宏仍然可以运行。

关闭 VB 编辑器并且单击退出来关闭设计模式。如图 2.29 所示的是该运行结果 (见文件 “包络分析数据”.xls)。

	A	B	C	D	E	F	G	H	I	J
1	City	Housing Pric	Rental	Bread		Doctors	Income		λ	Efficiency
2	Seattle	586000	581	1.45		4.49	46928		0	1
3	Denver	475000	558	0.97		2.79	42879		0	1
4	Philadelphia	201000	600	1.5		3.64	43576		0.091	1
5	Minneapolis	299000	609	1.49		2.67	45673		0	1.014273
6	Raleigh-Durham	318000	613	0.99		4.94	40990		0	1
7	St. Louis	265000	558	0.89		3.4	39079		0.142	1
8	Cincinnati	467000	580	1.25		2.8	38455		0	1.18792
9	Washington	583000	625	1.29		3.35	54291		0.456	1
10	Pittsburgh	347000	535	0.99		3.66	34534		0	1
11	Dallas–Fort Worth	296000	650	1.5		1.96	41984		0	1.101389
12	Atlanta	600000	740	1.19		2.23	43249		0	1.172854
13	Baltimore	575000	775	0.99		4.02	43291		0	1
14	Boston	351000	888	1.09		5.69	46444		0.311	1
15	Milwaukee	283000	727	1.53		3.11	41841		0	1.096438
16	Nashville	431000	695	1.19		3.25	40221		0	1.211222
17										
18		Reference		DMU under	15	Efficiency				
19	**Constraints**	set		Evaluation		1.2112223				
20	Housing Price	431000	≤	431000						
21	Rental	695	≤	695						
22	Bread	1.19	≤	1.19		Output-Oriented VRS				
23	Doctors	4.1111319	≥	3.9364726						
24	Income	48716.574	≥	48716.5737						
25	Σλ	1								

图 2.29 基于规模报酬可变的输出导向 DEA 的效率得分

2.10 输入和输出松弛

在上述的基于规模报酬可变的输入和输出导向 DEA 中，效率得分仅仅能够刻画输入减少以及输出增加的比例。现在再次思考表 2.5，如果运用模型 (2.2) 即输入导向可变报酬包络分析模型，对于决策单元 4，我们有 $\theta^* = 1$，$\lambda_4^* = 1$，以及 $\lambda_j^* = 0\,(j \neq 4)$。这表明决策单元 4 位于效率前沿上。然而，图 2.6 表明决策单元 4 可以通过减少输入 (反应时间) 到决策单元 3。这个单独的输入减少叫做输入松弛。

实际上，在模型 (2.2) 计算出来之后输入和输出松弛都是存在的，在计算完模型 (2.2)，我们有

$$\begin{cases} s_i^- = \theta^* x_{io} - \sum_{j=1}^{n} \lambda_j x_{ij}, & i = 1, 2, \cdots, m \\ s_r^+ = \sum_{j=1}^{n} \lambda_j y_{rj} - y_{ro}, & r = 1, 2, \cdots, s \end{cases} \tag{2.4}$$

式中，s_i^- 和 s_r^+ 分别表示输入及输出松弛，对于决策单元 4 来说，可行解 $\theta^* = 1$，$\lambda_3^* = 1$ 将会导致 $s_1^- = 2$，然而如果模型 (2.2) 的运行解为 $\theta^* = 1, \lambda_4^* = 1$，我们可能会错误地认为输入和输出松弛都是 0，即由于多重解集的存在，模型 (2.4) 将不会产生都不为零的松弛。

因此，在模型 (2.2) 计算出来之后，我们将运用以下的线性规划模型来决定可能的非零松弛量。

$$\begin{aligned} & \max \sum_{i=1}^{m} s_i^- + \sum_{r=1}^{s} s_r^+ \\ & \text{s.t.} \\ & \sum_{j=1}^{n} \lambda_j x_{ij} + s_i^- = \theta^* x_{io}, \quad i = 1, 2, \cdots, m \\ & \sum_{j=1}^{n} \lambda_j y_{rj} - s_r^+ = y_{ro}, \quad r = 1, 2, \cdots, s \\ & \sum_{j=1}^{n} \lambda_j = 1 \\ & \lambda_j \geqslant 0, \quad j = 1, 2, \cdots, n \end{aligned} \tag{2.5}$$

式中，θ^* 通过模型 (2.2) 计算出来。

例如，将模型 (2.5) 应用到决策单元 4 上，有

$$\begin{aligned} & \max s_1^- + s_2^- + s_1^+ \\ & \text{s.t.} \\ & 1\lambda_1 + 2\lambda_2 + 4\lambda_3 + 6\lambda_4 + 4\lambda_5 + s_1^- = 6\theta^* = 6 \\ & 5\lambda_1 + 2\lambda_2 + 1\lambda_3 + 1\lambda_4 + 2\lambda_5 + s_2^- = 1\theta^* = 1 \\ & 15\lambda_1 + 15\lambda_2 + 15\lambda_3 + 15\lambda_4 + 15\lambda_5 - s_1^+ = 15 \\ & \lambda_1 + \lambda_2 + \lambda_3 + \lambda_4 + \lambda_5 = 1 \\ & \lambda_1, \lambda_2, \lambda_3, \lambda_4, \lambda_5, s_1^-, s_2^-, s_1^+ \geqslant 0 \end{aligned}$$

最优松弛为 $s_1^{-*} = 2, s_2^{-*} = s_1^{-*} = 0$。

定义 2.1 (DEA 有效) DMU$_o$ 完全有效当且仅当① $\theta^* = 1$ 和②$s_i^{-*} = s_1^{+*} = 0$。

定义 2.2　(弱 DEA 有效) DMU_o 弱有效当且仅当①$\theta^* = 1$ 和②对于某些 i 和 r，存在 $s_i^{-*} \neq 0$ 或者 $s_r^{+*} \neq 0$。

在图 2.6 中，决策单元 1,2 和 3 是有效的，而决策单元 4 是弱有效的。

实际上，模型 (2.2) 和 (2.5) 代表了以下规模报酬可变的输入导向 DEA 两个阶段。

$$
\begin{aligned}
&\min \theta - \varepsilon \left(\sum_{i=1}^{m} s_i^- + \sum_{r=1}^{s} s_r^+ \right) \\
&\text{s.t.} \\
&\sum_{j=1}^{n} \lambda_j x_{ij} + s_i^- = \theta x_{io}, \qquad i = 1, 2, \cdots, m \\
&\sum_{j=1}^{n} \lambda_j y_{rj} - s_r^+ = y_{ro}, \qquad r = 1, 2, \cdots, s \\
&\sum_{j=1}^{n} \lambda_j = 1 \\
&\lambda_j \geqslant 0, \qquad j = 1, 2, \cdots, n
\end{aligned}
\tag{2.6}
$$

模型 (2.6) 目标函数中引入非阿基米德无穷小 ε, 有效允许了加入松弛之后的 θ 值的最小化。因此，模型 (2.6) 实际上是两阶段的进程：第一阶段最大限度减少输入，得到最优解 θ^*；然后在第二阶段找到最优松弛变量，使其在效率前沿进一步移动。

弱有效决策单元引起多重可行解。因此，如果弱有效单元不存在，第二阶段的计算将变得不必要，这样我们可以通过模型 (2.4) 得到松弛。然而，在计算之前我们并不知道弱有效决策单元是否存在。

类似地，基于规模报酬可变的输出导向 DEA 可表示为

$$
\begin{aligned}
&\max \phi + \varepsilon \left(\sum_{i=1}^{m} s_i^- + \sum_{r=1}^{s} s_r^+ \right) \\
&\text{s.t.} \\
&\sum_{j=1}^{n} \lambda_j x_{ij} + s_i^- = x_{io}, \qquad i = 1, 2, \cdots, m \\
&\sum_{j=1}^{n} \lambda_j y_{rj} - s_r^+ = \phi y_{ro}, \qquad r = 1, 2, \cdots, s \\
&\sum_{j=1}^{n} \lambda_j = 1 \\
&\lambda_j \geqslant 0, \qquad j = 1, 2, \cdots, n
\end{aligned}
\tag{2.7}
$$

模型 (2.7) 也是通过两个阶段过程计算的。首先，在忽略松弛的基础上算出 ϕ^* (即模型 (2.3))，然后再在 ϕ^* 的基础上根据以下的模型确定松弛：

$$
\begin{aligned}
&\max \sum_{i=1}^{m} s_i^- + \sum_{r=1}^{s} s_r^+ \\
&\text{s.t.} \\
&\sum_{j=1}^{n} \lambda_j x_{ij} + s_i^- = x_{io}, \qquad i = 1,2,\cdots,m \\
&\sum_{j=1}^{n} \lambda_j y_{rj} - s_r^+ = \phi^* y_{ro}, \quad r = 1,2,\cdots,s \\
&\sum_{j=1}^{n} \lambda_j = 1 \\
&\lambda_j \geqslant 0, \qquad j = 1,2,\cdots,n
\end{aligned}
\tag{2.8}
$$

定义 2.3 DMU_o 完全有效当且仅当 $\phi^* = 1$ 和对所有 i 和 r 都有 $s_i^{-*} = s_r^{+*} = 0$，DMU_o 弱有效当且仅当 $\phi^* = 1$ 和对于某些 i 和 r，存在 $s_i^{-*} \neq 0$ 或者 $s_r^{+*} \neq 0$。

如果弱有效单元不存在，那么式 (2.8) 没有计算的必要，并且松弛可以通过以下模型获得

$$
\begin{cases}
s_i^- = x_{io} - \sum\limits_{j=1}^{n} \lambda_j x_{ij}, & i = 1,2,\cdots,m \\
s_r^+ = \sum\limits_{j=1}^{n} \lambda_j y_{rj} - \phi^* y_{ro}, & r = 1,2,\cdots,s
\end{cases}
\tag{2.9}
$$

包络分析模型的结果可以这样解释：

(1) 如果 θ^* 或者 ϕ^*=1，那么评价单元位于有效前沿上，即没有其他的决策单元比该评价决策单元更为有效。此外，如果 $\theta^* < 1$ 或者 $\phi^* > 1$，那么评价单元是无效的，即该决策单元要么可以增加输出要么可以减少输入。

(2) 数据包络分析模型的左侧公式一般称为 “参考集”，右侧一般都代表着某一被评价的决策单元。非零权重 λ_j^* 是该决策单元的标杆系数。参考集提供 λ_j^* 来定义虚拟的有效单元。参考集以及有效目标为我们展示出怎么减少输入或者增加输出来使得评价单元实现有效。

DEA 完全有效和相对效率定义如下：

定义 2.4 完全有效 (100%)。当且仅当决策单元如果不恶化其他输入或者输出，那么就无法改善任一输入或者输出，则该决策单元是完全有效。

定义 2.5 (相对有效)。当且仅当其他的决策单元没有表现出在不恶化某些输入或者输出情况下改善输入或者输出，则某决策单元被认定为相对有效。

最后，我们将展示在计算效率得分之后如何通过 Spreadsheets 计算松弛。我们应用输入导向包络分析模型以及模型 (2.5) 计算松弛。建立如图 2.7 所示的数据模型，效率得分在 J 列显示 (图 2.30)。

	A	B	C	D	E	F	G	H	I	J
1	City	Housing Pri	Rental	Bread		Doctors	Income		λ	Efficiency
2	Seattle	586000	581	1.45		4.49	46928		0.0264	1
3	Denver	475000	558	0.97		2.79	42879		0.3192	1
4	Philadelphia	201000	600	1.5		3.64	43576		0	1
5	Minneapolis	299000	609	1.49		2.67	45673		0	0.988677
6	Raleigh-Durham	318000	613	0.99		4.94	40990		0	1
7	St. Louis	265000	558	0.89		3.4	39079		0.5931	1
8	Cincinnati	467000	580	1.25		2.8	38455		0	0.941046
9	Washington	583000	625	1.29		3.35	54291		0	1
10	Pittsburgh	347000	535	0.99		3.66	34534		0.0613	1
11	Dallas–Fort Worth	296000	650	1.5		1.96	41984		0	0.891509
12	Atlanta	600000	740	1.19		2.23	43249		0	0.823845
13	Baltimore	575000	775	0.99		4.02	43291		0	1
14	Boston	351000	888	1.09		5.69	46444		0	1
15	Milwaukee	283000	727	1.53		3.11	41841		0	0.813882
16	Nashville	431000	695	1.19		3.25	40221		0	0.801725
17										
18		Reference		DMU under	15		Reserved to indicate the DMU under evaluation.			
19	**Constraints**	set		Evaluation		Slack				
20	Housing Price	345543.3	≤	345543.295		1.606E-09	slack; changing			
21	Rental	557.19858	≤	557.198585		0	slack; changing			
22	Bread	0.9540523	≤	0.95405225		0.017591	slack; changing			
23	Doctors	3.25	≥	3.25		0	slack; changing			
24	Income	40221	≥	40221		0	slack; changing			
25	Σλ	1	=	1		0.017591	Objective function Sum of slacks			

图 2.30 第二阶段松弛数据模型

单元格 F20: F24 用来存放输入和输出松弛 (可变化的单元格)，单元格 B25 以及 D25 的公式不变，单元格 B20: B24 的计算公式如下 (变化的)：

B20=SUMPRODUCT(B2: B16，I2$: I$16)+F20

B21=SUMPRODUCT(C2: C16，I2$: I$16)+F21

B22=SUMPRODUCT(D2: D16，I2$: I$16)+F22

B23=SUMPRODUCT(F2: F16，I2$: I$16)−F23

B24=SUMPRODUCT(G2: G16，I2$: I$16)−F24

D21: D24 计算公式如下：

D20=INDEX(J2: J16，E18，1)*INDEX(B2: B16，E18，1)

D21=INDEX(J2: J16，E18，1)*INDEX(C2: C16，E18，1)

D22=INDEX(J2: J16，E18，1)*INDEX(D2: D16，E18，1)

D23=INDEX(F2: F16，E18，1)

D24=INDEX(G2: G16，E18，1)

在 Solver 参数建立之后，如图 2.31 所示，为了使这 15 个城市的松弛的计算自动化，VBA 程序 “DEASlack” 被插入到现有模块。(见文件 “包络分析数据.xls”)

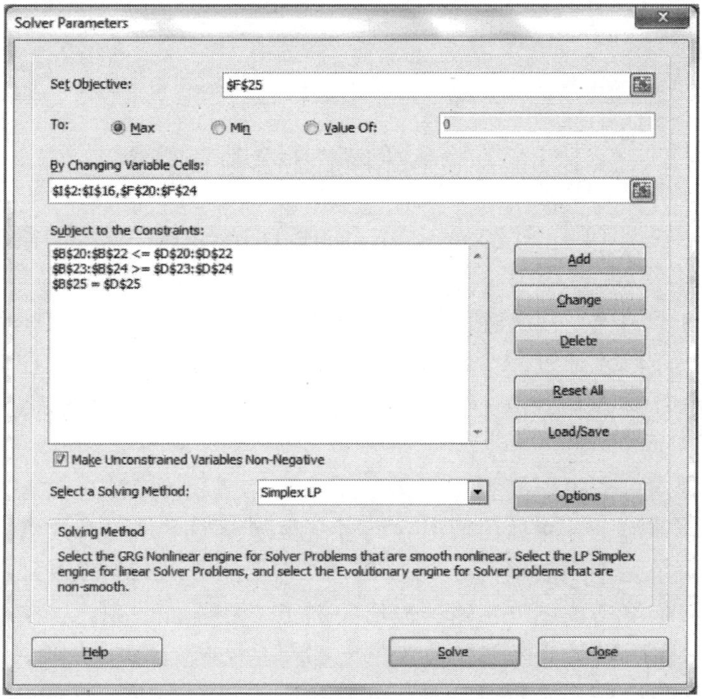

图 2.31 计算松弛的 Solver 参数

```
Sub DEASlack()
‘Declare DMUNo as integer.  This DMUNo represents the DMU under
‘evaluation.  In the example, DMUNo goes form 1 to15
    Dim DMUNo as Integer
For DMUNo=1 to 15
‘set the value of call E18 equal to DMUNo(1,2, …,15)
Range("E18")=DMUNo
‘Run the Slack Solver model
SolverSolve UserFinish:=True
‘Select the cells containg the slacks
Range("F20:F24").Select
‘copy the selection (slacks) and paste it to row "DMUNo+1"
‘(that is,row2,3 …, 16)starting column L
```

```
Selection.Copy
Range("L"&DMUNo+1).Select
Selection.PasteSpecial Paste:=xlPastevalues, Transpose:=True
Next DMUNo
End Sub
```

2.11　输入和输出松弛：算例

为了演示模型 (2.6) 和 (2.7) 中第二阶段 DEA 计算中松弛的概念，我们构建了两个数例。

考虑图 2.32 单输入单输出例子，并假设这是输入导向可变报酬模型。在阴影部分内部的决策单元通过减少输入移动到效率前沿上之后还是存在输出松弛。例如，决策单元 H 被投影到点 G 上 (有效前沿上的点)，然而，我们仍然可以增加 G 的输出到 A。

在输入导向可变报酬模型下决策单元 I 和 E 都是无效的，注意到决策单元 I 其实位于效率前沿上，并且在输出导向可变报酬模型下是弱有效点。因为在模型 (2.5) 下，决策单元 I 的效率得分是 1, 然而，它仍然可以减少输入到点 F。

下一步我们将考虑图 2.5 两种输出的例子，如图 2.33 所示。在输出导向可变报酬模型下，在阴影部分内部的决策单元都存在松弛 (如点 E 和 F)。决策单元 I 和 A 都是弱有效的，存在松弛变量。决策单元 J 和 D 都是无效的，并且不存在松弛。

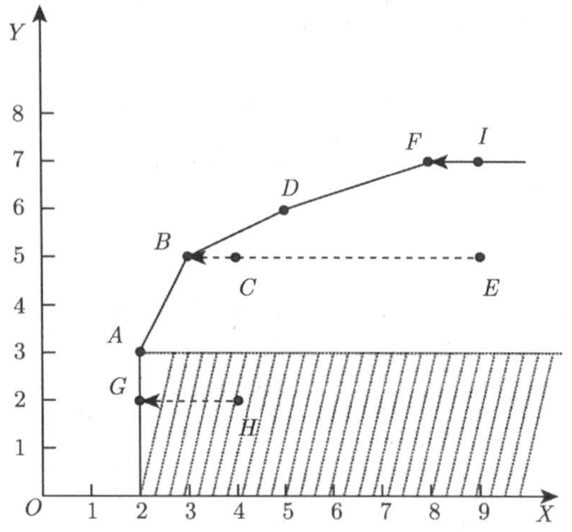

图 2.32　输入导向的 DEA 松弛

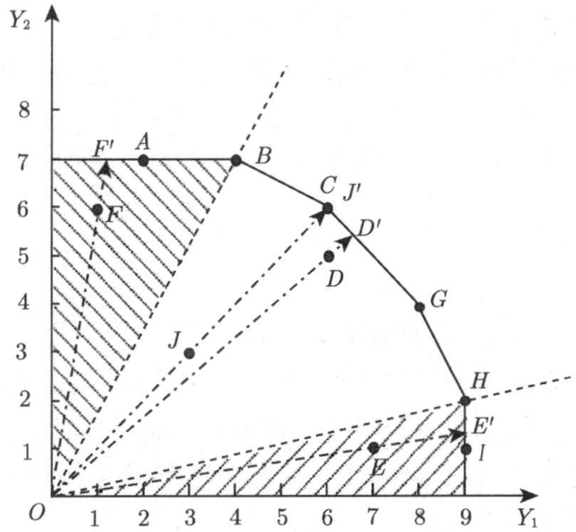

图 2.33 输出导向的 DEA 松弛

2.12 实例：评价 2013 年高尔夫大师锦标赛职业高尔夫球手的绩效①

2.12.1 引言

高尔夫是一项独特的个人运动，比赛中所有的竞争者面对的都是相同的路线和条件。他们的得分不仅仅反映了运动能力，也反映出抗压的心理能力。这为分析个人高尔夫选手 (决策单元) 相比竞争对手的表现提供了很好的机会。Fried、Lambrinos 和 Tyner(2004) 将 1998 年季度数据作为输入，巡回收益作为输出，利用 DEA 方法评价了高尔夫锦标赛、女子高尔夫锦标赛以及男子高尔夫锦标赛的高尔夫选手的效率 (绩效)。分析表明将某高尔夫选手与其他选手区分开来不仅仅是因为运动能力，还取决于压力下的表现。为了证明这一点，他们发现一些高尔夫选手几乎都有理想的输入数据，但是有效的高尔夫选手比无效的高尔夫选手赚得多得多。因此，利用输出导向可变报酬模型计算出的效率得分可以为高尔夫选手 "压力下表现" 提供一个暗示。他们也利用该分析试图发现对于高尔夫选手的表现什么是最关键的因素。这在高尔夫委员会是广受争议的问题，并且也是任何一个高尔夫选手想要迫切提高的因素。分析发现投掷表现比其他的输入因素更为重要。

任何一名高尔夫选手都知道，挥杆可以来来去去。因此，用给定时期 (1998 年季度) 的平均数据来分析可能会导致错误的结论，这点值得怀疑。在该研究中，2013

① 该算例由 Brain Litke 提出。

年高尔夫大师赛的每轮比赛数据采用 Fried 相似的方法被用来评价高尔夫选手绩效，然后再与平均数据结果比较。不幸的是，2013 大师赛中的所有相似的统计数据不是现成的，所以现有研究的可利用的两项输入在本分析中将不能使用。除此之外，输出将用每轮和整场比赛的实际得分来替代，因为每轮结束后选手们无法得到收益。

2.12.2 数据与模型

高尔夫比赛的目标是以最少的击球数使球从球座进到洞内。一轮比赛有 18 次击球机会 (分别击进不同球洞，共 18 个球洞)。在一场比赛中，4 轮击球构成一场完整的比赛，并且拥有最少击球数的选手获胜。因此每轮比赛高尔夫球手的输出就是他的得分。为了利用该数据作为 DEA 模型中的输出指标，我们需要逆转得分，这样才能在模型中最大化输出。

有趣的是，高尔夫选手都有一个用来调整的标杆，即标准杆数 (par)。标准杆数击球入洞的杆数由击球上果岭的次数加两次推杆组成。所以如果是一个四杆洞，就需要球手两杆上果岭，然后两次推杆击球入洞。高尔夫球场一共有 18 个洞，其中有 4 个三杆洞、4 个五杆洞、10 个四杆洞，标准杆为 72 杆。在高尔夫大师赛中，胜利者需要比标准杆打得好。

当某人给了一个击球洞，为了了解球手表现如何，这里有以下几种评价标准：开球距离、开球准确度、标准杆上果岭率 (greens in regulation, GIR)、每洞平均推杆数。

(1) 开球距离 —— 从发球台射击到四杆洞或者五杆洞之间的球移动的距离。

(2) 开球准确度 —— 四杆洞或者五杆洞开球射到球道的频率。

(3) GIR—— 若是击球让球上果岭后，还留有两次推杆机会可以使球进洞。

(4) 每洞平均推杆数 —— 进洞需要的平均推杆数。

众所周知，当某人开球最远、开球最准、GIR 最高并且有最低的平均推杆数，那么他将会获得较低的得分。这四个标准将会作为 DEA 模型中输入指标，然而，这里面的三个标准，即开球距离、开球准确度以及标准杆上果岭率应该取其相反，这样才能使其符合输入最小化的要求。

61 名高尔夫球手在大师赛的四轮比赛表现相关数据都可以从 http: //www.masters.com/en_US/scroes/stats/gir.html 获得。数据存储在文件 “高尔夫数据集.xlsx” 中。

评价锦标赛的每轮比赛以及全场比赛的平均表现，利用的方法都是基于规模报酬可变的输出导向的 DEA 模型。这样的研究很有意义，因为研究目的是为了了解每个高尔夫球手利用其唯一的输入条件 (运动能力) 获得相应的表现。效率得分将会用来预测球手能否在球场上很好地表现。该方法是 Fried 等所运用的方法的延续，并且有利于我们了解球手在压力下的表现情况。

基于规模报酬可变的输出导向的 DEA 模型可以表示如下：

$$
\begin{aligned}
&\max \phi \\
&\text{s.t.} \\
&\sum_{j=1}^{n} \lambda_j x_{ij} \leqslant x_{io}, \quad i = 1, 2, \cdots, m \\
&\sum_{j=1}^{n} \lambda_j y_{rj} \geqslant \phi y_{ro}, \quad r = 1, 2, \cdots, s \\
&\sum_{j=1}^{n} \lambda_j = 1 \\
&\lambda_j \geqslant 0, \qquad j = 1, 2, \cdots, n
\end{aligned}
$$

Fried 等为了说明 DEA 模型中不同输入指标的重要性也提出一些不同的方法。其中有种方法就是当将某种输入指标省略之后重新计算球手的效率。理论上，如果这个输入指标对于高尔夫球手表现较为重要的话，那么效率值应该会增加。通过对比前后两种效率值，就可以对输入指标的重要程度进行排序。

2.12.3 结果与分析

表 2.6 比较了所有有效球手在每轮比赛以及全场比赛的输入和输出数据。正如预测一样，低回合和全程比赛的高尔夫球手一般都是有效率的。也存在另一些有效的球手，因为他们把输入尽量转化为优异的表现。现在如果将回合与全程赛分析对比下，发现有位球手 T. Olesen，回合赛和全程赛都是有效的。还有位球手，T. Guan，在回合赛无效但在全程赛 (基于平均数据) 却是有效的。这两位球手的评价结果证明利用平均成绩来评价高尔夫球赛的回合表现不太准确，同类事物才具有对比的可行性。

无效赛手可以通过他们的效率得分来计算在当前输入下应该获得多少分数才可以有效。据 Fried 等表示，效率得分是球手在压力下表现的指示：有效球手在压力下表现会很好，而无效球手则由于心理能力不强会丧失一些击球而表现不好。这些高尔夫球手也可以通过 DEA 计算结果的 λ 值进行标杆管理，进一步提高自己的表现。

下一步的分析就是试图找出有效球手的哪个输入因素最为重要。主要是通过平均回合成绩计算出的效率得分和省略某个输入指标计算的效率得分对比获得。如表 2.7 所示，表中总结了输入因素重要性排名的相关数据。有趣的是，回合之间的排名有轻微不同，且回合排名与基于平均表现的正常比赛评价排名有很大的不同。

表 2.6　技术有效的球手之间的比较

		全部输入	去除开球距离	去除开球准确度	去除标准杆上果岭率	去除每果岭平均标准杆
回合 1	平均技术效率	1.053 54	1.061 72	1.078 80	1.056 28	1.054 10
	分数差	—	0.008 18	0.025 26	0.002 74	0.000 56
	重要性排名		2	1	3	4
回合 2	平均技术效率	1.049 27	1.056 63	1.054 65	1.051 26	1.051 89
	分数差	—	0.007 36	0.005 38	0.001 99	0.002 62
	重要性排名		1	2	4	3
回合 3	平均技术效率	1.089 35	1.098 91	1.090 51	1.091 51	1.090 79
	分数差	—	0.009 56	0.002 16	0.001 16	0.001 44
	重要性排名		1	2	4	3
回合 4	平均技术效率	1.069 34	1.075 77	1.073 89	1.071 93	1.070 02
	分数差	—	0.006 44	0.004 56	0.002 59	0.000 69
	重要性排名		1	2	3	4
锦标赛	平均技术效率	1.027 87	1.031 66	1.033 12	1.027 88	1.032 59
	分数差	—	0.003 79	0.005 25	0.000 01	0.004 72
	重要性排名		3	1	4	2

回合排名数据显示开球距离和开球准确度是两个最重要的因素，然而整个比赛的评价结果显示开球准确度是最重要的因素，其次是标准杆上果岭率。使用平均数据可能会造成错误的结果。根据回合数据分析可知给定某天情况下拥有不同的技巧很重要，可能是因为每场比赛都有不同的挑战：更窄的或者宽的球场，更长的或者短的球洞，更快的果岭 (高尔夫爱好者一般把好的果岭描述为 faster(快的)，轻轻地一击，球就可以在上面滚动很远)，更危险的障碍区等。当然，在评价不同场次的比赛，不同比赛日期也会造成不同的天气条件、球洞在球洞区上的位置以及上果岭的速度，等等。不同比赛日期的不同输入排名结果使得无法准确判断低得分的输入因素究竟是哪个。

2.12.4　结论

高尔夫大师赛为使用 DEA 评价高尔夫球手的比赛表现提供了合适的契机，因为在高尔夫大师赛中所有的球手都是面临相似的环境，只有他们的运动能力 (作为输入因素) 还有压力下表现 (心理能力) 决定了比赛表现。效率得分也为球手心理能力的衡量提供了标准，分析表明球手回合之间的表现有差异并且全程比赛表现不是取决于每个回合的表现。

回合分析结果也与 Fried 等的结果不一致：他的结论表示在各个回合之间的输入重要度排名中，击杆要比开球距离或者开球准确度更重要。而本分析表明各个回合之间的输入重要度排名是不同的，很有可能是由给定某个比赛日期、比赛场次以及环境条件的不同造成的。

总之，DEA 分析方法对于评价高尔夫球手的表现是个有效的工具，并且可以利用它来决定什么因素对于一场比赛表现最为重要，可能是天气条件等。这有利于不突出的球手提高自己的赛场表现。

表 2.7　基于去除某输入效率得分的变化的输入排名

	回合 1			回合 2		
	平均技术效率	分数差	重要性排名	平均技术效率	分数差	重要性排名
全部输入	1.05354	—		1.04927	—	
去除开球距离	1.061 72	0.008 18	2	1.056 63	0.007 36	1
去除开球准确度	1.078 8	0.025 26	1	1.054 65	0.005 38	2
去除标准杆上果岭率	1.056 280	0.002 74	3	1.051 26	0.001 99	4
去除每果岭平均标准杆	1.054 10	0.000 56	4	1.051 89	0.002 62	3

	回合 3			回合 4			锦标赛		
	平均技术效率	分数差	重要性排名	平均技术效率	分数差	重要性排名	平均技术效率	分数差	重要性排名
全部输入	1.089 35	—		1.069 34	—		1.027 87	—	
去除开球距离	1.098 91	0.009 56	1	1.075 77	0.006 44	1	1.031 66	0.003 79	3
去除开球准确度	1.091 51	0.002 16	2	1.073 89	0.004 56	2	1.033 12	0.005 25	1
去除标准杆上果岭率	1.090 51	0.001 16	4	1.071 93	0.002 59	3	1.027 88	0.000 01	4
去除每果岭平均标准杆	1.090 79	0.001 44	3	1.070 02	0.000 69	4	1.032 59	0.004 72	2

练　习

1. 再次回到图 2.4，假设我们现在要获得决策单元 5 的效率得分，那么它在效率前沿上的投影点会是哪一点？相应的权重 λ_{B2} 和 λ_{B3} 是多少？请使用手动方法 (几何) 以及线性规划方法 (Solver) 求解。

2.(1) 回到 2.5 部分中的供应链的例子，假设第 6 个决策单元存在 (见表 2.8)。重新描绘出图 2.6 并且标出效率前沿的变化情况，用 E(有效)、WE(弱有效)、IE(无效) 填写表 2.9 中每个决策单元的效率状态。

(2) 假设存在第 7 个决策单元，难么，它又是怎么影响每个决策单元的效率情况的？

(3) 现在假设由于决策单元 7 下降的市场份额使得其不再运行，同时决策单元 6 的机器发生故障了。结果就是反应时间的急剧上升成本也略微上升。称这个新部分 (决策单元 6 的) 为决策单元 8，计算决策单元 8 的效率得分。

表 2.8　供应链运行情况

决策单元	反应时间/天	成本/百美元	利润/百美元
6	1	1	15
7	0.8	0.8	15
8	6	1.2	15

表 2.9　效率状态

决策单元	原样本的效率状态	加入决策单元 6 的效率状态	加入决策单元 6 和 7 的效率状态
1			
2			
3			
4			
5			
6	—		
7	—	—	

3. 考虑 2.5 部分中的供应链的例子，对决策单元 5 运用输入导向的线性规划模型计算:

(1) 对于决策单元 5，手动计算效率得分、权重以及松弛。

(2) 对于决策单元 5，如果第一个输入以及输出保持不变，那么为使得其有效需要降低多少输入成本？这里有没有反应时间的松弛？如果有，请手动计算出来。你能找到它在效率前沿上的投影点吗？

(3) 对于决策单元 5，手动计算出成本松弛。

(4) 对于决策单元 5，找到使得松弛最小的导向。

4. 国际航空有七条线路，每个都有两个输入以及两个输出，如表 2.10 所示。两个输入分别为: ①未登机数，已经预定航班的乘客非有意不登机的数量；②每 1000 名乘客中的处理不得当的行李数。两个输出是: ①每 100 航班中准时出发数；②收入。该公司经理想要评价每条航线的效率。

表 2.10　七条航线分支

航线	输入 1	输入 2	输出 1	输出 2
A	6	30	30	60
B	8	24	36	54
C	10	12	30	90
D	8	12	40	75
E	6	18	36	80
F	6	24	30	68
G	10	12	40	72

(1) 为这个例子建立起以输入为导向的数据包络 LP 模型 (Solver)，并且确定每个决策单元的解，判断哪些是有效的，哪些是无效的。

(2) 对于任意的决策单元，建立以输出为导向的数据包络分析模型并用 Solver 解出。用语言描述一下：在这种情况下决策单元的经理需要采取的行动与 (1) 中有何区别。

案例：寻找新家①

在 2013 春季，Brown 一家 (三口人) 正在寻找一个新房子来适应日益扩大的家庭。在开始搜寻之前，她们就已经将城市缩小到了两个 ——Rhode 岛的 Smithfield 市和 Situate 市。选择这两个城市是基于以下因素：与上班地方距离较接近、与幼儿园较近、税率、学校系统评价以及犯罪率。并且她们还要求新家的花费在 30 万 ~60 万美元并且房间数大于等于 3。该家庭运用 Rlling.com 作为房屋搜索引擎并且没有雇佣任何房屋中介。Brown 夫人决定用 DEA 的方法来帮助她在众多选择中选出合适的房屋，参考集中总共有 50 个决策单元 (可选房屋)，DEA 模型的输入指标是：卧室数、洗手间的间数、房子大小 (占地面积)、批量大小。DEA 的输出指标是：成本。原始数据位于文件 "案例–寻找新家.xlsx" 中。

问题：

(1) 为 Brown 夫人选择输入及输出指标提供充足的理由。

(2) 用基于规模报酬可变的 DEA 模型为这 50 处房屋计算出效率得分。

① 本案例是在 Christie Holmes 的工作的基础上提出的。

第 3 章　径向效率和 DEA 乘子模型

3.1　效　率　比

第 2 章从因素 (输入与输出指标) 之间的权衡与交换的角度呈现了效率的思想。一个由最佳实践的决策单元所确定的效率前沿被构建，任何无效的决策单元的投影可被描述为处于前沿上的决策单元的一个凸组合。向前沿的投影被称为径向投影，即所有的输入指标 (或输出指标) 同比例的减少或增加。

在本章我们从一个不同的视角进行效率测定，即通过将效率定义为加权输出与加权输入的比例。我们用两个例子来阐述这个概念。

例 1：首先考虑这样一个例子，在这个例子中我们想要去评估一组五个仓库的每一个的相对效率。对于每一个仓库 (决策单元)，有两组数据是可获得的，即每个月拥有订单的总数量 (以每百份订单来表示) 和仓库员工总数。我们将订单的数量作为单个的输出，将员工的数量作为输入。我们将每一个员工的平均工作负担 (订单拥有量) 作为衡量仓库生产力的指标。表 3.1 展现了五个仓库运行的相关数据。

表 3.1　仓库效率比率

仓库	A	B	C	D	E
员工数量	12	12	5	10	6
订单数	6	9	5	2	6
订单数/员工数	0.5	0.75	1	0.2	1

图 3.1 呈现了数据的分布情况。

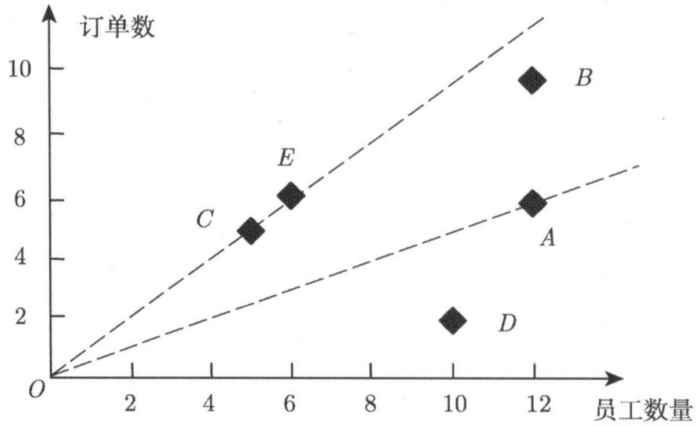

图 3.1　仓库绩效

从工作负荷的完成相对于员工规模的角度，仓库 C 和 E 是最有效的，即每单位的输入它们有最高的输出。用另一种方式表达，如果在图 3.1 中构造一个从原点出发的射线，使得所有决策单元的数据位于射线上或在射线的下方，那条通过点 C 和点 E 的射线可以被认为表示表现最好的决策单元。这条至少通过一个决策单元的点的射线有一个最大的正斜率。注意到线段 OE 是线段 OA 斜率的两倍。因此，A 仅仅如 E 的一半有效。

例 2：考虑这样一个例子，一个工厂生产两种产品 (A 和 B)。两种劳动力被用于生产产品：

劳动力类型 1——100h

劳动力类型 2——90h

假设两种劳动力的工资率分别是 $V_1=10/\text{h}$ 和 $V_2=15/\text{h}$。假设有 500 单位的产品 A 和 400 单位的产品 B 被生产并以单位价格 $U_\text{A}=2$ 美元和 $U_\text{B}=32$ 美元卖出。

以赚取的收益与花费的成本的比例的形式来表示工厂关于这两种产品的绩效是合理的。下面是一个典型的生产力比率：

$$\text{生产率}=\frac{\text{产出}}{\text{投入}}=\frac{2\times500+3\times400}{10\times100+15\times90}=\frac{2200}{2350}$$

一般情况下我们可以以下面的形式表示生产率：

$$P=\frac{u_1\times y_1+u_2\times y_2}{v_1\times x_1+v_2\times x_2}$$

式中，(u_1,u_2) 是输出的价格，(y_1,y_2) 是输出的数量。类似地，(v_1,v_2) 和 (x_1,x_2) 是输入的价格和数量。

3.2 公路维护人员的绩效评估

下面我们将阐述怎样去构造一个包含多种输入和输出指标的效率比率。首先，我们使用一个有关加拿大安大略省的公路维护人员或派出人员的绩效评估的现实 DEA 例子。

在最开始的研究中 (Cook et al., 1990)，我们假设公路维护资源是有限的，每一个维护人员都需要根据一个绩效测定的标准来确定预算费用。由于剩余的维护资金随着时间在不断减少，所有管理者亟须制定一个公正评价维护人员绩效并据此合理分配维护资金的评价机制。在这个背景下，可以借助 DEA 来评价维护人员的绩效，并通过计算那些非有效的维护人员在生产前沿面上的投影帮助设定预算。

大多数安大略省的日常公路维护活动落在了散布在全省的 244 个派出人员的身上。每一个这样的维护人员负责固定长度的公路以及那些与那部分公路网络相关的活动。有 100 多种运行和活动存在，并在这些标题下被分组："路面""路肩""公共事业用地""中央分离带" 和 "冬天的运行情况"。

类似于美国和加拿大其他地区的公路维护监控体系，安大略省的监控巡逻活动使用的是维护管理体系 (maintenance management system，MMS)，通过持续纪录保持与各种运行活动、派出人员和公路班完成的总的工作同步。

尽管各种数据 (如公路班完成的平均活动量) 被保留，然而当前缺少对派出活动进行正式评估的流程。一个区域对政府部门的重要性与该区域各个部分公路维护活动的实施效率相关。由于绩效的评价将直接影响到预算决定，所以我们需要一种对于效率的更好评价方法，这将帮助管理者制定下一个预算周期下的公路保养任务。

在这个背景下尽管有各种可能的方法来测定效率，但是我们认为 DEA 方法尤其适合，因为其具有以下优点。首先，在一般的工程意义上得到 "生产标准" 的前景是值得怀疑的，不同 "产品" 的数量、不同的环境和条件降低了传统的工业工程方法的可信度。其次，DEA 能够处理非经济的因素，像事故的数量、维护费用 (经济因素)、每天的车流量、人行道的平均年限等，且允许在不同的规模下测定这些因素。像这样一种方法尤其适合于交通维护领域，因为像交通密集度、安全系数和人行道平均年限这样的因素都是影响维护活动的重要部分。

因此，我们选择 4 个输出指标和 3 个输入指标，输出指标是区域服务因子 (area served factor，ASF)，平均交通量 (average traffic served，ATS)，人行道评级改变因子 (pavement rating change factor，RCF) 和事故防范因子 (accident prevention factor，APF)。输入指标有维护费用 (maintenance expenditures，MEX)，资本费用 (capital expenditures，CEX) 和天气因素 (climatic factor，CLF)。下面我们分别解释这些绩效测定指标。

1) ASF—— 区域服务因子

这个因子是用来测定维护人员负责的工作负担的程度，这个 ASF 因子值用下面的公式计算：

$$\mathrm{ASF}=\sum_i\left[L_i\,(\mathrm{TLE})_i\,(A_j+C)+L_i\,(S_iB_j+D)\right]$$

式中，L_i 为路段 i 的长度; TLE_i 为等同于路段 i 的双车道; S_i 为路段 i 的路肩宽; A_j 为路面类型 j(路段 i) 的系数; B_j 为路肩类型 j(路段 i) 的系数; C 为冬天的运行系数; D 为其他活动系数 (公共事业用地、中间地带等)

2) ATS—— 平均交通量

这个因子是用来测定在一次派出活动中，公路体系的使用者的整体收益，计算 ATS 的公式如下：

$$\mathrm{ATS}=10^{-3}\sum_i L_i(\mathrm{AADT})_i$$

式中，AADT_i 是年平均日交通量 (the annual average daily traffic)，10^{-3} 是一个使得 ATS 在一个合理范围内的规模因子。

3) RCF—— 人行道评级改变因子

这个因子测定了相对于当前时期的 “标准” 而言，对人行道条件或各种路段 PCR 的实际改变情况进行评级。

为了确定道路评级的改变情况，我们使用回归分析确定一个人行道特征曲线，这条线将期望的 PCR 值与人行道年龄联系起来。年末的标准评级过程如下：首先，可以通过特征曲线活动确定年初实际的 PCR 值的年限；然后，标准评级 (R_s) 可以从现在起一年之后的年限曲线中识别。这个因子可以从下面计算出：

$$\text{RCF} = 100\,[\text{RRC}]^{1/2}$$

式中，$\text{RRC} = \sum_i A_i \dfrac{R_{oi} - R_{si}}{R_{oi} - R_{1i}}$；$A_i$ 为路段 i 的面积 (km TLE)；R_{oi} 为路 i 的年初的 PCR 值；R_{1i} 为年末的 PCR 值 (注意到 $(R_{oi} - R_{1i})$ 的最小值取 1)。

这里的平方根函数是一个定标操作，用于将数值限定在合理的范围内。还应该注意 RRC 的形式表明如果路段 i 的恶化程度大于标准程度，分数部分是小于 1 的；若恶化程度小于标准程度，则分数部分大于 1。因此作为一个输出，值越大 (至少如果我们忽视面积因子) 表明路恶化得越慢，意味着那些路段的维护人员比那些恶化更快的路段人员的维护效果更好。

4) APF—— 事故防范因子

维护人员的很多工作因防范事故的需要 (路面和路肩的维护、冲刷等) 而产生。在这一点上，事故防范被视为一个原因或维护的目标。

一个合理的事故防范的测定应该与交通水平成正比，与观测到的事故数量成反比。选择的形式是

$$\text{APF} = 100\frac{\text{ATS}}{C}$$

式中，100 是一个规模因子，C 是观察期间一个维护人员服务的所有路段的公路事故的数量。

5) MEX—— 维护费用

这是与维护有关的总的费用。它包括与道路维护相关的管理费用以及由私人承包商进行的维护活动费用。而且，MEX 包括任意的区域内提供的服务，比如设备和区域监督人员的薪水。

6) CEX—— 资本费用

这是所有的为了改善现有的公路基础设施的总的资本成本。这包括路面重修、路肩铺设、结构的修护、穹顶建筑等所有的有助于维护的活动，但是不包括新的道路以及相关结构建造，因为这些并不直接有助于维护。

7) CLF——天气因素

在一个维护人员的绩效中经常被忽略的是维护人员必须工作的环境。例如，降雪量会明显影响冬天维护需要的水平 (移除和撒盐清除积雪)。春季冰雪解冻的程度会直接影响夏季路面工作的需要。

为获得一个整体的环境因子，我们考虑以下四个子因素：① 降雪量；② 主要的温度循环；③ 次要的温度循环；④ 降水量。以上数据可以从气象站获得。

一个维护人员的整体的天气因子用下面的公式计算：

$$\mathrm{CLF}_k = \sum_i P_{ki}\left(\sum_j (W_j/D_{ij})\right)$$

式中，k 为派出指数；P_{ki} 为计算维护人员 k 的天气因子的气象站 i 的权重；W_j 为天气因子 j 的相对权重。$W_1 = 50, W_2 = 300, W_3 = 20\,000, W_4 = 1\,000$。

注意到权重 W_j 是在考虑每一个天气因子 (例如降雪量在规模上是比主要循环数量大得多的) 的数级基础上选定的。另外，在选定的权重下，我们可以得到具有大小排序关系的天气因子得分。

表 3.2 呈现了 20 个公路维护人员的数据。

表 3.2　公路维护人员

维护人员	MEX	CEX	CLF	ASF	ATS	RCF	APF
1	585	284	715	404	267	184	331
2	610	245	525	551	324	175	301
3	485	425	680	506	284	193	245
4	345	380	660	335	255	180	265
5	288	325	665	455	325	190	300
6	396	322	604	565	350	205	344
7	336	388	712	400	235	177	245
8	367	413	668	433	325	202	344
9	356	325	678	457	202	177	202
10	535	312	677	335	256	248	321
11	599	248	715	421	277	194	341
12	612	275	525	554	364	185	321
13	465	425	690	556	294	173	285
14	325	390	670	317	265	190	245
15	308	305	665	485	345	178	285
16	366	342	604	516	369	200	324
17	346	378	722	423	325	197	265
18	327	433	678	413	235	196	364
19	236	365	688	487	302	197	212
20	545	322	678	385	276	238	361

3.3 DEA 乘子模型

在 3.1 节中，我们用下面的形式来表示两种产品、两种劳动力情形下的一般效率比率：

$$P = \frac{u_1 \times y_1 + u_2 \times y_2}{v_1 \times x_1 + v_2 \times x_2}$$

在上面描述公路维护的例子中，我们考虑了 4 个输出指标和 3 个输入指标，因此我们可以用以下比率模型计算维护人员的效率值：

$$\frac{u_1(\mathrm{ASF}) + u_2(\mathrm{ATS}) + u_3(\mathrm{RCF}) + u_4(\mathrm{APF})}{v_1(\mathrm{MEX}) + v_2(\mathrm{CEX}) + v_3(\mathrm{CLF})}$$

式中，u_1, u_2, u_3 和 u_4 是输出指标的权重，v_1, v_2 和 v_3 是输入指标的权重。如果我们能够通过一些方式得到这些权重，例如通过定义每个指标的价格，那么每一个公路维护人员上面的比率都可以计算出来。但是在这个例子中，对于输出或输入的价格或单位成本或者不存在或者不能被决定。

因此，我们需要寻求一个可替代的方法来计算效率比率。对于每一个维护人员，我们想知道在一系列可能的权重组合下其能够实现的最大效率是多少，即我们设法寻找一组使得效率最大或最优的权重组合。

事实上，当我们有多个输入和输出时，一个决策单元 DMU_j 的效率值可以由以下方程计算：

$$\frac{\sum_{r=1}^{s} u_r y_{rj}}{\sum_{i=1}^{m} v_i x_{ij}} = \frac{u_1 y_{1j} + u_2 y_{2j} + \cdots + u_s y_{sj}}{v_1 x_{1j} + v_2 x_{2j} + \cdots + v_m x_{mj}} \tag{3.1}$$

式中，$u_r\,(r = 1, \cdots, s)$ 和 $v_i\,(i = 1, \cdots, m)$ 是未知的权重。

对于一个特定的 DMU_o，其决策目标是

$$\max \frac{\sum_{r=1}^{s} u_r y_{ro}}{\sum_{i=1}^{m} v_i x_{io}} = \frac{u_1 y_{1o} + u_2 y_{2o} + \cdots + u_s y_{so}}{v_1 x_{1o} + v_2 x_{2o} + \cdots + v_m x_{mo}}$$

很显然，如果没有另外的限制，这个最大化问题是无界的。为了解决这个问题，DEA 使用下面的方法 (模型) 来确定一组权重使得式 (3.1) 中定义的效率比率最大。

$$\max \frac{\sum_{r=1}^{s} u_r y_{ro}}{\sum_{i=1}^{m} v_i x_{io}} = \frac{u_1 y_{1o} + u_2 y_{2o} + \cdots + u_s y_{so}}{v_1 x_{1o} + v_2 x_{2o} + \cdots + v_m x_{mo}}$$

s.t.

$$\frac{\sum_{r=1}^{s} u_r y_{rj}}{\sum_{i=1}^{m} v_i x_{ij}} = \frac{u_1 y_{1j} + u_2 y_{2j} + \cdots + u_s y_{sj}}{v_1 x_{1j} + v_2 x_{2j} + \cdots + v_m x_{mj}} \leqslant 1, \quad j = 1, \cdots, n \tag{3.2}$$

$$v_i, u_r \geqslant 0, i = 1, \cdots, m; r = 1, \cdots, s$$

在上面的 DEA 模型 (3.2) 中，给定 DMU_o 的效率的计算需要满足一个重要的约束条件，即在同一组权重下每一个决策单元的效率值不超过 1。这个条件确保了效率值是在 0~1，1 代表最有效的效率得分。这个条件由 n 个加权输出与加权输入的比率的形式的限制条件组成。

模型 (3.2) 需要运行 n 次 (每个决策单元一次) 来获得所有决策单元的效率得分或效率比率。对于公路维护人员的例子，我们需要运行模型 (3.2)20 次。然而，模型 (3.2) 是一个非线性 (线性分式) 的规划问题，因而很难直接求解。我们可以用下面的转换将模型 (3.2) 转化为一个线性规划问题。

$$t = \left(\sum_{i=1}^{m} v_i x_{io} \right)^{-1}, \quad \nu_i = t v_i, \quad \mu_r = t u_r \tag{3.3}$$

利用这样一种转换可以将分母从模型 (3.2) 中 “移去”，并得到下面的线性方程：

$$\max z = \sum_{r=1}^{s} \mu_r y_{ro}$$

s.t.

$$\sum_{r=1}^{s} \mu_r y_{rj} - \sum_{i=1}^{m} \nu_i x_{ij} \leqslant 0, \quad j = 1, \cdots, n \tag{3.4}$$

$$\sum_{i=1}^{m} \nu_i x_{io} = 1$$

$$\mu_r, \nu_i \geqslant 0$$

式中，μ_r 和 ν_i 是决策变量，并分别被称为输出和输入乘子，因而该模型又被称为 DEA 乘子模型。

模型 (3.4) 的目标函数是最大化被评估的决策单元 DMU_o 的输出的加权和。这里有 $n+1$ 个限制条件。第一组的 n 个条件设定每一个效率得分不超过 1，即模型 (3.4) 可以表示成如下形式：

$$\begin{aligned}
&\max\ z=(\mu_1y_{1o}+\mu_2y_{2o}+\cdots+\mu_ry_{ro}+\cdots+\mu_sy_{so})\\
&\text{s.t.}\ (\mu_1y_{1j}+\mu_2y_{2j}+\cdots+\mu_ry_{rj}+\cdots+\mu_sy_{sj})\\
&\qquad -(\nu_1x_{1j}+\nu_2x_{2j}+\cdots+\nu_ix_{ij}+\cdots+\nu_mx_{mj})\leqslant 0\\
&\qquad \nu_1x_{1o}+\nu_2x_{2o}+\cdots+\nu_ix_{io}+\cdots+\nu_mx_{mo}=1\\
&\qquad \mu_r,\nu_i\geqslant 0
\end{aligned}$$

限制条件 $\sum\limits_{i=1}^{m}\nu_ix_{io}=1$ 可被视为一个标准化条件。事实上，从模型 (3.2) 到模型 (3.4) 的转化可以视为在模型 (3.2) 的目标函数上令 $\sum\limits_{i=1}^{m}\nu_ix_{io}=1$。

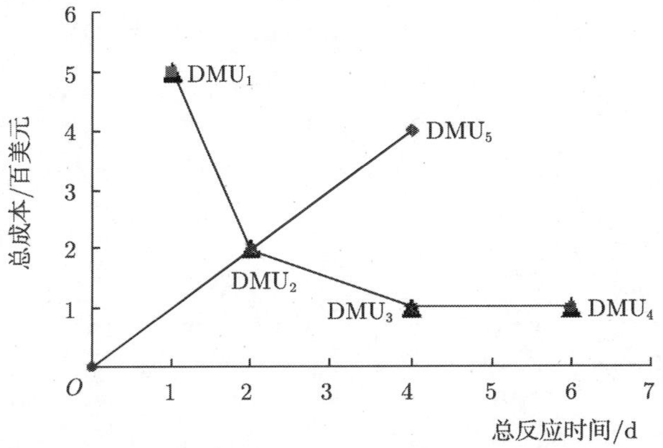

图 3.2 五个供应链运行情况 (图 2.6)

在我们用求解器来解维护人员的问题之前，让我们回到第 2 章讨论的问题中。下面特别地讨论图 2.6 中的例子 (或者为了方便，看图 3.2)。对 DMU_5 应用模型 (3.4)，我们得到如下的模型：

$$\begin{aligned}
&\max 15\mu_1(\text{待估计的 DMU}_5\ \text{的产出})\\
&\text{s.t.}15\mu_1-1\nu_1-5\nu_2\leqslant 0(\text{DMU}_1)\\
&\quad 15\mu_1-2\nu_1-2\nu_2\leqslant 0(\text{DMU}_2)\\
&\quad 15\mu_1-4\nu_1-1\nu_2\leqslant 0(\text{DMU}_3)\\
&\quad 15\mu_1-6\nu_1-1\nu_2\leqslant 0(\text{DMU}_4)
\end{aligned}$$

$$
\begin{aligned}
&15\mu_1 - 4\nu_1 - 4\nu_2 \leqslant 0(\mathrm{DMU}_5)\\
&4\nu_1 + 4\nu_2 = 1\\
&\mu_1, \nu_1, \nu_2 \geqslant 0
\end{aligned}
$$

并得到一组最优解 $(\mu_1, \nu_1, \nu_2) = (0.0333, 0.0833, 0.1667)$，最优目标值为 0.5.

在 2.5 节中我们已经通过了一个不同的方法解决这个问题，显然两种不同方法得出的效率得分都是 0.5。

3.4　利用电子表格求解 DEA 乘子模型

在这个部分，我们首先阐述如何用 Excel 软件中的 Spreadsheets 来处理 15 个最富有城市的 DEA 乘子模型。

图 3.3 呈现了乘子电子表格模型。我们将包含输入值的单元格 C2:E16 命名为 “InputUsed”，将包含输出值的单元格 G2:H16 命名为 “OutputProduced”。单元格 C19:E19 和 G19:H19 是决策变量的输入和输出乘子，并被分别命名为 “InputMultiplier” 和 “OutputMultiplier”。单元格 A2:A16 表示的是 DMU 的序号。

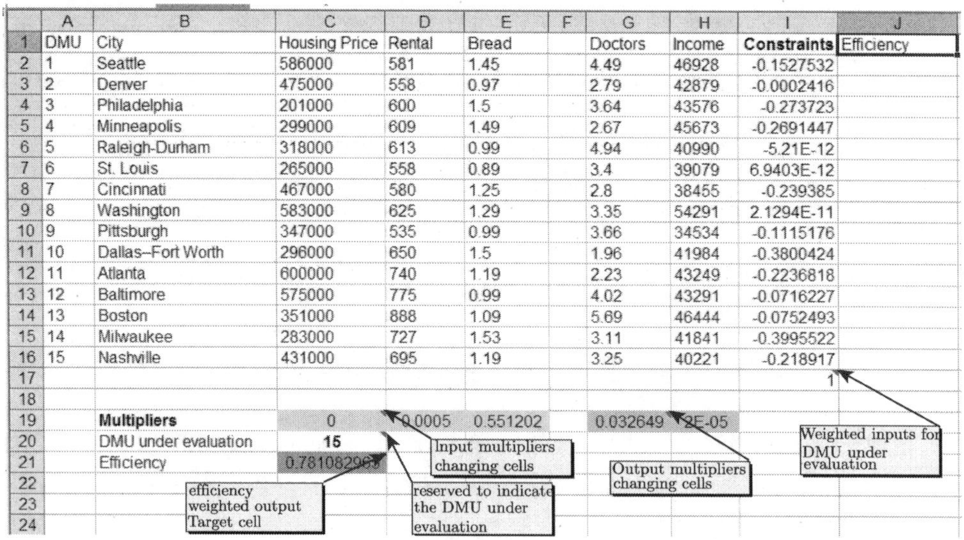

	A	B	C	D	E	F	G	H	I	J
1	DMU	City	Housing Price	Rental	Bread		Doctors	Income	Constraints	Efficiency
2	1	Seattle	586000	581	1.45		4.49	46928	-0.1527532	
3	2	Denver	475000	558	0.97		2.79	42879	-0.0002416	
4	3	Philadelphia	201000	600	1.5		3.64	43576	-0.273723	
5	4	Minneapolis	299000	609	1.49		2.67	45673	-0.2691447	
6	5	Raleigh-Durham	318000	613	0.99		4.94	40990	-5.21E-12	
7	6	St. Louis	265000	558	0.89		3.4	39079	6.9403E-12	
8	7	Cincinnati	467000	580	1.25		2.8	38455	-0.239385	
9	8	Washington	583000	625	1.29		3.35	54291	2.1294E-11	
10	9	Pittsburgh	347000	535	0.99		3.66	34534	-0.1115176	
11	10	Dallas–Fort Worth	296000	650	1.5		1.96	41984	-0.3800424	
12	11	Atlanta	600000	740	1.19		2.23	43249	-0.2236818	
13	12	Baltimore	575000	775	0.99		4.02	43291	-0.0716227	
14	13	Boston	351000	888	1.09		5.69	46444	-0.0752493	
15	14	Milwaukee	283000	727	1.53		3.11	41841	-0.3995522	
16	15	Nashville	431000	695	1.19		3.25	40221	-0.218917	
17									1	
18										
19		Multipliers	0	0.0005	0.551202		0.032649	2E-05		
20		DMU under evaluation	15							
21		Efficiency	0.78108296							
22										
23										
24										

图 3.3　乘子电子表格模型

单元格 I2 包含了公式 “=SUMPRODUCT(OutputMultiplier,INDEX(Output-Produced,A2,0))−SUMPRODUCT(InputMultiplier, INDEX(InputUsed,A2,0))”，代表了 DMU_1 的加权输出与加权输入的差异。这个值在 Solver 的参数中将被设定为非正的。

函数 INDEX(array,row number,0) 返回的是数组的一整行。例如，单元格 A2 的值是 1，因此 INDEX(OutputProduced,A2,0) 返回的是所有 DMU 中的第一个决策单元的输出，即单元格 G2:H2。

单元格 I2 中的公式被复制到单元格 I3:I16 中。单元格 I2:I16 被称为 “ConstraintDMUj”。

单元格 I17 的公式是 “=SUMPRODUCT(InputMultiplier,INDEX(InputUsed, DMU,0))”, 在这里 DMU 是单元格 C20 的域名，表示待估计的 DMU。单元格 I17 的值在求解参数框中被设定为 1。单元格 I17 被命名为 “DMUWeightedInput”。

目标单元格是 C21，代表了效率 —— 待评估的 DMU 的加权输出。单元格 C21 被称为 “效率”，并且单元格 C21 的值 (效率) 是比 1 大的。然而，一旦求解程序开始运行，这些值将会被最优解代替。

图 3.4 表示了在图 3.3 中的电子表格模型的求解参数框。

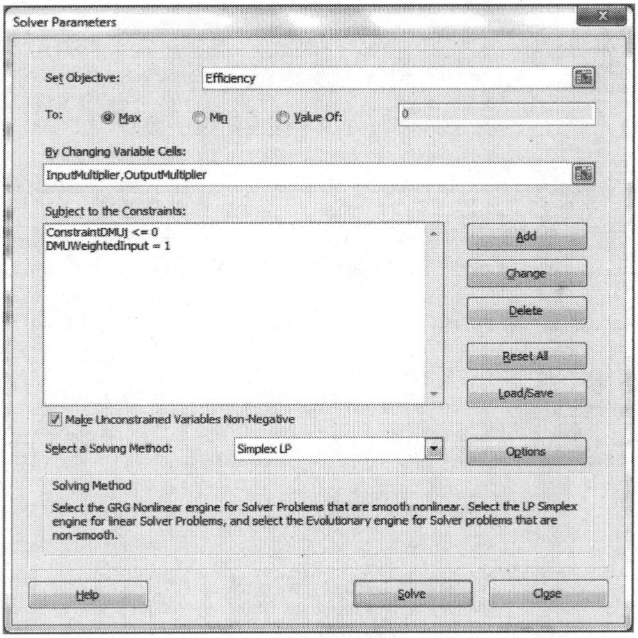

图 3.4 乘子模型的求解参数

图 3.5 表示 DMU_{15} 的效率的最优解为 0.781 08。为了计算剩下的决策单元的 CRS 效率，我们插入一个 VBA 程序 “MultiplierCRS” 来使计算自动化，如图 3.6 所示的那样。注意到这个程序块的名字被改为 “MultiplierDEA”。这个 VBA 程序当给 “NDMUs” “NInputs” “NOutputs” 设定特定的值时可以用于其他的决策单元集。在这个例子中，VBA 程序将单元格 C21 中的效率放在单元格 J2: J16 中，并将 15

个决策单元的最优乘子放在单元格 K2: M16 和 O2: P16 中。选择并在运行宏的对话框中运行宏 “MultiplierCRS”，就可以获得所有 15 个城市的效率结果。读者也可以在表格的工具栏中创造一个命令按钮，并将宏 “MultiltiplierCRS” 放到命令按钮中 (见文件 “CityMultiplier.xls”)。

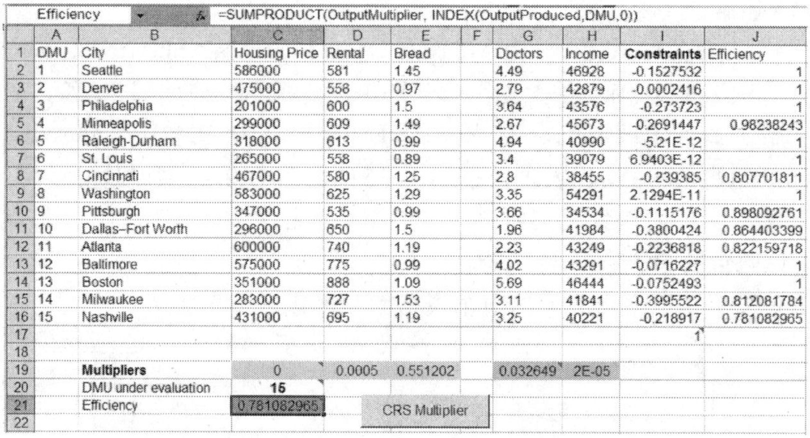

Efficiency　=SUMPRODUCT(OutputMultiplier, INDEX(OutputProduced,DMU,0))

	A	B	C	D	E	F	G	H	I	J
1	DMU	City	Housing Price	Rental	Bread		Doctors	Income	**Constraints**	Efficiency
2	1	Seattle	586000	581	1.45		4.49	46928	-0.1527532	1
3	2	Denver	475000	558	0.97		2.79	42879	-0.0002416	1
4	3	Philadelphia	201000	600	1.5		3.64	43576	-0.273723	1
5	4	Minneapolis	299000	609	1.49		2.67	45673	-0.2691447	0.98238243
6	5	Raleigh-Durham	318000	613	0.99		4.94	40990	-5.21E-12	1
7	6	St. Louis	265000	558	0.89		3.4	39079	6.9403E-12	1
8	7	Cincinnati	467000	580	1.25		2.8	38455	-0.239385	0.807701811
9	8	Washington	583000	625	1.29		3.35	54291	2.1294E-11	1
10	9	Pittsburgh	347000	535	0.99		3.66	34534	-0.1115176	0.898092761
11	10	Dallas–Fort Worth	296000	650	1.5		1.96	41984	-0.3800424	0.864403399
12	11	Atlanta	600000	740	1.19		2.23	43249	-0.2236818	0.822159718
13	12	Baltimore	575000	775	0.99		4.02	43291	-0.0716227	1
14	13	Boston	351000	888	1.09		5.69	46444	-0.0752493	1
15	14	Milwaukee	283000	727	1.53		3.11	41841	-0.3995522	0.812081784
16	15	Nashville	431000	695	1.19		3.25	40221	-0.218917	0.781082965
17									1	
18										
19		**Multipliers**	0	0.0005	0.551202		0.032649	2E-05		
20		DMU under evaluation	**15**							
21		Efficiency	0.781082965		CRS Multiplier					
22										

图 3.5　基于 CRS 假设的乘子效率

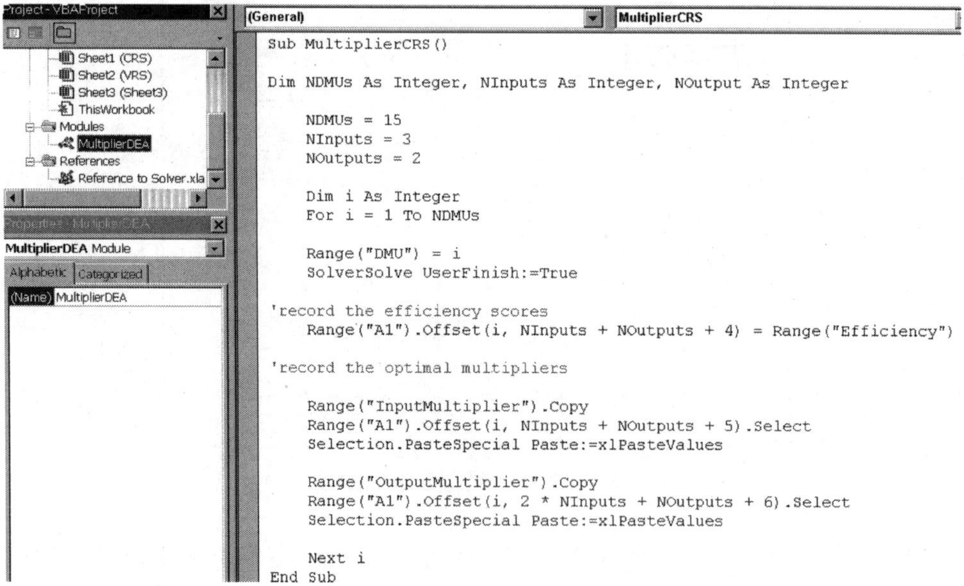


```
Sub MultiplierCRS()

Dim NDMUs As Integer, NInputs As Integer, NOutput As Integer

    NDMUs = 15
    NInputs = 3
    NOutputs = 2

    Dim i As Integer
    For i = 1 To NDMUs

    Range("DMU") = i
    SolverSolve UserFinish:=True

'record the efficiency scores
    Range("A1").Offset(i, NInputs + NOutputs + 4) = Range("Efficiency")

'record the optimal multipliers

    Range("InputMultiplier").Copy
    Range("A1").Offset(i, NInputs + NOutputs + 5).Select
    Selection.PasteSpecial Paste:=xlPasteValues

    Range("OutputMultiplier").Copy
    Range("A1").Offset(i, 2 * NInputs + NOutputs + 6).Select
    Selection.PasteSpecial Paste:=xlPasteValues

    Next i
End Sub
```

图 3.6　输入导向的 CRS 乘子模型的 VBA 编码

下面我们将阐述怎样用 Excel 表格解决 20 个公路维护人员问题的 DEA 乘子模型 (见文件 “Highway.xls”)。

图 3.7 呈现了 20 个公路维护人员问题的乘子形式的电子表格模型。我们将单元格区域 B2:D21 命名为 “inputused”，将包含输出值的单元格 F2:I21 命名为 “outputproduced”。单元格 B22:D22 和 F22:I22 留给决策变量 —— 输入输出乘子，并被分别命名为 “inputmultiplier” 和 “outputmultiplier”。单元格 A1:A21 表示 K1:K21 的公式中的 DMU 序数。

Efficiency =SUMPRODUCT(outputmultiplier,INDEX(outputproduced, DMU,0))

	A	B	C	D	E	F	G	H	I	J	K
1	Crew number	MEX	CEX	CLF		ASF	ATS	RCF	APF		Constraints
2	1	585	284	715		404	267	184	331		-0.4258239
3	2	610	245	525		551	324	175	301		-0.3500565
4	3	485	425	680		506	284	193	245		-0.2984352
5	4	345	380	660		335	255	180	265		-0.13851
6	5	288	325	665		455	325	190	300		-0.0083038
7	6	396	322	604		565	350	205	344		-0.0047866
8	7	336	388	712		400	235	177	245		-0.197268
9	8	367	413	668		433	325	202	344		-0.0340883
10	9	356	325	678		457	202	177	202		-0.2245545
11	10	535	312	677		335	256	248	321		-0.0993443
12	11	599	248	715		421	277	194	341		-0.3990521
13	12	612	275	525		554	364	185	321		-0.3009
14	13	465	425	690		556	294	173	285		-0.3271989
15	14	325	390	670		317	265	190	245		-0.0990932
16	15	308	305	665		485	345	178	285		-0.0890498
17	16	366	342	604		516	369	200	324		0
18	17	346	378	722		423	325	197	265		-0.1295588
19	18	327	433	678		413	235	196	364		0
20	19	236	365	688		487	302	197	212		0
21	20	545	322	678		385	276	238	361		-0.1210714
22	Multipliers	0.00126	0	0.00086		0	0	0.00372	0.00072		1
23	DMU under evalu	4									
24	Efficiency	0.86149									

图 3.7 输入导向的乘子电子表格模型

单元格 K2 包含公式 “=SUMPRODUCT(outputmultiplier,INDEX(outputproduced,A2,0))−SUMPRODUCT(inputmultiplier,INDEX(inputused,A2,0))”，代表了 DMU_1 的加权输出与加权输入的差。这个值在求解程序框中会被设定为非正值 (⩽0)。

函数 INDEX(array,row number,0) 返回的是数组的一整行。例如，单元格 A2 的值是 1，因此 INDEX(OutputProduced,A2,0) 返回的是所有 DMU 中的第一个决策单元的输出，即单元格 F2:I2。

单元格 K2 中的公式被复制到单元格 K3:K21 中。单元格 K2:K21 被称为 “ConstraintDMUj”。单元格 K22 的公式是 “=SUMPRODUCT(inputmultiplier, INDEX (inputused,DMU,0))”，在这里 DMU 是单元格 B23 的域名，表示待估计的 DMU。单元格 K22 的值在求解参数框中被设定为 1。单元格 K22 被命名为 “DMUWeightedInput”。

目标单元格是 B24，代表了效率 —— 被评价 DMU 的加权输出。单元格 B24 被称为 “效率”，它的公式是 “=SUMPRODUCT(outputmultiplier,INDEX(outputproduced,DMU,0))”。图 3.7 表示了 DMU_4 的最优效率解为 0.861 49。

3.5 输出导向的 DEA 乘子模型

注意到模型 (3.4) 是在模型 (3.2) 的基础上，借助转换 (3.3) 将被评价单元的输入进行转换来获得的。因此，模型 (3.4) 是一个输入导向的模型。由模型 (3.4) 决定的 DEA 有效前沿是基于规模报酬不变假设 (CRS) 的①。因此，模型 (3.4) 被称为输入导向的 CRS 乘子模型。

同样地，正如在包络模型中一样，我们可以通过考虑如下的加权输入与加权输出的比率来得到一个输出导向的 CRS 乘子模型：

$$
\begin{aligned}
&\min \frac{\sum_{i=1}^{m} v_i x_{io}}{\sum_{r=1}^{s} u_r y_{ro}} = \frac{v_1 x_{1o} + v_2 x_{2o} + \cdots + v_m x_{mo}}{u_1 y_{1o} + u_2 y_{2o} + \cdots + u_s y_{so}} \\
&\text{s.t.}\ \frac{\sum_{i=1}^{m} v_i x_{ij}}{\sum_{r=1}^{s} u_r y_{rj}} = \frac{v_1 x_{1j} + v_2 x_{2j} + \cdots + v_m x_{mj}}{u_1 y_{1j} + u_2 y_{2j} + \cdots + u_s y_{sj}} \geqslant 1, \quad j = 1, \cdots, n \\
&\quad u_r \geqslant 0 (r = 1, \cdots, s), \text{且} v_i \geqslant 0 (i = 1, \cdots, m)
\end{aligned}
\tag{3.5}
$$

注意到不同于模型 (3.1) 中那样最大化效率比率，模型 (3.5) 的目标函数是其倒数形式，其计算得到的效率值结果是大于等于 1 的，因而要求最小化效率值结果。如果计算获得的效率值结果等于 1，则这个被评价的决策单元处在 DEA 的效率前沿上。

同样，模型 (3.5) 是非线性的，我们可以利用一个类似于 (3.3) 的转换来将模型 (3.5) 转换成下面的线性规划形式：

$$
\begin{aligned}
&\min \sum_{i=1}^{m} \nu_i x_{io} \\
&\text{s.t.} \sum_{i=1}^{m} \nu_i x_{ij} - \sum_{r=1}^{s} \mu_r y_{rj} \geqslant 0 \\
&\quad \sum_{i=1}^{m} \mu_r y_{ro} = 1 \\
&\quad \mu_r, \nu_i \geqslant 0
\end{aligned}
\tag{3.6}
$$

① 有关规模报酬 (RTS) 概念和其与各种 DEA 模型关系的讨论详见第 5 章。

输出导向的 CRS 乘子模型的电子表格模型与输入导向的 CRS 模型在电子表格中的求解方法是非常类似的。例如，再看一下公路维护人员的例子。

图 3.8 呈现了 20 个公路维护人员问题的输出导向的 CRS 乘子电子表格模型 (见 Excel 文件 “Highway_output.xls”)。

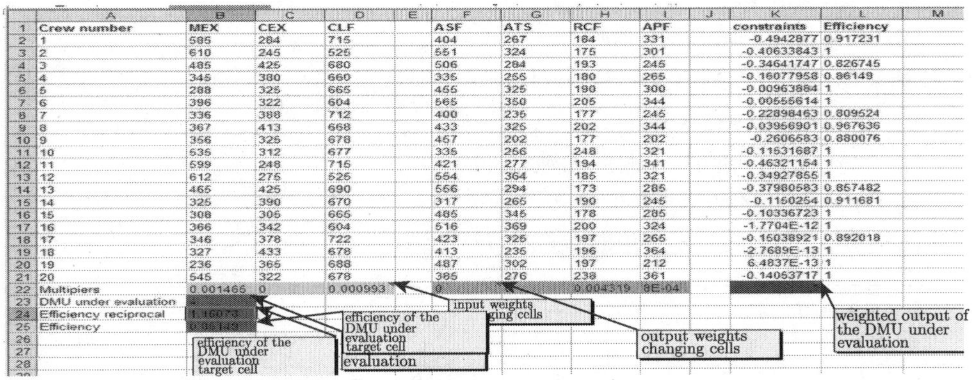

	A	B	C	D	E	F	G	H	I	J	K	L	M
1	Crew number	MEX	CEX	CLF		ASF	ATS	RCF	APF		constraints	Efficiency	
2	1	585	284	715		404	267	184	331		-0.4942877	0.917231	
3	2	610	245	525		551	324	175	301		-0.40633843	1	
4	3	485	425	680		506	284	193	245		-0.34641747	0.826745	
5	4	345	380	660		335	255	180	265		-0.16077958	0.86149	
6	5	288	325	665		455	325	190	300		-0.00963884	1	
7	6	396	322	604		565	350	205	344		-0.00555614	1	
8	7	336	388	712		400	235	177	245		-0.22898463	0.809524	
9	8	367	413	668		433	325	202	344		-0.03956901	0.967636	
10	9	356	325	678		457	202	177	202		-0.2606583	0.880076	
11	10	535	312	677		335	256	248	321		-0.11531687	1	
12	11	599	248	715		421	277	194	341		-0.46321154	1	
13	12	612	275	525		554	364	185	321		-0.34927855	1	
14	13	465	425	690		556	294	173	285		-0.37980583	0.857482	
15	14	325	390	670		317	265	190	245		-0.1150254	0.911681	
16	15	308	305	665		485	345	178	285		-0.10336723	1	
17	16	366	342	604		516	369	200	324		-1.7704E-12	1	
18	17	346	378	722		423	325	197	265		-0.15038921	0.892018	
19	18	327	433	678		413	235	196	364		-2.7689E-13	1	
20	19	236	365	688		487	302	197	212		6.4837E-13	1	
21	20	545	322	678		385	276	238	361		-0.14053717	1	
22	Multipiers	0.001465	0	0.000993		0		0.004319	8E-04				
23	DMU under evaluation	[illegible]											
24	Efficiency reciprocal	1.16073											
25	Efficiency	0.86149											

图 3.8 输出导向的乘子电子表格模型

域名是:

单元格 B2:D21=“input”，包括输入变量;

单元格 F2:I21=“output”，包括输出变量;

单元格 B22:D22=“input.weight”，作为输入乘子;

单元格 F22:I22=“output.weight”，作为输出乘子;

单元格 K2:K21=“constraints”，代表每一个决策单元的加权输出与加权输入之间的差别;

单元格 K22=“weightedoutput”，表示待评估的决策单元的加权输出;

单元格 B23=“unit”，表示被评估的决策单元;

单元格 B24=“Eff_reciprocal”，作为一个目标单元格，表示被评估的决策单元的加权输入;

单元格 B25=“Eff_score”，作为被评估的决策单元的效率值。

单元格 K2 包含了公式 “=SUMPRODUCT(output.weight， INDEX(output, unit,0))”。单元格 K22 的值在求解参数框内会被设定为 1。

目标单元格是 B24，代表了效率得分的倒数，即被评估的决策单元的加权输入。它的公式是 “=SUMPRODUCT(input.weight，INDEX(input,unit,0))”。单元格 B25 包含公式 “=1/Eff_reciprocal”，表示被评估的决策单元的效率得分。

练　　习

1. 红十字医院有四个分支机构，分别有下面的输入和输出指标：

输入 1= 医院的床位 (100s)

输入 2= 医疗用品 (\$10 000s)

输入 3= 不同类型员工的数量 (100s)

输出 1= 服务的病人数量

输出 2= 被培训的医务人员的数量 (100s)

输出 3= 医院的收益 (\$10000s)

四个分支机构的输入输出数据如下：

医院分支机构	输出			输入		
	1	2	3	1	2	3
A	5	3	450	8	20	3
B	6	3	360	6	15	4
C	6	5	500	10	30	5
D	4	3	270	5	12	2

使用计算机软件，帮助管理者确定哪一个分支机构是 DEA 无效的。

2. 大瀑布城 (美国蒙大拿州中部城市) 的警察局想根据下面的输入输出数据来确定哪一个月是有效的。

输入 1= 总的巡逻时间 (100s)

输入 2= 警察支出 (\$1000s)

输入 3= 警察的数量

输出 1= 回复的电话数 (100s)

输出 2= 定罪的案件

2006 年的上半年的每个月的输入输出值如下：

月份	输出		输入		
	1	2	1	2	3
1	14.5	45	18.2	50	20
2	12.5	35	16.5	42	20
3	13.2	36	17.2	46	22
4	13.1	40	16.8	40	22
5	12.8	37	17.0	46	20
6	13.0	35	17.4	45	21

帮助警察局局长确定哪个月是相对无效的。

3. 文化教育局管理六个动物园，三个输入和两个输出指标经常被用于动物园的效率评估。输入指标包括：①每年输入的所有动物的数量 (1000s)；②员工的数量；③每年总的花费 ($1000s)。输出指标包括：①年参观量 (1000s)；②所有动物的数量。每一个动物园的输入输出值如下：

动物园	输出		输入		
	1	2	1	2	3
Central	248	36	14	326	5755
Yellowstone	196	25	10	262	4132
Springdale	85	12	6	140	1984
City United	120	18	8	182	2688
Forest	132	16	8	186	3209
Pearson	68	9	6	128	2005

(1) 参考 2.3 节，构建一个线性规划模型来评估 Pearson 动物园的绩效。

(2) 用计算机软件包解出上述模型。

(3) 哪些动物园包括在最优的组合中？

(4) 构建一个输入导向的 DEA 乘子模型来评估 Pearson 动物园的绩效。

(5) 用计算机软件包解出上述的模型。

(6) Pearson 动物园是相对有效的吗？最优的目标值意味着什么？

(7) 构造一个输出导向的 DEA 乘子模型来评估 Pearson 动物园的绩效。

(8) 用一个软件包解上述模型。

(9) 最优的目标值意味着什么？

(10) 三种效率得分有什么区别？为什么？

4. 再一次用到问题 3 中呈现的数据，文化教育局想通过将 Pearson 动物园与 Yellowstone 动物园合并来建立最大的动物园。新的动物园的每一个输入和输出是两个动物园的和。

(1) 合并之前，Yellowstone 动物园是相对有效的吗？

(2) 合并之后，Y-P 动物园是相对有效的吗？

(3) 合并之前，Springdale 动物园是相对有效的吗？

(4) 合并之后，Springdale 动物园是相对有效的吗？

5. 电脑城有四个分支机构，分别有两个输入指标，两个输出指标。

输入 1= 月平均劳动时间 (用 100h 表示)

输入 2= 月均成本 (US$1000s)

输出 1= 月均销售量 (个数)

输出 2= 消费者满意度 (%)

每一个分支机构的输入输出数据都如下所示。

分支机构	输出		输入	
	1	2	1	2
A	532	70	37	76
B	487	80	28	54
C	750	73	42	96
D	512	90	30	60

(1) 构造一个输入导向的 DEA 乘子模型来评估分支机构 A 的绩效并用可获得的软件来求解。

(2) 用月均销售额(销售量与价格的乘积，以 US$1000 为单位) 代替月均销售量作为输出指标，再一次算出分支机构 A 的绩效。

(3) 为了评估那些分支机构的绩效，需要用加拿大元来表示销售额。最新的汇率是 1 美元兑 1.14 加拿大元，使用加拿大元的数据再一次计算分支机构 A 的绩效。

(4) 比较三个效率得分并解释这些得分之间的差别与相似点。

第 4 章 DEA 对偶模型

4.1 引　言

在第 2 章和第 3 章中，我们介绍了两个 DEA 模型。其中 VRS 模型是依据性质 2.1 和性质 2.2 构建的包络模型，CRS 模型是依据效率比率的一个乘子模型。在这一章，我们讨论两个模型之间的关系。事实上，VRS 包络模型有一个等价的 VRS 乘子模型，CRS 乘子模型有一个等价的 CRS 包络模型。在 VRS 或 CRS 条件下，基于第 1 章中讨论的线性规划对偶性，我们可以获得一对 DEA 模型。

4.2 CRS 包络模型

第 2 章中的 VRS 包络模型满足凸性和无效性，现在我们作出如下假设：

性质 4.1 如果 x_{ij} 和 y_{rj} 是可能的输入指标和输出指标，那么 kx_{ij} 和 ky_{rj} 也是 DMU_j 可能使用的输入指标和生产的输出指标，这里 k 是一个正常数。

性质 4.1 实际上暗示了不变的规模报酬，即如果一个决策单元的输入增加或减少了 k 倍，它的输出会增加或减少同样的 k 倍。在单输入–单输出的例子中，性质 4.1 也指出了 DEA 前沿的形状，如图 4.1 所示。

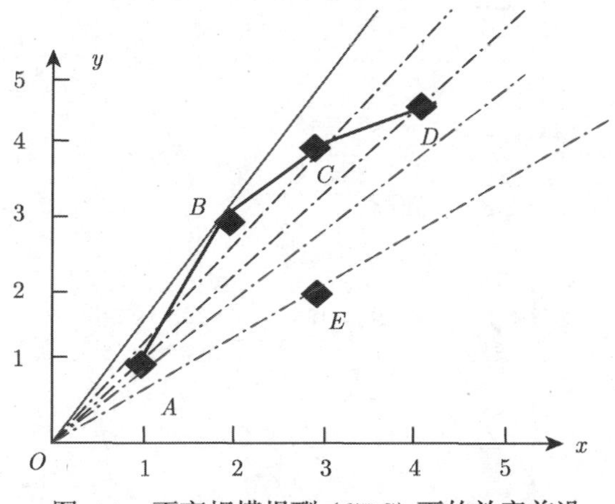

图 4.1 不变规模报酬 (CRS) 下的效率前沿

图 4.1 中有 5 个决策单元，A，B，C，D 和 E。正如第 2 章说的那样，其中 4 个决策单元 A，B，C，D 是 VRS 有效的，即 A, B, C, D 是 VRS 前沿。然而，因为性质 4.1，VRS 前沿上的任一点 (除了决策单元 B) 在 CRS 意义下都不再是有效的了。性质 4.1 表明对于观测到的 5 个决策单元，我们有射线 OB，OA，OC，OD 和 OE，显然射线 OB 表示表现最好的决策单元。事实上，射线 OB 是 CRS 下的 DEA 前沿。

下面我们构建 CRS 包络模型，通过将性质 4.1 加到第 2 章的式 (2.1) 中，我们得到

$$\begin{cases} \sum_{j=1}^{n} k\lambda_j x_{ij} \leqslant x_i, & i=1,2,\cdots,m \\ \sum_{j=1}^{n} k\lambda_j y_{rj} \geqslant y_r, & r=1,2,\cdots,s \\ \sum_{j=1}^{n} \lambda_j = 1 \end{cases} \tag{4.1}$$

或者等价于 (通过在 $\sum_{j=1}^{n}\lambda_j = 1$ 的两边同时乘以 k 得到)

$$\begin{cases} \sum_{j=1}^{n} k\lambda_j x_{ij} \leqslant x_i, & i=1,2,\cdots,m \\ \sum_{j=1}^{n} k\lambda_j y_{rj} \geqslant y_r, & r=1,2,\cdots,s \\ \sum_{j=1}^{n} k\lambda_j = k \end{cases} \tag{4.2}$$

现在，让式 (4.2) 中 $k\lambda_j = \lambda_j'$，我们有

$$\begin{cases} \sum_{j=1}^{n} \lambda_j' x_{ij} \leqslant x_i, & i=1,2,\cdots,m \\ \sum_{j=1}^{n} \lambda_j' y_{rj} \geqslant y_r, & r=1,2,\cdots,s \\ \sum_{j=1}^{n} \lambda_j' = k \end{cases} \tag{4.3}$$

最后的限制 $\sum_{j=1}^{n}\lambda'_j = k$ 实际上是多余的，因为 k 可以是任意正数。因此，式 (4.3) 可以写成

$$\begin{cases} \sum_{j=1}^{n}\lambda'_j x_{ij} \leqslant x_i, & i=1,2,\cdots,m \\ \sum_{j=1}^{n}\lambda'_j y_{rj} \geqslant y_r, & r=1,2,\cdots,s \end{cases} \tag{4.4}$$

根据式 (4.4)，我们有下面的输入导向的包络模型：

$$\begin{aligned} &\min\theta \\ &\text{s.t.} \\ &\sum_{j=1}^{n}\lambda'_j x_{ij} \leqslant \theta x_{io}, && i=1,2,\cdots,m \\ &\sum_{j=1}^{n}\lambda'_j y_{rj} \geqslant y_{ro}, && r=1,2,\cdots,s \\ &\lambda'_j \geqslant 0, && j=1,2,\cdots,n \end{aligned} \tag{4.5}$$

相应的输出导向的 CRS 包络模型如下：

$$\begin{aligned} &\max\phi \\ &\text{s.t.} \\ &\sum_{j=1}^{n}\lambda'_j x_{ij} \leqslant x_{io}, && i=1,2,\cdots,m \\ &\sum_{j=1}^{n}\lambda'_j y_{rj} \geqslant \phi y_{ro}, && r=1,2,\cdots,s \\ &\lambda'_j \geqslant 0, && j=1,2,\cdots,n \end{aligned} \tag{4.6}$$

通过应用线性规划的对偶理论，可以很容易证实模型 (4.5) 和 (4.6) 分别等价于第 3 章中的模型 (3.4) 和 (3.6)。

回想在第 2 章中，包络模型是在一个两阶段的过程中被计算的 —— 首先是效率得分的计算 (模型 (2.2))，然后是松弛的计算 (模型 (2.5))。这个过程有助于识别第 2 章中定义的有效和弱有效。类似地，模型 (4.5) 和 (4.6) 分两阶段计算，我们可以像表 4.1 中表示的那样重写模型，表的最后一行表示有效的目标等式。

表 4.1　CRS 包络模型

前沿类型	输入导向	输出导向
CRS	$\min \theta - \varepsilon\left(\sum_{i=1}^{m} s_i^- + \sum_{r=1}^{s} s_r^+\right)$ s.t. $\sum_{j=1}^{n} \lambda_j x_{ij} + s_i^- = \theta x_{io} \quad i=1,2,\cdots,m$ $\sum_{j=1}^{n} \lambda_j y_{rj} - s_r^+ = y_{ro} \quad r=1,2,\cdots,s$ $\lambda_j \geqslant 0 \quad j=1,2,\cdots,n$	$\max \phi + \varepsilon\left(\sum_{i=1}^{m} s_i^- + \sum_{r=1}^{s} s_r^+\right)$ s.t. $\sum_{j=1}^{n} \lambda_j x_{ij} + s_i^- = x_{io} \quad i=1,2,\cdots,m$ $\sum_{j=1}^{n} \lambda_j y_{rj} - s_r^+ = \phi y_{ro} \quad r=1,2,\cdots,s$ $\lambda_j \geqslant 0 \quad j=1,2,\cdots,n$
有效的目标	$\begin{cases} \hat{x}_{io} = \theta^* x_{io} - s_i^{-*} & i=1,2,\cdots,m \\ \hat{y}_{ro} = y_{ro} + s_r^{+*} & r=1,2,\cdots,s \end{cases}$	$\begin{cases} \hat{x}_{io} = x_{io} - s_i^{-*} & i=1,2,\cdots,m \\ \hat{y}_{ro} = \phi^* y_{ro} + s_r^{+*} & r=1,2,\cdots,s \end{cases}$

4.3　VRS 乘子模型

前面我们探讨了 CRS 乘子模型的另一种形式 ——CRS 包络模型，在这个部分，我们构建 VRS 包络模型的另一种形式 ——VRS 乘子模型。

模型 (2.2)—— 第 2 章中的输入导向 VRS 包络模型的另一种形式可以写成

$$
\begin{aligned}
&\max \sum_{r=1}^{s} \mu_r y_{ro} + \mu_o \\
&\text{s.t.} \\
&\sum_{r=1}^{s} \mu_r y_{rj} - \sum_{i=1}^{m} \nu_i x_{ij} + \mu_o \leqslant 0, \quad j=1,2,\cdots,n \\
&\sum_{i=1}^{m} \nu_i x_{io} = 1 \\
&\mu_r, \nu_i \geqslant 0 \\
&\mu_o \text{符号任意}
\end{aligned}
\tag{4.7}
$$

这个“符号任意”的变量 μ_o 是与模型 (2.2) 中的凸性限制 $\sum \lambda_j = 1$ 相关的。

模型 (2.3)—— 第 2 章中的输出导向的包络模型的另一种形式可以写成

$$
\begin{aligned}
&\min \sum_{i=1}^{m} \nu_i x_{io} + \nu_o \\
&\text{s.t.} \\
&\sum_{i=1}^{m} \nu_i x_{ij} + \nu_o - \sum_{r=1}^{s} \mu_r y_{rj} \geqslant 0, \quad j = 1, 2, \cdots, n \\
&\sum_{r=1}^{s} \mu_r y_{ro} = 1 \\
&\mu_r, \nu_i \geqslant 0 \\
&\nu_o \text{符号任意}
\end{aligned}
\tag{4.8}
$$

可以看出 CRS 和 VRS 乘子模型之间的区别在于后者有一个额外的无符号限制的变量。这个特殊的变量可以为正的、负的或零。为了进一步研究这个自由变量的含义，我们首先将模型 (4.7) 转换成比率效率的形式。

依据第 3 章的 (3.3) 的转换，模型 (4.7) 等同于下面的形式：

$$
\begin{aligned}
&\max \frac{\sum_{r=1}^{s} u_r y_{ro} + u_o}{\sum_{i=1}^{m} v_i x_{io}} = \frac{u_1 y_{1o} + u_2 y_{2o} + \cdots + u_s y_{so} + u_o}{v_1 x_{1o} + v_2 x_{2o} + \cdots + v_m x_{mo}} \\
&\text{s.t.} \\
&\frac{\sum_{r=1}^{s} u_r y_{rj} + u_0}{\sum_{i=1}^{m} v_i x_{ij}} = \frac{u_1 y_{1j} + u_2 y_{2j} + \cdots + u_s y_{sj} + u_o}{v_1 x_{1j} + v_2 x_{2j} + \cdots + v_m x_{mj}} \leqslant 1, \quad j = 1, \cdots, n \\
&v_i, u_r \geqslant 0, \quad i = 1, 2, \cdots, m; r = 1, 2, \cdots, s \\
&u_o \text{无限制}
\end{aligned}
\tag{4.9}
$$

式中，$\mu_o = t u_o, t = \dfrac{1}{\sum_{i=1}^{m} v_i x_{io}}$。

模型 (4.9) 也是一个比率效率模型，假设我们有一个输入变量和一个输出变量，并假定 DMU$_o$ 是有效的，则我们有

$$
\frac{u_1 y_{1o} + u_o}{v_1 x_{1o}} = 1
$$

或

$$y = ax + b$$

式中, $a = v_1/u_1, b = -u_o/u_1$。

现在可以看出，u_o 或 μ_o 是与回归方程的 y 轴截距相关的。考虑这样一种情形，决策单元 B 在图 4.2 中的情形下被评估。在规模报酬不变的情形下，u_o 或 μ_o 等于 0，CRS 前沿是线 OB，且 y 轴截距为 0。在 u_o 或 μ_o 为正且规模报酬可变的情形下，VRS 前沿是分段的线 $ABCD$，y 轴截距是负的 (点 E)。相反，假定决策单元 C 是在 u_o 或 μ_o 为负的 VRS 情形下被评估，则 VRS 前沿是分段的线 $ABCD$，且 y 轴截距是正的 (点 F)。

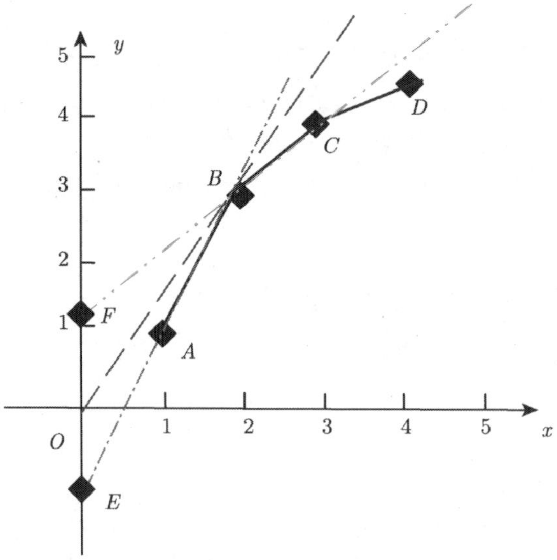

图 4.2　VRS 自由变量

4.4　在电子表格中求解 CRS 包络模型

这里我们重新看一下最富有城市的数据，图 2.7 呈现了输入导向的 VRS 包络模型。

通过移除限制条件 $\sum_{j=1}^{n} \lambda_j = 1$，我们可以立刻得到输入导向的 CRS 包络模型。如果我们选择$B$25=$D$25，然后点击图 2.14 中的 Delete 按钮 (即移除条件 $\sum_{j=1}^{n} \lambda_j = 1$)，我们得到图 4.3 中呈现的输入导向的 CRS 包络模型的求解参数。

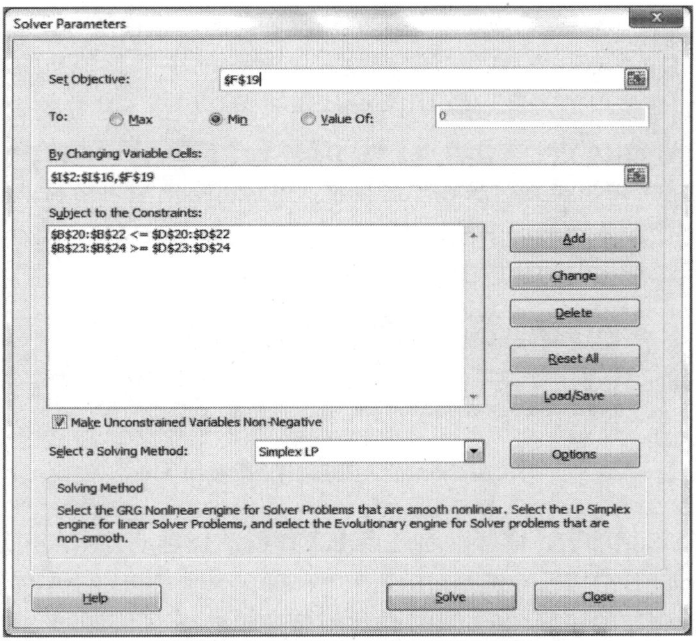

图 4.3 输入导向的 CRS 包络模型的求解参数

在这个过程中，图 2.7 中的电子表格和 VBA 程序都不变。例如，我们为输入导向的 CRS 包络模型运行宏 “DEA”，就得到图 4.4 中显示的 CRS 效率得分，其中 8 个决策单元 (城市) 位于 CRS 效率前沿上。(见 Excel 文件：“envelopment spreadsheets.xls”)

	A	B	C	D	E	F	G	H	I	J
1	City	Housing Pri(	Rental	Bread		Doctors	Income		λ	Efficiency
2	Seattle	586000	581	1.45		4.49	46928		0	1
3	Denver	475000	558	0.97		2.79	42879		0	1
4	Philadelphia	201000	600	1.5		3.64	43576		0	1
5	Minneapolis	299000	609	1.49		2.67	45673		0	0.982382
6	Raleigh-Durham	318000	613	0.99		4.94	40990		0.034	1
7	St. Louis	265000	558	0.89		3.4	39079		0.694	1
8	Cincinnati	467000	580	1.25		2.8	38455		0	0.807702
9	Washington	583000	625	1.29		3.35	54291		0.216	1
10	Pittsburgh	347000	535	0.99		3.66	34534		0	0.898093
11	Dallas–Fort Worth	296000	650	1.5		1.96	41984		0	0.864403
12	Atlanta	600000	740	1.19		2.23	43249		0	0.82216
13	Baltimore	575000	775	0.99		4.02	43291		0	1
14	Boston	351000	888	1.09		5.69	46444		0	1
15	Milwaukee	283000	727	1.53		3.11	41841		0	0.812082
16	Nashville	431000	695	1.19		3.25	40221		0	0.781083
17										
18		Reference		DMU under	15	Efficiency				
19	**Constraints**	set		Evaluation		0.781083				
20	Housing Price	320453.23	≤	336646.758						
21	Rental	542.85266	≤	542.85266						
22	Bread	0.9294887	≤	0.92948873						
23	Doctors	3.25	≥	3.25						
24	Income	40221	≥	40221						

图 4.4 输入导向的 CRS 包络效率

同样地，我们可以建立电子表格下的输出导向的包络模型。如果我们从图 2.25 中移除 “SumLumbda=1”，就可以得到输入导向的 CRS 包络模型的求解参数。

如果我们想使用输入导向的 VRS 包络电子表格模型下建立的宏，我们可以进行如下操作：首先，点击开发工具键，然后选择这个按钮 (插入键的第一个条目)(见图 2.26)，将这个按钮拉到包含输出导向的 CRS 包络模型表格和求解参数的工作簿中，你立刻会被要求给这个按钮指定一个宏，选择 “DEA1”。此刻，按钮已经被选择了，你可以把按钮的标题改成 “Output-oriented CRS”，如图 4.5 所示。

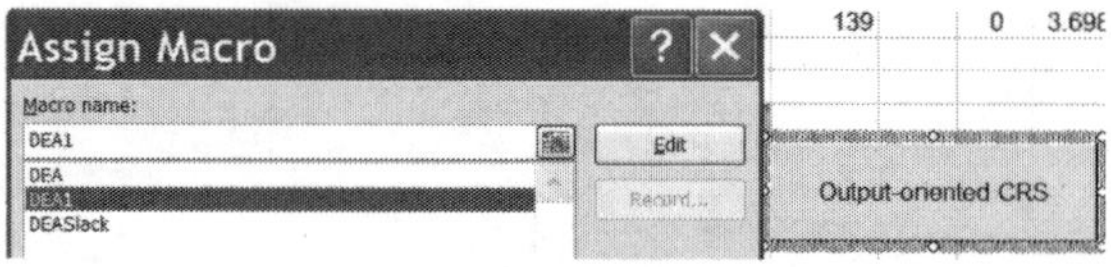

图 4.5　运用宏添加一个按钮

为了运行选定的宏，你可以通过点击工作簿的任意地方来取消选定按钮。此外，你可以通过右击按钮并选择 “指定宏” 来指定一个与按钮不同的宏。

图 4.6 呈现了输出导向的 CRS 包络模型效率得分 (也可以见 Excel 文件 “envelopment spreadsheets.xls”)。

	A	B	C	D	E	F	G	H	I	J
1	City	Housing Pri	Rental	Bread		Doctors	Income		λ	Efficiency
2	Seattle	586000	581	1.45		4.49	46928		0	1
3	Denver	475000	558	0.97		2.79	42879		0	1
4	Philadelphia	201000	600	1.5		3.64	43576		0	1
5	Minneapolis	299000	609	1.49		2.67	45673		0	1.017934
6	Raleigh-Durham	318000	613	0.99		4.94	40990		0.044	1
7	St. Louis	265000	558	0.89		3.4	39079		0.888	1
8	Cincinnati	467000	580	1.25		2.8	38455		0	1.238081
9	Washington	583000	625	1.29		3.35	54291		0.276	1
10	Pittsburgh	347000	535	0.99		3.66	34534		0	1.113471
11	Dallas–Fort Worth	296000	650	1.5		1.96	41984		0	1.156867
12	Atlanta	600000	740	1.19		2.23	43249		0	1.216309
13	Baltimore	575000	775	0.99		4.02	43291		0	1
14	Boston	351000	888	1.09		5.69	46444		0	1
15	Milwaukee	283000	727	1.53		3.11	41841		0	1.231403
16	Nashville	431000	695	1.19		3.25	40221		0	1.280274
17										
18		Reference		DMU under	15	Efficiency				
19	**Constraints**	set		Evaluation		1.2802737				
20	Housing Price	410267.85	≤	431000						
21	Rental	695	≤	695			Output-oriented CRS			
22	Bread	1.19	≤	1.19						
23	Doctors	4.1608896	≥	4.16088962						
24	Income	51493.89	≥	51493.8897						

图 4.6　输出导向的 CRS 包络模型效率得分

4.5　在电子表格中求解 VRS 乘子模型

VRS 乘子模型的电子表格模型可以以第 3 章中讨论的 CRS 模型类似的方式来建立。例如，图 4.7 呈现了输入导向的 VRS 乘子模型的电子表格形式。

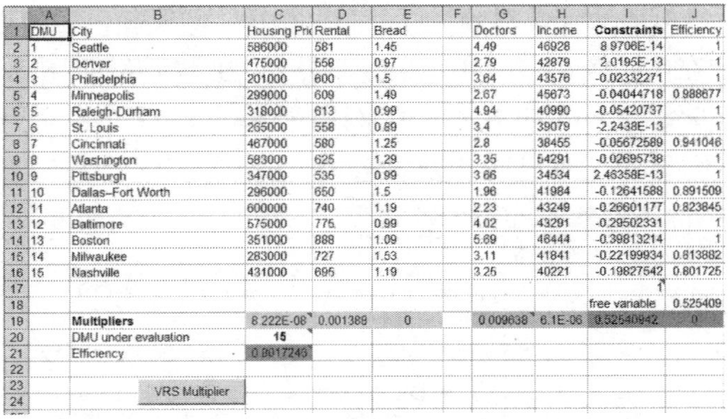

	A	B	C	D	E	F	G	H	I	J
1	DMU	City	Housing Pri	Rental	Bread		Doctors	Income	**Constraints**	Efficiency
2	1	Seattle	586000	581	1.45		4.49	46928	8.9706E-14	1
3	2	Denver	475000	558	0.97		2.79	42879	2.0195E-13	1
4	3	Philadelphia	201000	600	1.5		3.64	43576	-0.02332271	1
5	4	Minneapolis	299000	609	1.49		2.67	45673	-0.04044718	0.988677
6	5	Raleigh-Durham	318000	613	0.99		4.94	40990	-0.05420737	1
7	6	St. Louis	265000	558	0.89		3.4	39079	-2.2438E-13	1
8	7	Cincinnati	467000	580	1.25		2.8	38455	-0.05672589	0.941046
9	8	Washington	583000	625	1.29		3.35	54291	-0.02695738	1
10	9	Pittsburgh	347000	535	0.99		3.66	34534	2.46358E-13	1
11	10	Dallas–Fort Worth	296000	650	1.5		1.96	41984	-0.12641588	0.891509
12	11	Atlanta	600000	740	1.19		2.23	43249	-0.26601177	0.823845
13	12	Baltimore	575000	775	0.99		4.02	43291	-0.29502331	1
14	13	Boston	351000	888	1.09		5.69	46444	-0.39813214	1
15	14	Milwaukee	283000	727	1.53		3.11	41841	-0.22199934	0.813882
16	15	Nashville	431000	695	1.19		3.25	40221	-0.19827542	0.801725
17									1	
18									free variable	0.525409
19		**Multipliers**	8.222E-08	0.001388	0		0.009638	6.1E-06	0.52540942	0
20		DMU under evaluation	15							
21		Efficiency	0.8017245							
22										
23		VRS Multiplier								
24										

图 4.7 输入导向的 VRS 乘子电子表格模型

因为我们有一个无符号限制的决策变量，我们需要在单元格 I19 和 J19 中引入两个变量。VRS 乘子模型中的自由变量由单元格 J18 表示，J18 中含有一个公式 “=I19−J19”。在求解参数中，单元格 I19 和 J19(不是单元格 J18) 还有单元格 C19:E19 和 G19:H19 是变化的单元格。

单元格 I2 的公式是 I2=SUMPRODUCT(G2:H2，$G$19:$H$19)−SUMPRODUCT(C2:E2，$C$19:$E$19)+$I$19−$J$19。

用美元符号表示的乘子和自由变量的单元格被作为绝对的参照，这允许我们将单元格 I2 中的公式复制到单元格 I3:I16 中。图 4.8 呈现了输入导向的 VRS 乘子模型的电子表格形式的求解参数。

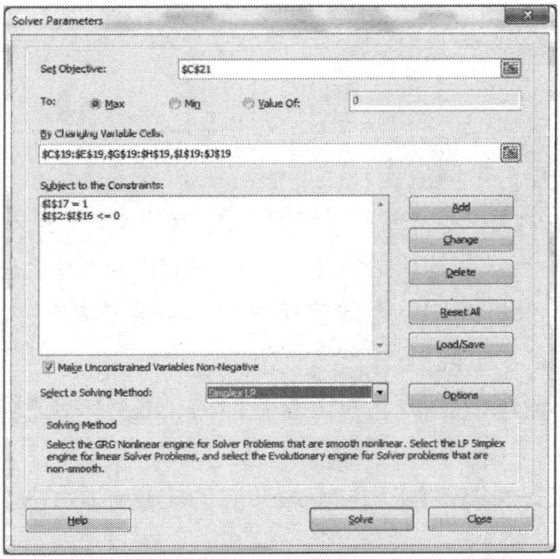

图 4.8 输入导向的 VRS 乘子模型的求解参数

将图 4.9 呈现的 VBA 程序 “MultiplierVRS” 插入到已有的模块 “MultiplierDEA” 中，宏在单元格 J2:J16 中记录效率得分，在单元格 K2:K16 记录最优的自由变量，在单元格 L2:N16 和单元格 P2:Q16 中记录了 15 个决策单元的最优乘子 (见 Excel 文件 “CityMultiplier.xls”)。

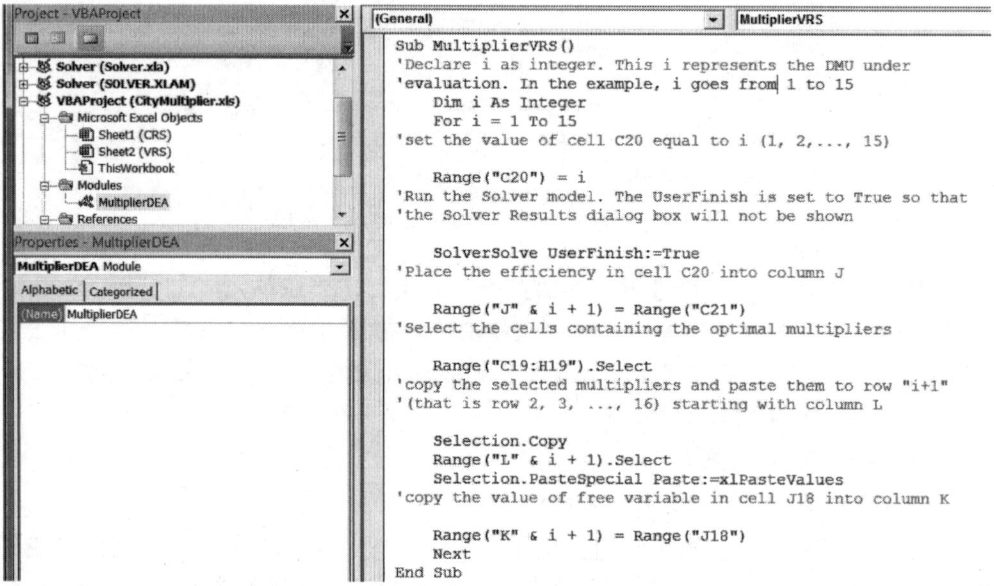

图 4.9　输入导向的 VRS 乘子模型的 VBA 代码

练　　习

1. 在第 2 章的第 4 个问题中：

(1) 航空公司的分支机构中哪个是 VRS 有效和 CRS 有效的？

(2) 航空公司的分支机构中哪个是 VRS 有效但是 CRS 无效的？

(3) 存在 CRS 有效但 VRS 无效的航空公司分支机构吗？

2. 在第 3 章的第 5 个问题中：

(1) 构造一个不变规模报酬下的输入导向的 DEA 乘子模型来评估分支机构 A 的绩效。

(2) 构造一个可变规模报酬下的输入导向的 DEA 乘子模型来评估分支机构 A 的绩效。

(3) 构造一个不变规模报酬下的输入导向的 DEA 包络模型来评估分支机构 A 的绩效。

(4) 构造一个可变规模报酬下的输入导向的 DEA 包络模型来评估分支机构 A 的绩效。

3. 考虑一个来源于 L. Churilov 和 A. Flitman 研究的奥运会评价的应用 (Towards fair ranking of Olympics achievements:the case of Sydney 2000. Computer and Operation Research, 2006, 33(7): 2057-2082)。

在评估中包括两个输入指标和一个输出指标。

输入 1= 被评估的国家的人口 (1000s)

输入 2=1998 年以美元表示的人均 GDP

输出 = 奖牌指数，是悉尼奥林匹克运动会中金牌、银牌和铜牌数的加权和，权数分别为 10，7 和 2。

序号	国家	人口/千人	人均 GDP/美元	奖牌指数
1	澳大利亚	18 886	20 125	369
2	英国	58 830	23 934	194
3	加拿大	31 147	19 439	67
4	中国	1 255 445	777	422
5	古巴	11 201	2 194	201
6	法国	59 080	24 739	250
7	德国	82 220	26 183	311
8	意大利	57 298	20 659	212
9	日本	126 714	29 956	116
10	韩国	46 844	6 956	165
11	荷兰	15 786	24 956	191
12	罗马尼亚	22 327	1 698	170
13	俄罗斯	146 934	1 936	572
14	美国	278 357	31 059	631

(1) 构造一个不变规模报酬下的输入导向的 DEA 包络模型来评估加拿大的绩效。

(2) 使用一个计算机软件包求解上述模型。

(3) 绩效得分意味着什么？

(4) 加拿大如何在保持人口和人均 GDP 不变的情况下提高它的奖牌指数，成为 CRS 有效？

(5) 用上面的奖牌指数和不变的输入，哪些国家可以通过线性组合成为加拿大的“同伴”或目标？

4. 在一组工业实验中，同样的效果 (半成品的数量) 可以通过不同的劳动和成本的组合来获得，如下表所示：

组合	劳动	成本
A	5	1
B	3.5	3
C	3	3.5
D	4	4
E	1	5

(1) 通过图表来计算决策单元 D 的效率。

(2) 指出哪些单元提供了一个能够创造决策单元 D“同伴” 的组合。

(3) 构建一个不变规模报酬下输入导向的 DEA 包络模型来评估决策单元 D 的绩效。

(4) 使用一个计算机软件包求解上述模型。

(5) 确定决策单元 D 在前沿上投影的输入数据。

(6) 根据上面的公式和解，哪些决策单元可以被组合成为投影点？为什么？

第 5 章　DEA 模型和规模报酬

5.1 引　　言

在 DEA 的框架中，规模报酬 (returns to scale, RTS) 的经济概念已经得到广泛的研究。然而传统的 RTS 往往是在单个产出变量的情形下被定义，DEA 将这个概念扩展到多个产出变量的例子中，这反过来进一步扩展了 DEA 的应用。第 2 章中，图 2.22 描述了可变规模报酬 (variable returns to scale, VRS) 的前沿。这里我们重新画出这个图，以便于讨论。

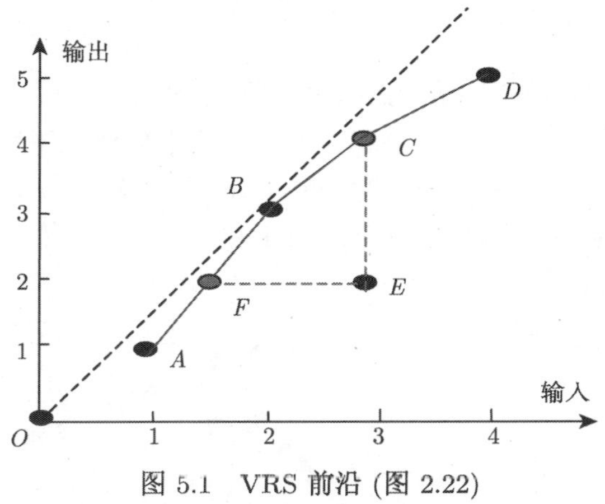

图 5.1　VRS 前沿 (图 2.22)

在图 5.1(或图 2.22) 中，B 是一个不变规模报酬 (constant returns to scale, CRS) 的决策单元，且位于图中虚线 (未明显标出) 的 CRS 前沿上 (CRS 前沿是通过将原点与 B 点相连获得的)。因为投入以 β 比例变化，让 δ 作为产出变化的相应比例。例如，投入 x 增加为 βx，因此产出 y 增加到 δy。正如在 CRS 的 DEA 模型中讨论的那样，不变规模报酬条件表明 $\beta = \delta$。

一个递增规模报酬 (increasing returns to scale, IRS) 的条件表示，如果 δ 和 β 都代表增加 (即 $\delta > 1$，$\beta > 1$)，则 $\delta > \beta$。如果 δ 和 β 都相对减少 ($\delta < 1, \beta < 1$)，则递增的规模报酬表明 $\delta < \beta$。例如，如果我们将决策单元 B 的投入由 2 个单位降到 1 个单位，则有 $\beta = 0.5$。如果是在不变规模报酬下，则相应的产出应该从 3 降到 1.5。然而，点 A 有 1 单位的投入和 1 单位的产出。如果点 A 是对应的新的

决策单元，我们有 $\delta = 1/3$, 即 $\delta < \beta$。

事实上，AB(除了 B) 呈现出递增规模报酬，BCD(除了 B) 呈现出递减规模报酬 (decreasing returns to scale, DRS)。下面我们讨论如何来确定决策单元在 VRS 前沿上的位置，即如何确定一个决策单元是位于 VRS 前沿的 CRS，IRS 或是 DRS 部分。这个讨论适用于 DEA 乘子模型或 DEA 包络模型。

我们注意到，讨论 VRS 前沿上的决策单元的规模报酬是有意义的。我们通过 VRS 前沿面上决策单元的目标值来讨论不在前沿上的决策单元的规模收益。例如，对于输入导向的 VRS 模型，我们可以通过下面的模型计算决策单元在 VRS 生产前沿面上的目标值：

$$\begin{cases} \hat{x}_{io} = \theta^* x_{io} - s_i^{-*} = \sum_{j=1}^{n} x_{ij}\lambda_j^*, & i = 1, \cdots, m \\ \hat{y}_{ro} = y_{ro} + s_r^{+*} = \sum_{j=1}^{n} y_{rj}\lambda_j^*, & r = 1, \cdots, s \end{cases} \tag{5.1}$$

式中，(∗) 代表输入导向的 VRS 包络模型的最优解。

一个简单的例子可以有助于解释在不同规模报酬情况下决策单元获得有效的目标。现须评估 5 个决策单元，分别用点 A，B，C，D 和 E 表示，如图 5.2 所示。每一个决策单元消耗 1 单位的投入来产生 1 单位的产出，数据如表 5.1 所示。

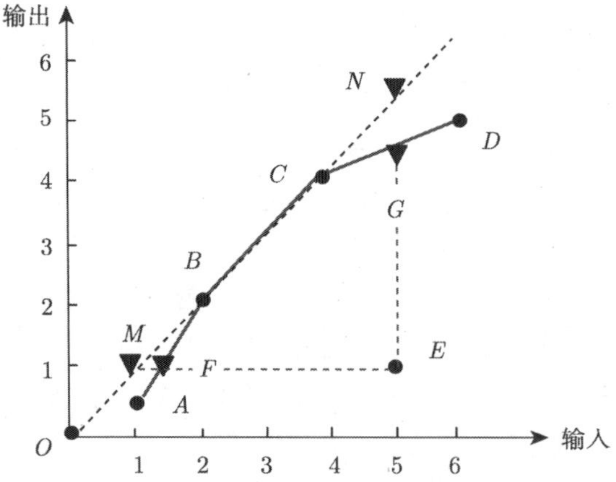

图 5.2 CRS 和 VRS 有效目标

表 5.1 简单例子的数据

决策单元	A	B	C	D	E
投入	1	2	4	6	5
产出	0.5	2	4	5	1

从图 5.2 中可看出：AB 表现出递增的规模报酬 (IRS)；BC 表现出不变的规模报酬 (CRS)；CD 表现出递减的规模报酬 (DRS)；$ABCD$ 代表 VRS 最优前沿；$OMBCN$ 代表 CRS 最优前沿。

显然，点 E 是非有效的，且有四个前沿目标可以使得点 E 成为一个有效的决策单元，如图 5.2 所示。例如，在一个投入导向的 CRS 例子中，E 可以在保持它的产出不变的情况下通过减少投入来到达 CRS 前沿上。点 M 是点 E 的一个合理的目标，在 M 点决策单元可以仅消耗 1 单位的投入来生产 1 单位的产出。因此，如果 E 可以在产出固定的情况下减少投入到 1，它就会是有效的。在这个例子中，E 的效率得分是将点 E 变到点 M 所需要的减少的投入量，即 $1/5 = 0.2$。

与此类似，在一个投入导向的 VRS 例子中，E 点需要在维持产出不变的情况下减少它的投入从而到达 VRS 生产前沿面上，即到达目标点 $F(1.33，1)$。这相对于 CRS 情形下的目标 $M(1,1)$，投入减少的幅度更小。我们可以推断出使得一个决策单元 VRS 有效比 CRS 有效，投入减少的幅度较小。因此，VRS 效率得分应该不低于 CRS 的效率得分。对于点 E，我们可以计算它的效率得分为 $0.267 = 1.33/5$。

E 的四个目标呈现在下面的表 5.2 中。

表 5.2 不在有效前沿上的决策单元 E 的 4 个有效目标

有效目标的类型	目标点的坐标	效率得分
投入导向的 CRS 目标	$M(1,1)$	0.2(=1/5)
投入导向的 VRS 目标	$F(1.33,1)$	0.267(=1.33/5)
产出导向的 CRS 目标	$N(5,5)$	0.2(=1/5)
产出导向的 VRS 目标	$G(5,4.5)$	0.22(=1/4.5)

因为 DEA 模型有两个方向，正如前面的表格所阐述，这导致了由 VRS 前沿所包络的不同的 RTS 区域。因此，我们首先讨论由投入和产出导向的 DEA 模型导致的 RTS 区域。

5.2 规模报酬区域

我们仍然使用上面的例子进行说明，假定我们有 5 个决策单元，如图 5.2 和图 5.3 中所示的 A, B, C, D 和 E。射线 OBC 是 CRS 前沿，AB, BC 和 CD 构成 VRS 前沿，并分别呈现出 IRS, CRS 和 DRS，B 和 C 是规模报酬不变的。在线段 AB 上，B 点的左边规模报酬是递增的。在线段 CD 上，C 点的右边是规模报酬递减的。

对于不在前沿面上的点 E，如果使用投入导向的 VRS 包络模型，则 F 点是有效的目标点，且 E 点的规模报酬类别是 IRS。如果使用产出导向的 VRS 包络模型，则 G 点是有效的目标点，E 点的规模报酬类别是 DRS。

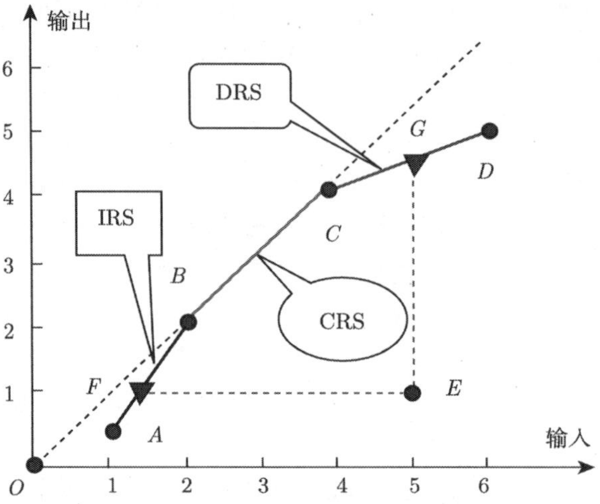

图 5.3　RTS 和 VRS 前沿

然而，无论使用哪种 VRS 模型，一些 IRS，CRS 和 DRS 区域是唯一确定的。它们是区域“Ⅰ”——IRS，区域“Ⅱ”——CRS，区域“Ⅲ”——DRS。事实上，如图 5.4 和表 5.3 所示，我们有 6 个 RTS 区域。剩下的区域Ⅳ，Ⅴ和Ⅵ含有两种 RTS，区域“Ⅳ”表示 IRS(输入导向的) 和 CRS(输出导向的)，区域“Ⅴ”表示 CRS(输入导向的) 和 DRS(输出导向的)，区域“Ⅵ”表示 IRS(输入导向的) 和 DRS(输出导向的)。

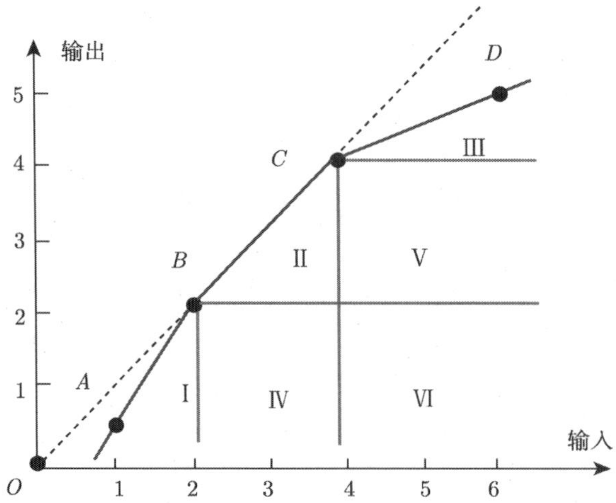

图 5.4　RTS 区域

表 5.3　图 5.4 中区域和 RTS 类型的解释

区域	RTS 类型
Ⅰ	IRS
Ⅱ	CRS
Ⅲ	DRS
Ⅳ	IRS(输入导向) 和 CRS(输出导向)
Ⅴ	CRS(输入导向) 和 DRS(输出导向)
Ⅵ	IRS(输入导向) 和 DRS(输出导向)

5.3 使用乘子模型评估规模报酬

在第 4 章中，图 4.2 中说明了 VRS 乘子模型中的自由变量与 y 轴截距相关。注意到在图 5.1 中，如果我们延长线段 BA，会得到一个负的 y 轴截距；如果我们延长线段 CB 或 DC，会得到一个非负的 y 轴截距 (图 5.5)。这表明自由变量的符号表示了规模报酬的分类。

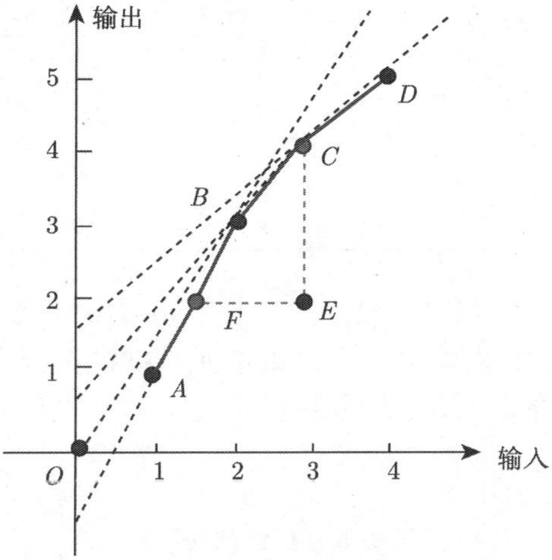

图 5.5 VRS 前沿延伸和 y 轴截距

让 μ_o^* 代表输入导向 VRS 乘子模型 (模型 (4.7)) 中 μ_o 的最优值，ν_o^* 表示输出导向 VRS 乘子模型 (模型 (4.8)) 中 ν_o 的最优值，我们可以得到以下规模报酬识别方法。

定理 5.1(Banker et al.，1992)

(i) 如果对于任意可选择的最优解 $\mu_o^* = 0$(或 $\nu_o^* = 0$)，则 DMU_o 是规模报酬不变；

(ii) 如果对于任意可选择的最优解 $\mu_o^* > 0$(或 $\nu_o^* < 0$)，则 DMU_o 是规模报酬递增；

(iii) 如果对于任意可选择的最优解 $\mu_o^* < 0$(或 $\nu_o^* > 0$)，则 DMU_o 是规模报酬递减。

注意到 VRS 前沿可表示 $\sum_{r=1}^{s} \mu_r y_{rj} = \sum_{i=1}^{m} \nu_i x_{ij} - \mu_o$(或 $\sum_{r=1}^{s} \mu_r y_{rj} = \sum_{i=1}^{m} \nu_i x_{ij} + \nu_o$)。如果 y 轴截距是正的，则 $\mu_o^* < 0$(或 $\nu_o^* > 0$)，且规模报酬递减；如果截距为负的，则 $\mu_o^* > 0$(或 $\nu_o^* < 0$)，且规模报酬递增；如果截距为 0，表示 CRS 前沿，则 $\mu_o^* = 0$(或 $\nu_o^* = 0$) 且规模报酬不变，VRS 模型成了 CRS 模型。

然而，有多个与 μ_o^* 和 ν_o^* 相关的最优解，但是在计算上，我们仅得到其中一个解。因此，我们不得不去验证定理 5.1 中提到的所有最优解。

表 5.4 呈现了五个有 2 个投入指标和 1 个产出指标的 VRS 前沿上的 DMU，最后一列表示规模报酬的分类。

表 5.4 决策单元的 RTS 估计

DMU	投入 1(x_1)	投入 2(x_2)	产出 (y)	RTS
1	2	5	2	CRS
2	2	2	1	CRS
3	4	1	1	CRS
4	2	1	0.5	IRS
5	6	5	2.5	DRS

表 5.5 的第二列表示最优的 μ_o^*，μ_o^* 可以取 $[\mu^-, \mu^+]$ 之间的所有最优值。决策单元 1，2，3 的 $\mu_o^* = 0$，因此这三个决策单元是规模报酬不变的。决策单元 4 和 5 的所有 μ_o^* 分别是正的和负的，因此决策单元 4 和决策单元 5 分别是规模报酬递增和规模报酬递减的。

表 5.5 最优的 μ_o^* 值

DMU	$\mu_o^* \in [\mu^-, \mu^+]$
1	[−7,1]
2	[0,1]
3	[−5/3,1]
4	[1/2,1]
5	[−∞，−3/37]

注意到对于决策单元 1，我们可能得到一个最优解 $\mu_o^* = -7$，表示规模报酬是递减的，或者得到一个最优解 $\mu_o^* = 0.5$，表示规模报酬是递增的。显然，对于决策单元 1 来说这两个规模报酬类别都是不正确的。因此，我们不得不去检验所有可能的最优解，或者确定一个解的范围，这可以通过下面的过程实现 (Banker et al.,1996)。

我们将输入导向的 VRS 模型作为一个例子，类似的过程可以通过输出导向的 VRS 模型获得。

我们首先解下面的模型：

$$
\begin{aligned}
\max \quad & \hat{u}_o \\
\text{s.t.} \quad & \sum_{r=1}^{s} u_r y_{rj} - \sum_{i=1}^{m} v_i x_{ij} + \hat{u}_o \leqslant 0 \quad j = 1, \cdots, n; j \neq o, \\
& \sum_{r=1}^{s} u_r \hat{y}_{ro} - \sum_{i=1}^{m} v_i \hat{x}_{io} + \hat{u}_o \leqslant 0 \quad j = o, \\
& \qquad \sum_{i=1}^{m} v_i \hat{x}_{io} = 1 \\
& \sum_{r=1}^{s} u_r \hat{y}_{ro} + \hat{u}_o = 1 \\
& \qquad v_i, u_r \geqslant 0 \quad \text{且} \quad \hat{u}_o \geqslant 0
\end{aligned}
\tag{5.2}
$$

式中，$\hat{x}_{io}$ 和 $\hat{y}_{ro}$ 是从式 (5.1) 中得到的。

式 (5.2) 中的限制条件与式 (4.7)(输入导向的 VRS 乘子模型) 中的形式是一样的，除了附加条件 $\sum_{r=1}^{s} u_r \hat{y}_{ro} - \hat{u}_o = 1$和 $\hat{u}_o \geqslant 0$。这些条件中的第一个有助于确保我们受限于 VRS 有效前沿。

然后我们可以将目标函数从最大化改为最小化

$$
\begin{aligned}
\min \quad & \hat{u}_o \\
\text{s.t.} \quad & \sum_{r=1}^{s} u_r y_{rj} - \sum_{i=1}^{m} v_i x_{ij} + \hat{u}_o \leqslant 0, \quad j = 1, \cdots, n; j \neq o \\
& \sum_{r=1}^{s} u_r \hat{y}_{ro} - \sum_{i=1}^{m} v_i \hat{x}_{io} + \hat{u}_o \leqslant 0 \quad j = o \\
& \qquad \sum_{i=1}^{m} v_i \hat{x}_{io} = 1 \\
& \sum_{r=1}^{s} u_r \hat{y}_{ro} + \hat{u}_o = 1 \\
& \qquad v_i, u_r \geqslant 0 \quad \text{且} \quad \hat{u}_o \geqslant 0
\end{aligned}
\tag{5.3}
$$

模型 (5.2) 和模型 (5.3) 均假定 $\hat{u}_o \geqslant 0$。同样地，假定 $\hat{u}_o \leqslant 0$ 的模型也可以被

计算。

$$
\begin{aligned}
\min\quad & \hat{u}_o \\
\text{s.t.}\quad & \sum_{r=1}^{s} u_r y_{rj} - \sum_{i=1}^{m} v_i x_{ij} + \hat{u}_o \leqslant 0 \quad j = 1, \cdots, n; j \neq o \\
& \sum_{r=1}^{s} u_r \hat{y}_{ro} - \sum_{i=1}^{m} v_i \hat{x}_{io} + \hat{u}_o \leqslant 0, \quad j = o \\
& \qquad \sum_{i=1}^{m} v_i \hat{x}_{io} = 1 \\
& \sum_{r=1}^{s} u_r \hat{y}_{ro} + \hat{u}_o = 1 \\
& \qquad v_i, u_r \geqslant 0 \quad \text{且} \quad \hat{u}_o \leqslant 0
\end{aligned}
\tag{5.4}
$$

$$
\begin{aligned}
\max\quad & \hat{u}_o \\
\text{s.t.}\quad & \sum_{r=1}^{s} u_r y_{rj} - \sum_{i=1}^{m} v_i x_{ij} + \hat{u}_o \leqslant 0, \quad j = 1, \cdots, n; j \neq o \\
& \sum_{r=1}^{s} u_r \hat{y}_{ro} - \sum_{i=1}^{m} v_i \hat{x}_{io} + \hat{u}_o \leqslant 0, \quad j = o \\
& \qquad \sum_{i=1}^{m} v_i \hat{x}_{io} = 1 \\
& \sum_{r=1}^{s} u_r \hat{y}_{ro} + \hat{u}_o = 1 \\
& \qquad v_i, u_r \geqslant 0 \quad \text{且} \quad \hat{u}_o \leqslant 0
\end{aligned}
\tag{5.5}
$$

事实上，仅模型 (5.5) 需要确定 DMU_o 是否为规模报酬不变的或规模报酬递减的，因为条件允许我们确定是否最优值可以达到 $\max \hat{u}_o = 0$。如果 $\hat{u}_o^* = 0$ 可以得到，则定理 5.1 的条件 (i) 是满足的，规模报酬不变。然而，如果 $\max \hat{u}_o = \hat{u}_o^* < 0$，则如定理 5.1 中的条件 (iii) 所示，规模报酬递减。

同样地，仅模型 (5.3) 需要确定 DMU_o 是规模报酬不变还是规模报酬递增。

现在我们使用表 5.1 中的数据给出一个简单的例子，来演示这种方法是如何使用的。由于唯一不在前沿面上的点是 E，这里我们仅考虑在输入导向假设下将决策单元 E 作为评估对象的情形。

(第一步) 将输入导向的 VRS 包络模型 (2.6) 应用到决策单元 E 中;

$$
\begin{aligned}
\min \quad & \theta - \varepsilon(s_1^- + s_1^+) \\
\text{s.t.} \quad & 1\lambda_1 + 2\lambda_2 + 4\lambda_3 + 6\lambda_4 + 5\lambda_5 + s_1^- = 5\theta \\
& 0.5\lambda_1 + 2\lambda_2 + 4\lambda_3 + 5\lambda_4 + \lambda_5 - s_1^+ = 1 \\
& \lambda_1 + \lambda_2 + \lambda_3 + \lambda_4 + \lambda_5 = 1 \\
& \lambda_j \geqslant 0 \quad j = 1, 2, \cdots, 5
\end{aligned}
$$

然后我们有最优解:

$$
\lambda_1^* = 0.6667, \lambda_2^* = 0.3333, \lambda_3^* = \lambda_4^* = \lambda_5^* = 0, \theta^* = 0.2667, s_1^{-*} = s_1^{+*} = 0
$$

(第二步) 将 (5.1) 应用到前面的最优解中:

$$
\begin{cases}
\hat{x}_o = \theta^* x_o - s_1^{-*} = \displaystyle\sum_{j=1}^{n} x_j \lambda_j^* = 1.333 \\
\hat{y}_o = y_o + s_1^{+*} = \displaystyle\sum_{j=1}^{n} y_j \lambda_j^* = 1
\end{cases}
$$

(第三步) 将 (5.3) 用于前面的结果:

$$
\begin{aligned}
\min \quad & \hat{u}_o \\
\text{s.t.} \quad & u \times 0.5 - v \times 1 + \hat{u}_o \leqslant 0 \\
& u \times 2 - v \times 2 + \hat{u}_o \leqslant 0 \\
& u \times 4 - v \times 4 + \hat{u}_o \leqslant 0 \\
& u \times 5 - v \times 6 + \hat{u}_o \leqslant 0 \\
& u \times 1 - v \times 1.333 + \hat{u}_o \leqslant 0 \\
& v \times 1.333 = 1 \\
& u \times 1 + \hat{u}_o = 1 \\
& v, u \geqslant 0 \text{且} \hat{u}_o \geqslant 0
\end{aligned}
$$

解上面的线性规划问题，我们有 $\hat{u}_0^* = 0.4996$。

因为 $\min \hat{u}_0 = \hat{u}_0^* > 0$，我们可以推断出对于所有的可行解，$u_0^* > 0$。根据定理 5.1(ii)，我们可以推断出决策单元 E 满足输入导向的规模报酬递增。

5.4 使用包络模型评估规模报酬

上面的 RTS 方法使用了 VRS 乘子模型。事实上，我们可以使用 CRS 包络模型来估计规模报酬的类别 (Banker，1984)。回想起在第 4 章中，性质 4.1 被用于将

VRS 转换成 CRS 包络模型。还记得限制条件 $\sum \lambda_j = k$ 被作为一个多余项，从 CRS 包络模型中移除。事实上，对于一个最优解来说，$\sum \lambda_j$ 的最优值表示了规模报酬的类别。让 λ_j^* 作为 CRS 包络模型的最优值，我们有：

定理 5.2

(i) 如果对于任意的可行解 $\sum_{j=1}^{n} \lambda_j^* = 1$，则 DMU_o 满足规模报酬不变；

(ii) 如果对于任意的可行解 $\sum_{j=1}^{n} \lambda_j^* < 1$，则 DMU_o 满足规模报酬递增；

(iii) 如果对于任意的可行解 $\sum_{j=1}^{n} \lambda_j^* > 1$，则 DMU_o 满足规模报酬递减。

表 5.6 列出了使用输入导向的 CRS 包络模型计算出的表 5.4 中 5 个决策单元的最优 λ_j^* 的值，我们注意到决策单元 2 有可替代的最优解 λ_j^*，然而，存在一个显示 CRS 的 $\sum_{j=1}^{n} \lambda_j^* = 1$ 的最优解。决策单元 4 的所有最优解中 $\sum_{j=1}^{n} \lambda_j^* < 1$，因此是规模报酬递增的；决策单元 5 的所有解满足 $\sum_{j=1}^{n} \lambda_j^* > 1$，因此是规模报酬递减的。

表 5.6　最优的 λ_j^* 值

DMU	λ_j^*
1	$\lambda_1^* = 1; \sum_{j=1}^{6} \lambda_j^* = 1$
2	解 1：$\lambda_2^* = 1; \sum_{j=1}^{6} \lambda_j^* = 1$
	解 2：$\lambda_1^* = 1/3; \lambda_3^* = 1/3; \sum_{j=1}^{6} \lambda_j^* = 2/3$
3	$\lambda_3^* = 1; \sum_{j=1}^{6} \lambda_j^* = 1$
4	$0 \leqslant \lambda_1^* \leqslant 1/12, \lambda_2^* = 1/4 - 3\lambda_1^*, \lambda_3^* = 1/4 + \lambda_1^*, 5/12 \leqslant \sum_{j=1}^{6} \lambda_j^* \leqslant 1/2$
5	$\lambda_1^* = 35/48 - \lambda_2^*/3, 0 \leqslant \lambda_2^* \leqslant 35/16, \lambda_3^* = 25/24 - \lambda_2^*/3,\ 85/48 \leqslant \sum_{j=1}^{6} \lambda_j^* \leqslant 15/6$

为了检验 λ_j^* 的所有可能最优解，我们可以在模型 (5.2)~(5.4) 中使用一种技巧。也就是，通过使得 DMU_o 投影到 CRS 前沿上，来找到 $\sum_{j=1}^{n} \lambda_j^*$ 的最大值和最小

值。例如，假定输入导向的 CRS 包络模型的最优解已经得到，且 $\sum \lambda_j^* < 1$，然后我们用下面的模型替代输入导向的 CRS 包络模型：

$$
\begin{aligned}
&\max \sum_{j=1}^{n} \hat{\lambda}_j \\
&\text{s.t.} \\
&\sum_{j=1}^{n} \hat{\lambda}_j x_{ij} \leqslant \theta^* x_{io} \quad i = 1, \cdots, m \\
&\sum_{j=1}^{n} \hat{\lambda}_j y_{rj} \geqslant y_{ro} \quad r = 1, \cdots, s \\
&\sum_{j=1}^{n} \hat{\lambda}_j \leqslant 1 \\
&\text{其中} 0 \leqslant \hat{\lambda}_j, \forall j
\end{aligned}
\tag{5.6}
$$

式中，θ^* 是输入导向的 CRS 包络模型得到的 θ 值的最优解。

如果在它的最优解中，模型 (5.6) 得出 $\sum \hat{\lambda}_j^* < 1$，则 DMU_o 是规模报酬递增的；如果得出 $\sum \hat{\lambda}_j^* < 1$，则规模报酬是不变的。

回到表 5.1 中的例子，我们对决策单元分别应用输入导向的 CRS 包络模型 (模型 (4.5))。例如，对于决策单元 E，我们有

$$
\begin{aligned}
\min \quad & \theta \\
\text{s.t.} \quad & 1\lambda_1 + 2\lambda_2 + 4\lambda_3 + 6\lambda_4 + 5\lambda_5 \leqslant 5\theta \\
& 0.5\lambda_1 + 2\lambda_2 + 4\lambda_3 + 5\lambda_4 + \lambda_5 \geqslant 1 \\
& \lambda_j \geqslant 0 \quad j = 1, 2, \cdots, 5
\end{aligned}
$$

我们得到 $\theta^* = 0.2$，因此我们可以将第一个限制条件重新写成

$$1\lambda_1^* + 2\lambda_2^* + 4\lambda_3^* + 6\lambda_4^* + 5\lambda_5^* \leqslant 1$$

则我们有 $\lambda_1^* + \lambda_2^* + \lambda_3^* + \lambda_4^* + \lambda_5^* \leqslant 1\lambda_1^* + 2\lambda_2^* + 4\lambda_3^* + 6\lambda_4^* + 5\lambda_5^* \leqslant 1$。根据定理 5.2(ii)，我们可以推断出决策单元 E 是规模报酬递增的。

5.5 改进的规模报酬估计方法

在真实世界的应用中，多重最优解的检验是一个费力的任务，一般人可能会尝

试在规模报酬方法的应用中使用一组简单的最优解。然而，这可能会给结果带来误差。例如，如果我们对于 DMU_2 得到，$\lambda_1^* = \lambda_3^* = 1/3$，或 $\mu^* = 1$，则 DMU_2 可能被错误地分为规模报酬递增的，因为在其中一个可行解中 $\sum \lambda_j^* < 1$或$\mu^* > 0$。

已经有大量的方法来处理解决 VRS 乘子模型和 CRS 包络模型的多重最优解的问题，下面的定理分别展示了有关包络模型与乘子模型关系的结果 (Seiford and Zhu，1999a)。

定理 5.3

(i) 当且仅当存在一个最优解满足 $\sum_{j=1}^{n} \lambda_j^*=1$ 时，CRS 效率得分等于 VRS 效率得分。如果 CRS 效率得分不等于 VRS 效率得分，则：

(ii) 当且仅当 CRS 包络模型中的所有最优解均满足 $\sum_{j=1}^{n} \lambda_j^* <1$，VRS 的效率得分比 CRS 的效率得分要大。

(iii) 当且仅当 CRS 包络模型的所有最优解都满足 $\sum_{j=1}^{n} \lambda_j^* >1$，VRS 效率得分等于 CRS 的效率得分。

定理 5.4

(i) 当且仅当存在一个最优解使得 $\mu^*=0$(或 $\nu^*=0$) 时，CRS 效率得分等于 VRS 效率得分。若 CRS 效率得分不等于 VRS 效率得分，则：

(ii) 当且仅当 CRS 包络模型中的所有最优解均满足 $\mu^* > 0$(或 $\nu^* < 0$) 时，VRS 的效率得分比 CRS 的效率得分要大。

(iii) 当且仅当 CRS 包络模型中的所有最优解均满足 $\mu^* < 0$(或 $\nu^* > 0$) 时，VRS 的效率得分等于 CRS 的效率得分。

根据定理 5.3 和定理 5.4，我们有：

定理 5.5

(i) 如果 DMU_o 呈现出规模报酬递增，则对于所有的可行解都有 $\sum_{j=1}^{n} \lambda_j^* <1$。

(ii) 如果 DMU_o 呈现出规模报酬递减，则对于所有的可行解都有 $\sum_{j=1}^{n} \lambda_j^* > 1$。

定理 5.5 的意义在于这样一个事实，即从 CRS 包络模型得到的所有可能的最优解 λ_j^* 仅影响那些真正呈现出不变规模报酬的决策单元的规模报酬的评估，而不会影响那些表现出递增或递减的规模报酬的决策单元的评估结果。也就是说，若一个决策单元表现出 IRS(或 DRS)，则 $\sum_{j=1}^{n} \lambda_j^*$ 必须小于 (或大于)1，无论是否存在 λ_j

的可能最优解。

进一步来看，我们可以使用一个简单的方法从而避免检验所有可行最优解。

定理 5.6

(i) 当且仅当 DMU$_o$ 满足 CRS，CRS 效率得分等于 VRS 效率得分。否则，

(ii) 当且仅当 DMU$_o$ 满足 IRS，$\sum_{j=1}^{n}\lambda_j^* < 1$。

(iii) 当且仅当 DMU$_o$ 满足 DRS，$\sum_{j=1}^{n}\lambda_j^* > 1$。

因此，在实际应用中，我们可以用两步得出规模报酬的类别。首先，不管 $\sum_{j=1}^{n}\lambda_j^*$ 的值选择所有有同样的 CRS 和 VRS 效率得分的决策单元。这些决策单元都在 CRS 区域，然后用 $\sum_{j=1}^{n}\lambda_j^*$ 的值(在任意的 CRS 包络模型的结果中) 来确定剩下的决策单元的 RTS。我们观察到，在这个过程中我们可以放心地忽视 λ_j 多个解的情况。

同样地，根据 VRS 乘子模型，我们有

定理 5.7

(i) 当且仅当 DMU$_o$ 满足 CRS，CRS 效率得分等于 VRS 效率得分。否则，

(ii) 当且仅当 DMU$_o$ 满足 IRS，$\mu^* > 0$(或 $\nu^* < 0$)。

(iii) 当且仅当 DMU$_o$ 满足 DRS，$\mu^* < 0$(或 $\nu^* > 0$)。

这里根据定理 5.6，我们利用电子表格来估计 RTS。RTS 表格模型使用了 VRS 和 CRS 包络模型表格。图 5.6 展现了输入导向的 CRS 包络模型表格，其中 CRS 的效率得分和最优的$\sum_{j=1}^{n}\lambda_j^*$ 被分别记录在了 J 列和 K 列。“Input-oriented CRS(RTS)” 按钮是与一个 VBA 程序 “RTS” 相关的。

```
Sub RTS( )
    Dim i As Integer
    For i=1 To 15
'set the value of cell E18 equal to i (1, 2, ···, 15)
    Range("E18")=i
'Run the Solver model.  The UserFinish is set to True
so that
'the Solver Results dialog box will not be shown
```

```
    SolverSolve UserFinish:=True
'Place the efficiency into column J
    Range("J" &i+1)=Range("F19")
'Place the sum of lambdas into column K
    Range("K"&i+1)=Range("B25")
    Next i
End Sub
```

	A	B	C	D	E	F	G	H	I	J	K
1	City	Housing Price	Rental	Bread		Doctors	Income		λ	CRS Effi	Σλ
2	Seattle	586000	581	1.45		4.49	46928		0	1	1
3	Denver	475000	558	0.97		2.79	42879		0	1	1
4	Philadelphia	201000	600	1.5		3.64	43576		0	1	1
5	Minneapolis	299000	609	1.49		2.67	45673		0	0.98238	0.98671
6	Raleigh-Durham	318000	613	0.99		4.94	40990		0.034	1	1
7	St. Louis	265000	558	0.89		3.4	39079		0.694	1	1
8	Cincinnati	467000	580	1.25		2.8	38455		0	0.8077	0.76285
9	Washington	583000	625	1.29		3.35	54291		0.216	1	1
10	Pittsburgh	347000	535	0.99		3.66	34534		0	0.89809	0.79013
11	Dallas–Fort Worth	296000	650	1.5		1.96	41984		0	0.8644	0.93921
12	Atlanta	600000	740	1.19		2.23	43249		0	0.82216	1.00863
13	Baltimore	575000	775	0.99		4.02	43291		0	1	1
14	Boston	351000	888	1.09		5.69	46444		0	1	1
15	Milwaukee	283000	727	1.53		3.11	41841		0	0.81208	1.00503
16	Nashville	431000	695	1.19		3.25	40221		0	0.78108	0.94359
17											
18		Reference		DMU under	15	Efficiency					
19	**Constraints**	set		Evaluation		0.781083					
20	Housing Price	320453.2304	≤	336646.76							
21	Rental	542.8526603	≤	542.85266		Input-oriented					
22	Bread	0.929488728	≤	0.9294887		CRS (RTS)					
23	Doctors	3.25	≥	3.25							
24	Income	40221	≥	40221							
25	Σλ	0.943589442									

图 5.6　输入导向的 RTS 分类表格

为了得出 RTS 的类别，我们还需要计算输入导向的 VRS 包络模型，这可以通过使用图 2.7(第 2 章) 中的电子表格模型来实现。然后我们可以将效率得分复制到 L 列中，如图 5.7 所示。单元格 M2:M16 包含了以定理 5.6 为依据的公式，单元格 M2 中被复制到单元格 M3:M16 的公式是

=IF(J2=L2,“CRS”,IF(AND(J2<>L2,K2<1), “IRS”,IF(AND(J2<>L2,K2>1), “DRS”)))

为了得到输出导向的 RTS 分类，我们使用输出导向的 CRS 包络模型表格。图 5.8 展现了这个电子表格，图 5.9 展现了求解参数。注意到图 5.8 中的表格中使用的域名与图 2.7 中产出导向的 VRS 包络模型表格中使用的是一样的。例如，单元

格 E18 被命名为 “DMU”。单元格 F19 被命名为 “Efficiency”，还有单元格 B25 被命名为 “SumLambda”。按钮 “Output-oriented CRS” 与一个使计算自动化的 VBA 程序 “GeneralRTS” 相联系，并将效率得分和 $\sum_{j=1}^{n}\lambda_j^*$ 分别记录到 K 列和 L 列。

```
Sub GeneralRTS()
Dim NDMUs As Integer, NInputs As Integer, NOutputs As
Integer
    NDMUs = 15
    NInputs = 3
    NOutputs = 2
    Dim i As Integer
    For i=1 To NDMUs
    Range ("DMU") = i
    SolverSolve UserFinish:=True
Range ("A1"). Offset (i, NInputs+NOutputs+4) =
Range ("Efficiency")
Range ("Al"). Offset(i, NInputs+NOutputs+5) =
Range ("SumLambda")
    Next
End Sub
```

M2 =IF(J2=L2,"CRS",IF(AND(J2<>L2,K2<1),"IRS",IF(AND(J2<>L2,K2>1),"DRS")))

	J	K	L	M	N	O	P	Q
1	CRS Efficiency	Σλ	VRS Efficiency	RTS	City			
2	1	1	1	CRS	Seattle			
3	1	1	1	CRS	Denver			
4	1	1	1	CRS	Philadelphia			
5	0.98238243	0.98671	0.988676526	IRS	Minneapolis			
6	1	1	1	CRS	Raleigh-Durham			
7	1	1	1	CRS	St. Louis			
8	0.807701811	0.76285	0.941046259	IRS	Cincinnati			
9	1	1	1	CRS	Washington			
10	0.898092761	0.79013	1	IRS	Pittsburgh			
11	0.864403399	0.93921	0.89150901	IRS	Dallas–Fort Worth			
12	0.822159718	1.00863	0.823844575	DRS	Atlanta			
13	1	1	1	CRS	Baltimore			
14	1	1	1	CRS	Boston			
15	0.812081784	1.00503	0.813881749	DRS	Milwaukee			
16	0.781082965	0.94359	0.801724583	IRS	Nashville			

图 5.7 输入导向的 RTS 分类

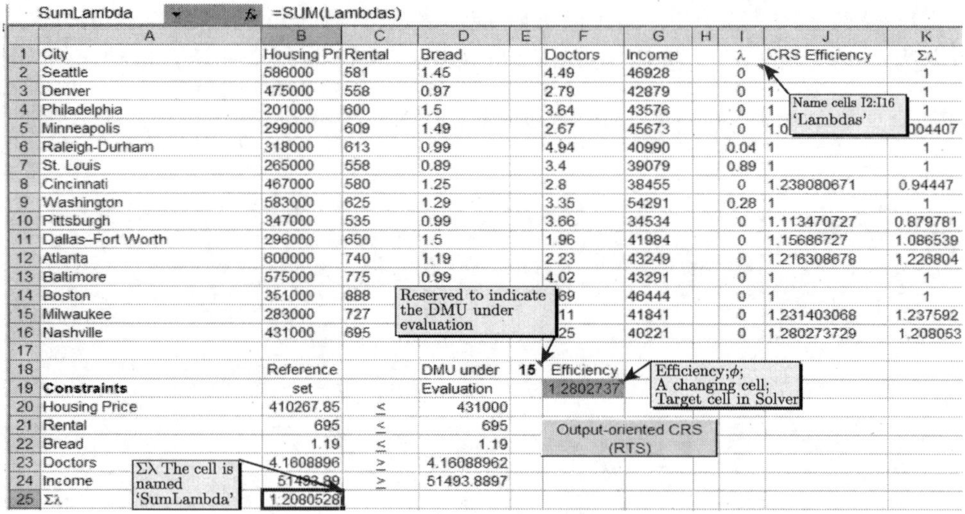

SumLambda　　=SUM(Lambdas)

	A	B	C	D	E	F	G	H	I	J	K
1	City	Housing Pri	Rental	Bread		Doctors	Income		λ	CRS Efficiency	Σλ
2	Seattle	586000	581	1.45		4.49	46928		0		1
3	Denver	475000	558	0.97		2.79	42879		0	1	1
4	Philadelphia	201000	600	1.5		3.64	43576		0	1	1
5	Minneapolis	299000	609	1.49		2.67	45673		0	1.0	004407
6	Raleigh-Durham	318000	613	0.99		4.94	40990		0.04	1	1
7	St. Louis	265000	558	0.89		3.4	39079		0.89	1	1
8	Cincinnati	467000	580	1.25		2.8	38455		0	1.238080671	0.94447
9	Washington	583000	625	1.29		3.35	54291		0.28	1	1
10	Pittsburgh	347000	535	0.99		3.66	34534		0	1.113470727	0.879781
11	Dallas–Fort Worth	296000	650	1.5		1.96	41984		0	1.15686727	1.086539
12	Atlanta	600000	740	1.19		2.23	43249		0	1.216308678	1.226804
13	Baltimore	575000	775	0.99		4.02	43291		0	1	1
14	Boston	351000	888			69	46444		0	1	1
15	Milwaukee	283000	727			11	41841		0	1.231403068	1.237592
16	Nashville	431000	695			25	40221		0	1.280273729	1.208053
17											
18		Reference		DMU under	15	Efficiency					
19	**Constraints**	set		Evaluation		1.2802737					
20	Housing Price	410267.85	≤	431000							
21	Rental	695	≤	695							
22	Bread	1.19	≤	1.19							
23	Doctors	4.1608896	≥	4.16088962							
24	Income	51493.89	≥	51493.8897							
25	Σλ	1.2080528									

图 5.8　输出导向的 RTS 分类表格模型

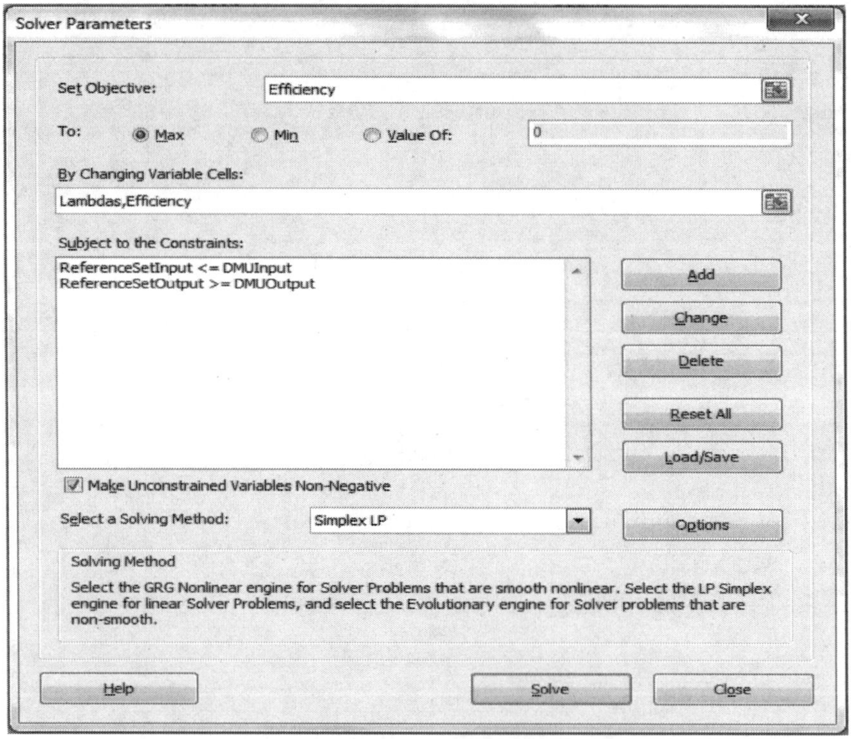

图 5.9　输出导向的 CRS 包络模型的求解参数

注意到我们可以给按钮 “Output-oriented CRS(RTS)” 指定 “RTS”。实际上，当使用域名的时候，域 (“DMU”)、域 (“Efficiency”) 和域 (“SumLambda”) 分别等同于域 (“E18”)、域 (“F19”) 和域 (“B25”)。程序 “GeneralRTS” 可以被应用于有同样域名的其他数集。

利用输出导向的 VRS 效率得分和定理 5.7，我们可以得到如图 5.10 所示的输出导向的 RTS 类别。

根据图 5.7 和图 5.10，我们得到了 RTS 的区域 (看图 5.10 中的 O 栏)(见文件：“RTS spreadsheet.xls”)。

M2　=IF(J2=L2,"CRS",IF(AND(J2<>L2,K2<1),"IRS",IF(AND(J2<>L2,K2>1),"D

	J	K	L	M	N	O
1	CRS Efficiency	Σλ	VRS Efficiency	RTS	City	RTS Region
2	1	1	1	CRS	Seattle	Region II
3	1	1	1	CRS	Denver	Region II
4	1	1	1	IRS	Philadelphia	Region II
5	1.017933515	1.004407	1.014272641	DRS	Minneapolis	Region VI
6	1	1	1	CRS	Raleigh-Durham	Region II
7	1	1	1	CRS	St. Louis	Region II
8	1.238080671	0.94447	1.187919855	IRS	Cincinnati	Region I
9	1	1	1	CRS	Washington	Region II
10	1.113470727	0.879781	1	IRS	Pittsburgh	Region I
11	1.15686727	1.086539	1.101389223	DRS	Dallas--Fort Worth	Region VI
12	1.216308678	1.226804	1.172853708	DRS	Atlanta	Region III
13	1	1	1	CRS	Baltimore	Region II
14	1	1	1	CRS	Boston	Region II
15	1.231403068	1.237592	1.096438387	DRS	Milwaukee	Region III
16	1.280273729	1.208053	1.211222339	DRS	Nashville	Region VI

图 5.10　输出导向的 RTS 分类

5.6　DEA 前沿和 RTS 模型

在改进的 RTS 估计方法中，我们比较了 CRS 和 VRS 效率得分，来验证一个 DMU 是否是规模报酬不变的。事实上，我们可以通过以下模型计算规模效率指数：

$$\text{规模效率} = \frac{\text{CRS效率得分}}{\text{VRS效率得分}}$$

注意到在输入导向 DEA 模型中，CRS 效率得分一定是小于或等于 VRS 效率得分。因此，规模效率在输入导向中一定小于或等于 1。若规模效率 =1，则被评估的 DMU 是规模有效的且表现出规模报酬不变。若规模效率 <1，则决策单元是规模非有效的，且表现出递增或递减的规模报酬。我们可以使用上面的 RTS 方法来识别是 IRS 还是 DRS。然而，实际上我们通过可以比较 DEA 前沿来识别出 RTS 的特征。

回想一下显示 CRS 和 VRS 前沿面的图 5.1，如果我们将 CRS 和 VRS 前沿按一定比例结合，我们可以得到如图 5.11 和图 5.12 所示的非递增的规模报酬 (non-increasing RTS, NIRS) 和非递减的规模报酬 (non-decreasing RTS, NDRS) 前沿。

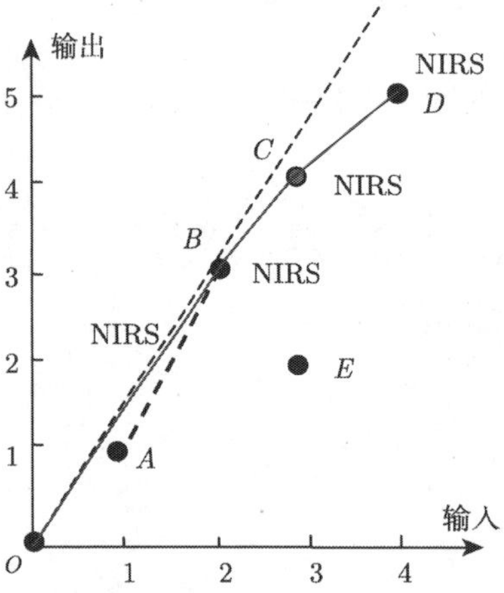

图 5.11　NIRS 前沿

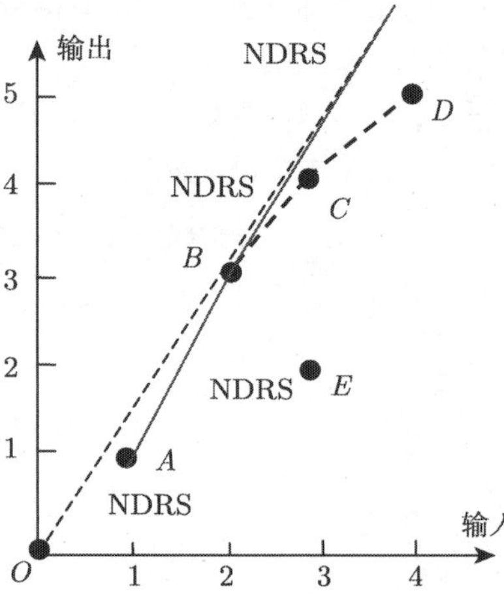

图 5.12　NDRS 前沿

在图 5.11 中，NIRS 前沿由决策单元 B、C、D 和原点组成。在图 5.12 中，NDRS 前沿由决策单元 A、B 和射线 OB 上以 B 开始的部分组成。可以看出如果 NIRS 和 VRS 前沿面相交，则一个 DMU 表现出 DRS，若 NDRS 和 VRS 前沿面相交，则一个 DMU 表现出 IRS。

下面我们依据 NIRS 和 NDRS 前沿需要构建两个 DEA 模型。实际上，VRS 包络模型中有关 $\sum_{j=1}^{n}\lambda_j$ 的限制决定了一个有效前沿的 RTS 类型。

如果我们用 $\sum_{j=1}^{n}\lambda_j \leqslant 1$ 代替 $\sum_{j=1}^{n}\lambda_j=1$，则我们得到一个非递增的 RTS(NIRS) 包络模型。如果我们用 $\sum_{j=1}^{n}\lambda_j \geqslant 1$ 代替 $\sum_{j=1}^{n}\lambda_j=1$，则我们得到一个非递减的 RTS(NDRS) 包络模型。

表 5.7 总结了有关方向和前沿类型的包络模型，最后一行呈现了 DMU_o 的有效目标 (DEA 投影)。

相关的对偶模型或乘子模型如表 5.8 所示。

表 5.7 包络模型

前沿类型	输入导向	输出导向
CRS	$\min \theta - \varepsilon\left(\sum_{i=1}^{m} s_i^- + \sum_{r=1}^{s} s_r^+\right)$ s.t. $\sum_{j=1}^{n} \lambda_j x_{ij} + s_i^- = \theta x_{io} \quad i=1,2,\cdots,m$ $\sum_{j=1}^{n} \lambda_j y_{rj} - s_r^+ = y_{ro} \quad r=1,2,\cdots,s$ $\lambda_j \geqslant 0 \quad j=1,2,\cdots,n$	$\max \phi + \varepsilon\left(\sum_{i=1}^{m} s_i^- + \sum_{r=1}^{s} s_r^+\right)$ s.t. $\sum_{j=1}^{n} \lambda_j x_{ij} + s_i^- = x_{io} \quad i=1,2,\cdots,m$ $\sum_{j=1}^{n} \lambda_j y_{rj} - s_r^+ = \phi y_{ro} \quad r=1,2,\cdots,s$ $\lambda_j \geqslant 0 \quad j=1,2,\cdots,n$
VRS	加入条件 $\sum_{j=1}^{n} \lambda_j = 1$	
NIRS	加入条件 $\sum_{j=1}^{n} \lambda_j \leqslant 1$	
NDRS	加入条件 $\sum_{j=1}^{n} \lambda_j \geqslant 1$	
效率目标	$\begin{cases} \hat{x}_{io} = \theta^* x_{io} - s_i^{-*} & i=1,2,\cdots,m \\ \hat{y}_{ro} = y_{ro} + s_r^{+*} & r=1,2,\cdots,s \end{cases}$	$\begin{cases} \hat{x}_{io} = x_{io} - s_i^{-*} & i=1,2,\cdots,m \\ \hat{y}_{ro} = \phi^* y_{ro} + s_r^{+*} & r=1,2,\cdots,s \end{cases}$

表 5.8 乘子模型

前沿类型	输入导向	输出导向
	max $\sum_{r=1}^{s} \mu_r y_{ro} + \mu$ s.t $\sum_{r-1}^{s} \mu_r y_{rj} - \sum_{i-1}^{m} \nu_i x_{ij} + \mu \leqslant 0$ $\sum_{i=1}^{m} \nu_i x_{io} = 1$ $\mu_r, \nu_i \geqslant 0(\varepsilon)$	min $\sum_{i=1}^{m} \nu_i x_{io} + \nu$ s.t $\sum_{i-1}^{m} \nu_i x_{ij} - \sum_{r-1}^{s} \mu_r y_{rj} + \nu \geqslant 0$ $\sum_{r=1}^{s} \mu_r y_{ro} = 1$ $\mu_r, \nu_i \geqslant 0(\varepsilon)$
CRS	$\mu = 0$	$\nu = 0$
VRS	μ 符号任意	ν 符号任意
NIRS	$\mu \leqslant 0$	$\nu \geqslant 0$
NDRS	$\mu \geqslant 0$	$\nu \leqslant 0$

下面我们用这四种前沿来展现 RTS 方法 (Färe et al.,1985)。对于输入导向模型，我们已经知道规模效率等于 1 表示所评估的 DMU 是规模报酬不变的，下面我们考虑规模效率小于 1 的情形。

通过比较 VRS 和 NIRS 前沿，我们知道如果 VRS 效率得分等于 NIRS 效率得分，DMU 就表现出 DRS。否则，若不相等则 DMU 表现出 IRS。实际上，在这种情形下，CRS 效率得分等于 NIRS 效率得分，且 NIRS 效率得分小于 VRS 效率得分。

同样地，我们可以比较 VRS 和 NDRS 前沿。如果 VRS 效率得分等于 NDRS 效率得分，DMU 就表现出 IRS。否则，若不相等则 DMU 表现出 DRS。实际上，在这种情形下，CRS 效率得分等于 NDRS 效率得分，且 NDRS 效率得分小于 VRS 效率得分。

我们将 θ 前沿记为与特定 DEA 前沿相关的效率得分。例如，θ^{VRS} 代表输入导向的 VRS 包络模型的效率得分。

上面的讨论可被总结成:

定理 5.8

(i) 当且仅当 DMU_o 是规模报酬不变的，$\theta^{\text{CRS}} = \theta^{\text{VRS}}$。否则，

(ii) 当且仅当 DMU_o 是规模报酬递增的，$\theta^{\text{VRS}} = \theta^{\text{NDRS}}$；

(iii) 当且仅当 DMU_o 是规模报酬递减的，$\theta^{\text{VRS}} \neq \theta^{\text{NDRS}}$；

(iv) 当且仅当 DMU_o 是规模报酬递增的，$\theta^{\text{VRS}} \neq \theta^{\text{DIRS}}$；

(v) 当且仅当 DMU_o 是规模报酬递减的，$\theta^{\text{VRS}} = \theta^{\text{DIRS}}$。

注意到在上面的讨论中，仅使用了 DEA 包络模型的最优值。因此，上面的方法不会受到多重最优解存在的可能性影响。因为乘子模型是包络模型的另一种形式，结果对于乘子模型也适用。

上面的结果对于输出导向的模型也适用，读者可以通过模型计算 DEA 模型的四种形式来证实这个结果。对于图 2.7 中的电子表格，如果我们选择$B$25=$D$25，并点击图 2.14 中的替换按钮，用$B$25<=$D$25 (或$B$25>=$D$25) 替换$B$25=$D$25，我们得到输入导向的 NIRS(或 NDRS) 包络模型。我们可以用现有的 VBA 程序，见第 2 章中的 Excel 文件："envelopment spreadsheet.xls"。

表 5.9 展示了 15 个最富有城市的效率得分，第二列展示了规模报酬的类别。可以看出定理 5.8 是正确的，还可以看出在本章讨论的 RTS 法是等价的。

表 5.9　最富有城市的 DEA 得分

城市	RTS 类别	CRS	VRS	NIRS	NDRS
Seattle	CRS	1	1	1	1
Denver	CRS	1	1	1	1
Philadelphia	CRS	1	1	1	1
Minneapolis	IRS	0.982 38	0.988 68	0.982 38	0.988 68
Raleigh-Durham	CRS	1	1	1	1
St. Louis	CRS	1	1	1	1

续表

城市	RTS 类别	CRS	VRS	NIRS	NDRS
Cincinnati	IRS	0.807 70	0.941 05	0.807 70	0.941 05
Washington	CRS	1	1	1	1
Pittsburgh	IRS	0.898 09	1	0.898 09	1
Dallas–Fort Worth	IRS	0.864 40	0.891 51	0.864 40	0.891 51
Atlanta	DRS	0.822 16	0.823 85	0.823 85	0.822 16
Baltimore	CRS	1	1	1	1
Boston	CRS	1	1	1	1
Milwaukee	DRS	0.812 08	0.813 88	0.813 882	0.812 082
Nashville	IRS	0.781 08	0.801 72	0.781 083	0.801 725

练　习

1. 为了研究肥料的使用和水果的收成之间的关系，进行了一组实验并得到了下面的数据。

实验序数	1	2	3	4	5	6	7	8
使用的肥料	5	10	15	20	25	30	35	40
收获的水果	4	4	6.67	10	12.5	13.33	14	14

(1) 用投入–产出图描述这个实验。

(2) 指出哪些组实验是规模报酬不变、规模报酬递增和规模报酬递减的。

(3) 根据你的直觉判断哪组实验的规模效率最高。

(4) 在图中分别找出 CRS，VRS，DRS，IRS，NIRS 和 NDRS 前沿面。

(5) 在图中标出 VRS 区域。

2. 一个商学院有 6 个系 (管理科学、会计、金融、公共管理、组织行为、市场营销)。为了评估这些系的学术成果，我们用两个投入变量 (① 全体教员和博士生数量；② 可支配资金) 和一个产出变量 (发表数量)。数据如下表所示：

系	投入		产出
	全体教员和博士生数量	资金	发表数量
管理科学系	75	10	275
会计系	65	12	196
金融系	120	15	345
公共管理系	70	12	225
组织行为系	136	21	320
市场营销系	96	14	260

(1) 运行输入导向的 VRS 包络模型来确定所有系的 RTS 类别。

(2) 运行输入导向的 VRS 乘子模型来确定所有系的 RTS 类别。

(3) 哪一个系表现出不变的规模报酬?

(4) 哪一个系的规模效率最高?

(5) 一些人认为有最高的 CCR 效率得分的决策单元有最高的规模效率，应该被排在效率最高的位置，分析这个说法是否正确，并解释为什么。

3. 完成下面的问题:

(1) 根据输出导向的 VRS 包络模型，给出 RTS 的识别方法。

(2) 根据输出导向的 VRS 乘子模型，给出 RTS 的识别方法。

4. 再一次回到本章的问题 2:

(1) 使用输出导向的包络模型确定所有系的 RTS 类别。

(2) 使用输出导向的乘子模型确定所有系的 RTS 类别。

第 6 章　特殊情形下的 DEA 模型

6.1 引　　言

本章我们介绍几种 DEA 模型，用于解决具有特殊性质的投入和产出。例如，一些投入可能是不可任意支配的，它们在决策单元的管理活动中无法被控制；一些产出可能是非期望的产出，如生产过程中产生的废物。

6.2 特定的 DEA 测量模型

在高速公路养护队的例子中，我们注意到一些影响投入和产出的因素具有非随意性 (Banker et al.，1986)。例如：在高速公路维护队员的眼里，气候因素和服务的平均车流量是不可控制的因素。在先前介绍的 DEA 模型中，所有的投入和产出被假定为任意可支配的，也就是说，所有的投入 (或者是产出) 是可以同比例改变的。然而，对于不可控变量，我们不能这么做，因为它们不是决策单元所能决定的，并且不受决策单元的直接影响。

存在这样的一种令人感兴趣的情况，即当投入 (或者产出) 集合中仅一部分的子集发生变动时，其对效率会产生何种影响。因此，我们需要一种新的 DEA 模型来反映如下的情况：

(1) 在保证其余的投入和所有产出保持现有水平的同时，让某一投入子集同比例减少。

(2) 在保证其余的产出和所有投入保持现有水平的同时，让某一产出子集同比例增加。

我们首先来看一下处理不可控变量的几何意义。考虑这样的一种情况：如图 6.1 所示，我们有两个投入变量，其中一个是不受决策单元控制的。如果 x_1 是不可控变量 (或者我们仅仅对变量 x_2 感兴趣)，那么，决策单元 D 仅需要减少投入 $2(x_2)$ 的数量就可以达到有效前沿面上的 A 点。

如果 x_2 是不可控变量 (或者我们仅仅对变量 x_1 感兴趣)，那么，决策单元 D 仅需要通过减少投入 $1(x_1)$ 的数量就可以达到有效前沿面上的 B 点。

回忆原始的 DEA 模型，它会通过同时减少两个投入的数量进而达到有效前沿面上的 C 点。

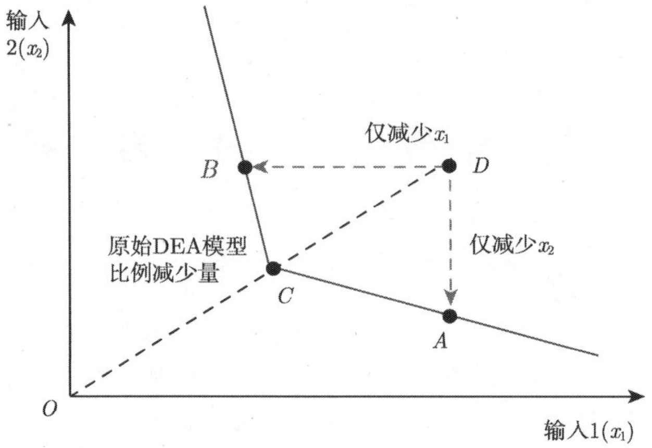

图 6.1　非随意变动的投入变量

接下来，让我们来调整 CRS 模型以刻画如下情形：对于输入导向模型，仅减少一个输入子集；对于输出导向模型，仅增加一个输出子集。考虑如下模型：

$$
\begin{aligned}
&\min \theta - \varepsilon\left(\sum_{i=1}^{m} s_i^- + \sum_{r=1}^{s} s_r^+\right) \\
&\text{s.t.} \\
&\sum_{j=1}^{n} \lambda_j x_{ij} + s_i^- = \theta x_{io} && i \in I \\
&\sum_{j=1}^{n} \lambda_j x_{ij} + s_i^- = x_{io} && i \notin I \\
&\sum_{j=1}^{n} \lambda_j y_{rj} - s_r^+ = y_{ro} && r = 1, 2, \cdots, s \\
&\lambda_j \geqslant 0 && j = 1, 2, \cdots, n
\end{aligned}
\tag{6.1}
$$

这个模型中有 m 种投入，其中，$I \subseteq \{1, 2, \cdots, m\}$ 代表将要减少的输入指标。除了 θ 仅与集合 I 的子集相乘以外，这个模型和输入导向的 CRS 模型没有区别。第一个输入约束是针对可控的输入指标，第二个约束没有 θ，它是针对不可控的输入指标。

就像在第 3 章所讨论的 CRS 包络模型那样，这个模型可以分两步解决。首先，求出效率值 θ—— 注意到 θ 的值仅由输入集合的子集决定，也就是要解下面的模型 (6.2)：

$$
\begin{aligned}
&\min \theta \\
&\text{s.t.} \\
&\sum_{j=1}^{n} \lambda_j x_{ij} \leqslant \theta x_{io} \quad && i \in I \\
&\sum_{j=1}^{n} \lambda_j x_{ij} \leqslant x_{io} \quad && i \notin I \\
&\sum_{j=1}^{n} \lambda_j y_{rj} \geqslant y_{ro} \quad && r = 1, 2, \cdots, s \\
&\lambda_j \geqslant 0 \quad && j = 1, 2, \cdots, n
\end{aligned}
\tag{6.2}
$$

然后，保持所得到的最优值 θ^* 不变，根据模型 (6.3) 求出松弛变量：

$$
\begin{aligned}
&\max \sum_{i=1}^{m} s_i^- + \sum_{r=1}^{s} s_r^+ \\
&\text{s.t.} \\
&\sum_{j=1}^{n} \lambda_j x_{ij} + s_i^- = \theta^* x_{io} \quad && i \in I \\
&\sum_{j=1}^{n} \lambda_j x_{ij} + s_i^- = x_{io} \quad && i \notin I \\
&\sum_{j=1}^{n} \lambda_j y_{rj} - s_r^+ = y_{ro} \quad && r = 1, 2, \cdots, s \\
&\lambda_j \geqslant 0 \quad && j = 1, 2, \cdots, n
\end{aligned}
\tag{6.3}
$$

一旦我们解决了两阶段模型的问题，我们可以得到一个在有效前沿面上的 DEA 投影目标：

$$
\begin{cases}
\widehat{x}_{io} = \theta^* x_{io} - s_i^{-*} & i \in I \\
\widehat{x}_{io} = x_{io} - s_i^{-*} & i \notin I \\
\widehat{y}_{ro} = y_{ro} + s_i^{+*} & r = 1, 2, \cdots, s
\end{cases}
$$

相似地，我们也可以调整输出导向的 CRS 模型来解决存在输出指标是不可控情形，或者用来解决我们仅仅对部分输出指标感兴趣的情形。图 6.2 画出了有两个输出指标的产出前沿面。

如图 6.2 所示，我们考虑如下情况，这里有两个产出，其中一个是可控制的，另一个是不可控制的。如果 y_1 是不可控的 (或者如果我们仅仅对 y_2 感兴趣)，那么决策单元 D 将仅仅增加它产出 $2(y_2)$ 的产量进而达到产出前沿面上的 A 点。如

果 y_2 是不可控的 (或者如果我们仅仅对 y_1 感兴趣)，那么，决策单元 D 将仅仅增加产出 $1(y_1)$ 的产量进而达到产出前沿面上的 C 点。

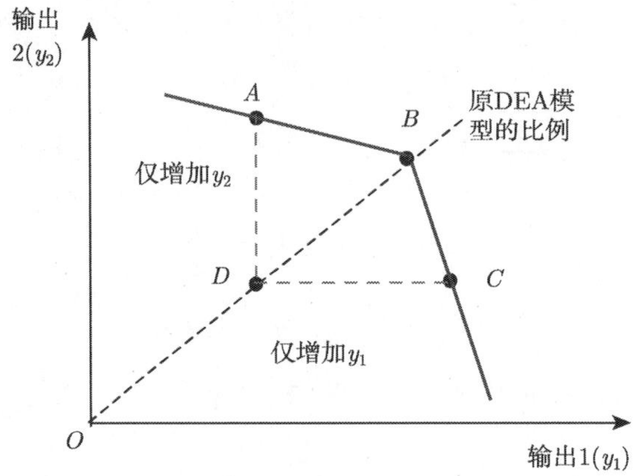

图 6.2 非随意变动的产出变量

传统的 CCR 模型中，两个产出需要同比例的增加才能到达产出前沿面上的点，见图 6.2 中的 B 点。

现在，以 $O \subseteq \{1,2,\cdots,s\}$ 来表示我们感兴趣的特定输出子集。下面这个模型是输出导向的 CRS 模型，用来解决非可控产出情形。也即仅部分产出子集的产出数量可以允许增加。

$$
\begin{aligned}
&\max \phi + \varepsilon\left(\sum_{i=1}^{m} s_i^- + \sum_{r=1}^{s} s_r^+\right) \\
&\text{s.t.} \\
&\sum_{j=1}^{n} \lambda_j x_{ij} + s_i^- = x_{io} \qquad i = 1,2,\cdots,m \\
&\sum_{j=1}^{n} \lambda_j y_{rj} - s_r^+ = \phi y_{ro} \qquad r \in O \\
&\sum_{j=1}^{n} \lambda_j y_{rj} - s_r^+ = y_{ro} \qquad r \notin O \\
&\lambda_j \geqslant 0 \qquad j = 1,2,\cdots,n
\end{aligned} \tag{6.4}
$$

除了 ϕ 只是和输出子集相乘以外，这个模型和输入导向的 CRS 包络模型是一样的。这个模型同样也是通过一个两阶段的过程求解：

第一阶段	第二阶段
$\max \phi$	$\max \sum_{i=1}^{m} s_i^- + \sum_{r=1}^{s} s_r^+$
s.t.	s.t.
$\sum_{j=1}^{n} \lambda_j x_{ij} \leqslant x_{io} \quad i=1,2,\cdots,m$	$\sum_{j=1}^{n} \lambda_j x_{ij} + s_i^- = x_{io} \quad i=1,2,\cdots,m$
$\sum_{j=1}^{n} \lambda_j y_{rj} \geqslant \phi y_{ro} \quad r \in O$	$\sum_{j=1}^{n} \lambda_j y_{rj} - s_r^+ = \phi^* y_{ro} \quad r \in O$
$\sum_{j=1}^{n} \lambda_j y_{rj} \geqslant y_{ro} \quad r \notin O$	$\sum_{j=1}^{n} \lambda_j y_{rj} - s_r^+ = y_{ro} \quad r \notin O$
$\lambda_j \geqslant 0 \quad j=1,2,\cdots,n$	$\lambda_j \geqslant 0 \quad j=1,2,\cdots,n$

当我们对 $\sum_{j=1}^{n} \lambda_j$ 添加约束时，我们可以获得其他的一些特定的测定效率的包络模型，详见表 6.1。

表 6.1 模型

前沿类型	输入导向	输出导向
CRS	$\min \theta - \varepsilon\left(\sum_{i=1}^{m} s_i^- + \sum_{r=1}^{s} s_r^+\right)$ s.t. $\sum_{j=1}^{n} \lambda_j x_{ij} + s_i^- = \theta x_{io} \quad i \in I$ $\sum_{j=1}^{n} \lambda_j x_{ij} + s_i^- = x_{io} \quad i \notin I$ $\sum_{j=1}^{n} \lambda_j y_{rj} - s_r^+ = y_{ro} \quad r=1,2,\cdots,s$ $\lambda_j \geqslant 0 \quad j=1,2,\cdots,n$	$\max \phi + \varepsilon\left(\sum_{i=1}^{m} s_i^- + \sum_{r=1}^{s} s_r^+\right)$ s.t. $\sum_{j=1}^{n} \lambda_j x_{ij} + s_i^- = x_{io} \quad i=1,2,\cdots,m$ $\sum_{j=1}^{n} \lambda_j y_{rj} - s_r^+ = \phi y_{ro} \quad r \in O$ $\sum_{j=1}^{n} \lambda_j y_{rj} - s_r^+ = y_{ro} \quad r \notin O$ $\lambda_j \geqslant 0 \quad j=1,2,\cdots,n$
VRS	增加约束 $\sum_{j=1}^{n} \lambda_j = 1$	
NIRS	增加约束 $\sum_{j=1}^{n} \lambda_j \leqslant 1$	
NDRS	增加约束 $\sum_{j=1}^{n} \lambda_j \geqslant 1$	
效率目标	$\begin{cases} \hat{x}_{io} = \theta^* x_{io} - s_i^{-*} & i \in I \\ \hat{x}_{io} = x_{io} - s_i^{-*} & i \notin I \\ \hat{y}_{ro} = y_{ro} + s_r^{+*} & r=1,2,\cdots,s \end{cases}$	$\begin{cases} \hat{x}_{io} = x_{io} - s_i^{-*} & i=1,2,\cdots,m \\ \hat{y}_{ro} = \phi^* y_{ro} + s_r^{+*} & r \in O \\ \hat{y}_{ro} = y_{ro} + s_r^{+*} & r \notin O \end{cases}$

值得注意的是，这些特定的度量模型与包络模型有着紧密的联系。因此，对包络模型的电子数据表进行适当的调整即可以得到这些模型的电子数据表。

图 6.3 显示的是一个输入导向的 VRS 特定度量电子数据表模型，其中决策者只对房价这一输入指标感兴趣。我们仅仅需要改变输入导向 VRS 包络电子数据表模型中单元格 D21:D22(它们代表待评估中的 Rental 和 Bread) 的公式，这个公式可以在图 2.7 中看到：

Cell D21=INDEX (C2:C16, E18, 1)

Cell D22=INDEX (C2:C16, E18, 1)

如图 2.14 所示，Solver 参数保持不变。所有为包络模型开发的 VBA 程序都可以使用。在图 2.8 中，VBA 程序“DEA1”被分配到“Measure-specific”按钮上 (图 6.3 中，即点击此按钮可以调用第 2 章录入的“DEA1”宏代码)。

	A	B	C	D	E	F	G	H	I	J
1	City	Housing Price	Rental	Bread		Doctors	Income		λ	Efficiency
2	Seattle	586000	581	1.45		4.49	46928		0	1
3	Denver	475000	558	0.97		2.79	42879		0	1
4	Philadelphia	201000	600	1.5		3.64	43576		0.492	1
5	Minneapolis	299000	609	1.49		2.67	45673		0	0.922274
6	Raleigh-Durham	318000	613	0.99		4.94	40990		0	1
7	St. Louis	265000	558	0.89		3.4	39079		0.508	1
8	Cincinnati	467000	580	1.25		2.8	38455		0	0.495666
9	Washington	583000	625	1.29		3.35	54291		0	1
10	Pittsburgh	347000	535	0.99		3.66	34534		0	1
11	Dallas–Fort Worth	296000	650	1.5		1.96	41984		0	0.679054
12	Atlanta	600000	740	1.19		2.23	43249		0	0.448487
13	Baltimore	575000	775	0.99		4.02	43291		0	1
14	Boston	351000	888	1.09		5.69	46444		0	1
15	Milwaukee	283000	727	1.53		3.11	41841		0	0.710247
16	Nashville	431000	695	1.19		3.25	40221		0	0.54182
17										
18		Reference		DMU under	15	Efficiency				
19	**Constraints**	set		Evaluation		0.5418204				
20	Housing Price	233524.5902	≤	233524.59						
21	Rental	578.6557377	≤	695						
22	Bread	1.19	≤	1.19				Measure-Specific		
23	Doctors	3.518032787	≥	3.25						
24	Income	41290.63934	≥	40221						
25	Σλ	1	=	1						

图 6.3　输入导向的 VRS 模型数据表

如果我们对图 2.30 中所示的第二阶段松弛的数据表模型作相同的公式变换，以及使用与图 2.31 所示的相同的 Solver 参数和较大的 DEA 松弛，那么，在我们获得效率值之后，就可以优化图 6.3 所示模型的松弛。结果如图 6.4 所示。

	E	F	G	H	I	J	K	L	M	N	O	P
1		Doctors	Income		λ	Efficiency		Housing Price	Rental	Bread	Doctors	Income
2		4.49	46928		0	1		0	0	0	0	0
3		2.79	42879		0	1		0	0	0	0	0
4		3.64	43576		0.4918	1		5.37301E-09	0	1.255E-16	0	0
5		2.67	45673		0	0.922274		-1.45737E-10	4.1073	0.0310985	0.913244984	0
6		4.94	40990		0	1		9.11745E-11	0	0	0	0
7		3.4	39079		0.5082	1		4.46794E-14	0	0	0	0
8		2.8	38455		0	0.495666		1.19815E-10	0	0.0404762	0.725714286	2979.57
9		3.35	54291		0	1		-1.27352E-09	0	5.333E-15	7.26852E-17	0
10		3.66	34534		0	1		1.36623E-10	0	2.039E-16	0	3.4E-12
11		1.96	41984		0	0.679054		1.93623E-13	50	6.661E-16	1.68	1592
12		2.23	43249		0	0.448487		1.8966E-11	56.212	0	2.02319808	0
13		4.02	43291		0	1		-2.2919E-09	-4E-13	0	0	0
14		5.69	46444		0	1		0	4E-15	0	-2.66454E-15	0
15		3.11	41841		0	0.710247		8.34888E-14	127	0.03	0.53	1735
16		3.25	40221		0	0.54182		7.10543E-15	116.34	0	0.268032787	1069.64
17												
18	15											
19		**Slack**										
20		7.105E-15										
21		116.34426										
22		0		Slack								
23		0.2680328										
24		1069.6393										
25		1186.2516										

图 6.4 输入导向的 VRS 模型的两阶段松弛

6.3 负 数 指 标

迄今为止，我们假定所有的输入和输出要么为正，要么为零。然而，存在着这种情况：一些输入和 (或) 输出是负的。例如：当一家公司正面临着亏损，它的利润值是负的。相似地，一些股票收益也可能是负的。通过规模报酬可变的模型的等价转换 (Ali and Seiford, 1990)，这种情况可以得到很好的解决。

假设 x_{ij} 和 y_{rj} 分别位移 $\beta_i \geqslant 0$ 和 $\pi_r \geqslant 0$，则会得到一个新的数值集合，分别以 $\hat{x}_{ij}$ 和 $\hat{y}_{rj}$ 代替 x_{ij} 和 y_{rj}。

$$\begin{cases} \hat{x}_{ij} = x_{ij} + \beta_i \\ \hat{y}_{rj} = y_{rj} + \pi_r \end{cases} \tag{6.5}$$

将新的输入和输出集应用到输入导向的 VRS 包络模型中：

$$\theta^* = \min \theta$$

s.t.

$$\sum_{j=1}^{n} \lambda_j (x_{ij} + \beta_i) \leqslant \theta (x_{io} + \beta_i) \quad i = 1, 2, \cdots, m$$

$$\sum_{j=1}^{n} \lambda_j (y_{rj} + \pi_r) \geqslant y_{ro} + \pi_r \quad r = 1, 2, \cdots, s$$

$$\sum_{j=1}^{n}\lambda_j = 1 \tag{6.6}$$
$$\lambda_j \geqslant 0 \quad j=1,2,\cdots,n$$

它等价于

$$\begin{aligned}
&\theta^* = \min\theta \\
&\text{s.t.} \\
&\sum_{j=1}^{n}\lambda_j x_{ij} + \beta_i\sum_{j=1}^{n}\lambda_j \leqslant \theta x_{io} + \theta\beta_i \quad i=1,2,\cdots,m \\
&\sum_{j=1}^{n}\lambda_j y_{rj} + \pi_r\sum_{j=1}^{n}\lambda_j \geqslant y_{ro} + \pi_r \quad r=1,2,\cdots,s \\
&\sum_{j=1}^{n}\lambda_j = 1 \\
&\lambda_j \geqslant 0 \quad j=1,2,\cdots,n
\end{aligned} \tag{6.7}$$

注意到 VRS 包络模型中 $\sum_{j=1}^{n}\lambda_j = 1$。因此，式 (6.7) 等价于

$$\begin{aligned}
&\theta^* = \min\theta \\
&\text{s.t.} \\
&\sum_{j=1}^{n}\lambda_j x_{ij} \leqslant \theta x_{io} + \theta\beta_i - \beta \quad i=1,2,\cdots,m \\
&\sum_{j=1}^{n}\lambda_j y_{rj} \geqslant y_{ro} \quad r=1,2,\cdots,s \\
&\sum_{j=1}^{n}\lambda_j = 1 \\
&\lambda_j \geqslant 0 \quad j=1,2,\cdots,n
\end{aligned} \tag{6.8}$$

回想一下，效率前沿面是由 $\theta^* = 1$ 的决策单元决定的。当 $\theta^* = 1$ 时，模型 (6.8) 与原始投入产出数据下的输入导向 VRS 包络模型是一样的。当模型是输出导向 VRS 模型时，也能得到相同的结论。这表明，当 x_{ij} 和 y_{rj} 分别被 $\hat{x}_{ij}$ 和 $\hat{y}_{rj}$ 替代时，VRS 的有效前沿面是不变的。因此，VRS 模型可以解决负面数据的问题。

通过比较模型 (6.6) 和 (6.8)，可以发现，当产出发生变化时，输入导向 VRS 模型的最优解是不变的。相似地，我们可以证明，当输入发生变化时，输出导向 VRS 模型的最优解也是不变的。因此，如果我们的输入数据有负数的话，输出导向 VRS

模型是更好的选择；如果我们的输出数据有负数的话，输入导向 VRS 模型是更好的选择；如果我们的输入和输出数据都有负数的话，我们可以选择这两种模型中的任意一种。值得强调的是，尽管当负数存在时，VRS 有效前沿面不发生变化，但这并不意味着效率值是不变的。

考虑表 6.2 给出的例子，例子中有 10 个决策单元①。其中，x_1 和 x_2 是投入指标，y_1, y_2, y_3 是产出指标。

注意到，一些返回值是负的。在表格中，y_1, y_2, y_3 分别位移 3.7%, 2 和 26%，因此所有决策单元的输出值都是正的。这种数值转化可以是随意的，只要将负的数值转化为正的数值。

表 6.2 负数数据例子

DMU	原始数据					转化后数据 $\hat{y}_r = y_{rj} + \pi_r$		
	x_1=标准偏差/%	x_2=负数的比例/%	y_1=平均返回值/%	y_2=偏度	y_3=最小返回值/%	$\hat{y}_1$ $\pi_1=3.7/\%$	$\hat{y}_2$ $\pi_2=2/\%$	$\hat{y}_3$ $\pi_3=26/\%$
1	6.80	58.30	0.10	1.13	−8.10	3.80	3.13	17.90
2	4.00	41.70	0.70	0.61	−7.9	4.40	2.61	18.10
3	3.40	37.50	0.90	0.58	−4.00	4.60	2.58	22.00
4	5.00	50.00	0.60	1.7	−5.60	4.30	3.7	20.40
5	4.70	37.50	1.10	0.28	−8.20	4.80	2.28	17.80
6	3.80	50.00	−0.10	0.08	−6.30	3.60	2.08	19.70
7	11.20	45.80	3.20	0.39	−17.10	6.90	2.39	8.90
8	12.80	58.30	−1.00	0.46	−25.70	2.70	2.46	0.30
9	8.40	52.20	−1.20	−0.26	−17.10	2.50	1.74	8.90
10	5.00	54.50	0.40	1.1	−6.70	4.10	3.1	19.30
11	8.60	25.00	−3.60	−1.98	−16.50	0.10	0.02	9.50

因为当前负值仅出现在产出指标中，因此，我们选择输入导向 VRS 模型。当 DMU_1 被评估时，我们可以得到 $\theta^* = 0.61$，意味着该 DMU 是无效率的。此时 $\lambda_3^* = 0.854$，$\lambda_{11}^* = 0.146$，意味着 DMU_3，DMU_{11} 是这次评估的基准。

6.4 非期望因素

期望 (好的)、非期望 (坏的) 的产出和投入都是可能存在的。例如：次品的数量是一个非期望产出。人们往往希望通过减少次品的数量来提高生产效率。如果无效性发生于这样的一个生产过程中：最终产品的生产伴随着废物和污染物的产生，废物和污染物的产生是非期望的，那么应该减少它们以提高生产效率。

① 这些决策单元指的是商品交易顾问 (CTA)，引自“Wilkem K, Zhu J. Portfolio evaluation and benchmark selection: A mathematical programming approach. Journal of Alternative Investments, 2001, 4(1): 9–19”.

注意到在传统的 DEA 模型中，如 VRS 包络模型，它假定为了提高决策单元的效率或者达到最佳的生产前沿面，则产出应该增加，投入应该减少。如果我们把非期望产出当作投入来对待，以便于使坏的产出减少，那么这个 DEA 模型并没有反映生产活动的真实过程。

这样的一种情况也可能会发生，即需要增加某些投入的数量以提高绩效。例如：为了提高废物处理过程的效率，废物 (非期望投入) 的数量应该增加，而不应该像传统 DEA 模型假定的减少。

有很多种方法可以用来解决非期望产出的问题。例如，我们可以把非期望产出当作投入来看待。然而，这种做法并没有反映真实的生产过程。我们也可以对非期望产出进行一种单调递减的转化 (如 1/非期望产出)，然后把转化后得到的变量当作产出来看待。这里，我们介绍一种线性的转化方法。由于这种线性转化会保留凸性，因此对 DEA 模型来说，这是一种很好的选择。

以 y_{rj}^{g} 和 y_{rj}^{b} 分别表示期望 (好的) 产出和非期望 (坏的) 产出。显然地，我们希望增加 y_{rj}^{g} 并减少 y_{rj}^{b} 以提高效率。然而，在产出导向 VRS 包络模型中，却假设 y_{rj}^{g} 和 y_{rj}^{b} 都应该增加以提高效率。为了增加期望产出，减少非期望产出，我们按照如下的方法进行 (Seiford and Zhu, 2002)。

首先，每个非期望产出都和 -1 相乘，然后找到一个合适的转换值 v_r，使得每个负的非期望产出都转化成正值，即 $\bar{y}_{rj}^{\mathrm{b}} = -\bar{y}_{rj}^{\mathrm{b}} + v_r > 0$。例如，可以定义 $v_r = \max\left\{y_{rj}^{\mathrm{b}}\right\} + 1$。

以产出导向 VRS 包络模型为基础，有

$$
\begin{aligned}
&\max h \\
&\text{s.t.} \\
&\sum_{j=1}^{n} \lambda_j y_{rj}^{\mathrm{g}} \geqslant h y_{ro}^{\mathrm{g}} \\
&\sum_{j=1}^{n} \lambda_j \bar{y}_{rj}^{\mathrm{b}} \geqslant h \bar{y}_{ro}^{\mathrm{b}} \\
&\sum_{j=1}^{n} \lambda_j x_{ij} \leqslant x_{io} \\
&\sum_{j=1}^{n} \lambda_j = 1 \\
&\lambda_j \geqslant 0, \quad j = 1, \cdots, n
\end{aligned}
\tag{6.9}
$$

注意到，式 (6.9) 增加期望产出值，并降低非期望产出值。下面的这个定理确保了最优的非期望产出 $y_{ro}^{\mathrm{b}}(= v_r - h^* \bar{y}_{ro}^{\mathrm{b}})$ 非负。

定理 6.1 给定一个转换向量 v, 假设 h^* 是式 (6.9) 的最优值，那么有 $h^*y_{ro}^{\mathrm{b}} \leqslant v_r$。

证明 注意到当前所有的产出值都是非负值。设 λ_j^* 是 h 取最优值 h^* 时的最优解。因为 $\sum_{j=1}^{n}\lambda_j = 1$，所以 $h^*\overline{y}_{ro}^{\mathrm{b}} \leqslant \overline{y}_r^*$，其中，$\overline{y}_r^*$ 是由所有非期望产出中最大的值构成。$\overline{y}_r^* = -y_r^* + v_r$，$y_r^*$ 是由所有非期望产出中最小的值构成。因此，$h^*\overline{y}_{ro}^{\mathrm{b}} \leqslant v_r$。

对于决策单元DMU_o 来说：

$$\begin{cases} \widehat{x}_{io} = x_{io} - s_i^{-*} \\ \widehat{y}_{ro}^{\mathrm{g}} = h^*y_{ro}^{\mathrm{g}} + s_r^{+*} \\ \widehat{y}_{ro}^{\mathrm{b}} = v_r - (h^*\overline{y}_{ro}^{\mathrm{b}} + s_r^{+*}) \end{cases}$$

图 6.5 解释了这种方法的几何原理。决策单元 A, B, C, D 和 E 利用相同的投入生产出一个期望产出 (g) 和一个非期望产出 (b)，$GCDEF$ 是 (产出) 前沿面。如果我们把非期望产出当作投入来看待，那么 $ABCD$ 就变成了规模报酬可变前沿面。模型 (6.9) 以 EF 为轴旋转前沿面，得到一个对称的前沿面。这种情况下，决策单元 A', B' 和 C' 分别是由点 A、B 和 C 经旋转得到的，它们是有效的。

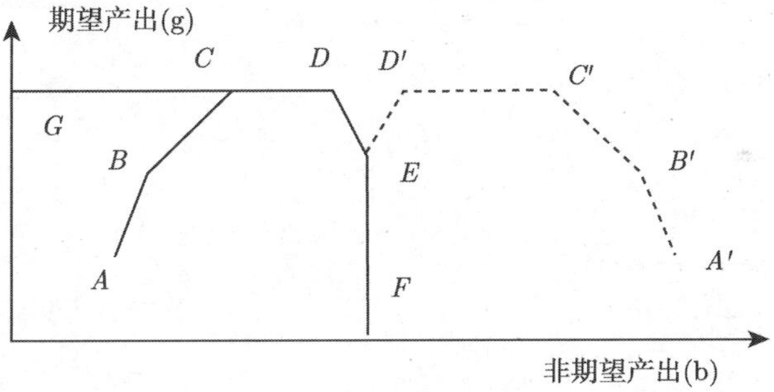

图 6.5 非期望产出的处理

我们把这种方法运用到表 6.3 给出的六个供应商中 (Weber and Desai, 1996)。投入是每单位价格，产出是次品率和延迟交货率。

表 6.3 六个供应商

供应商	单价 (美元/单位)	次品率/%	延迟交货率/%
1	0.1958	1.2	5
2	0.1881	0.8	7
3	0.2204	0	0
4	0.2081	2.1	0
5	0.2118	2.3	3
6	0.2096	1.2	4

很明显，这两个产出都是非期望产出。我们假定转换向量 $v = (3.3\%, 8\%)$(或假定 $v = (100\%, 100\%)$)。如图 6.6 所示的是转化后的数据。实际上，这个就是产出导向 VRS 包络模型的数据表。图 6.7 所示的是求解参数。图 6.6 中，第 G 列所示的是效率值。

	A	B	C	D	E	F	G
1		Price		%Rejects	% Late deliveries	λ	Efficiency
2	Vendor 1	0.1958		2.1	3	0	1.08921
3	Vendor 2	0.1881		2.5	1	0.327059	1
4	Vendor 3	0.2204		3.3	8	0.653754	1
5	Vendor 4	0.2081		1.2	8	0.019187	1
6	Vendor 5	0.2118		1	5	0	1.6
7	Vendor 6	0.2096		2.1	4	0	1.427647
8							
9		Reference		DMU unde	6	Efficiency	
10	**Constrain**	set		Evaluation		1.427647	
11	price	0.2096	≤	0.2096			
12	Rejects	2.998059	≥	2.998059	Run		
13	Late delive	5.710589	≥	5.710589			
14	Σλ	1	=	1			

图 6.6　非期望产出数据表

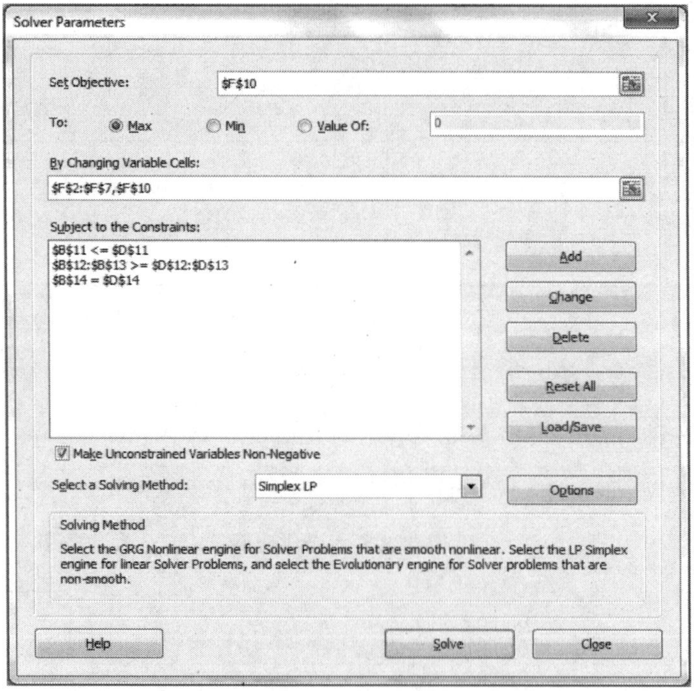

图 6.7　非期望产出数据的求解参数

如果我们不对非期望产出进行转化的话，而是直接利用输出导向 VRS 包络模型对原始数据进行评估，那么供应商 5 被判定为有效的，而供应商 3 则是无效的 (参见图 6.8,0.0001 替换了 0)。图 6.8 所采用的 Solver 参数和图 6.7 中所示的 Solver 参数是一样的。

	A	B	C	D	E	F	G
1		Price		%Rejects	% Late deliveries	λ	Efficiency
2	Vendor 1	0.1958		1.2	5	0	1.075329
3	Vendor 2	0.1881		0.8	7	0.518519	1
4	Vendor 3	0.2204		0.0001	0.0001	0	23000
5	Vendor 4	0.2081		2.1	0	0	1
6	Vendor 5	0.2118		2.3	3	0.481481	1
7	Vendor 6	0.2096		1.2	4	0	1.268519
8							
9		Reference		DMU unde	6	Efficiency	
10	**Constrain**	set		Evaluation		1.268519	
11	price	0.199511	≤	0.2096			
12	Rejects	1.522222	≥	1.522222	Run		
13	Late delive	5.074074	≥	5.074074			
14	Σλ	1	=	1			

图 6.8 非期望产出未处理时的效率得分

如果我们把两个非期望产出视为投入的话，并且使用输入导向 VRS 包络模型，那么我们可以获得如图 6.9 所示的效率值 (如图 6.10 所示的是 Solver 参数)。这种情况下，没有输出指标。

	A	B	C	D	E	F	G
1		Price		%Rejects	% Late deliveries	λ	Efficiency
2	Vendor 1	0.1958		1.2	5	0	0.990548
3	Vendor 2	0.1881		0.8	7	0.541904	1
4	Vendor 3	0.2204		0	0	0.122632	1
5	Vendor 4	0.2081		2.1	0	0.335464	1
6	Vendor 5	0.2118		2.3	3	0	0.944315
7	Vendor 6	0.2096		1.2	4	0	0.948332
8							
9		Reference		DMU unde	6	Efficiency	
10	**Constrain**	set		Evaluation		0.948332	
11	price	0.19877	≤	0.19877			
12	Rejects	1.137998	≤	1.137998	Run		
13	Late delive	3.793326	≤	3.793326			
14	Σλ	1	=	1			

图 6.9 非期望产出视为投入时的效率值

图 6.10　非期望产出视为投入时的求解参数

上述的讨论也可以被运用到如下这种情况：为了提高绩效，需要增加一些输入变量，而非减少。在这种情况下，我们假设 x_{ij}^{I} 表示需要增加的输入，而 x_{ij}^{D} 表示需要减少的输入。

接下来，让 x_{ij}^{I} 和 “-1” 相乘，进而找到一个合适的 u_i，使得 $\bar{x}_{ij}^{\mathrm{I}} = -x_{ij}^{\mathrm{I}}+u_i > 0$。基于输入导向 VRS 包络模型，则有

$$
\begin{aligned}
&\min \tau \\
&\text{s.t.} \\
&\sum_{j=1}^{n} \lambda_j x_{ij}^{\mathrm{D}} \leqslant \tau x_{io}^{\mathrm{D}} \\
&\sum_{j=1}^{n} \lambda_j \overline{x}_{ij}^{\mathrm{I}} \leqslant \tau \overline{x}_{oi}^{\mathrm{I}} \\
&\sum_{j=1}^{n} \lambda_j y_{rj} \geqslant y_{ro} \\
&\sum_{j=1}^{n} \lambda_j = 1 \\
&\lambda_j \geqslant 0, \quad j = 1, \cdots, n
\end{aligned}
$$

其中，为了提高决策单元的绩效，x_{ij}^{I} 应增加，而 x_{ij}^{D} 则应减少。对于 DMU_o 来说：

$$\begin{cases} \hat{x}_{io}^{\mathrm{D}} = \tau^* x_{io}^{\mathrm{I}} - s_i^{-*} \\ \hat{x}_{io}^{\mathrm{I}} = u_i - (\tau^* x_{io}^{\mathrm{I}} - s_i^{-*}) \\ \hat{y}_{ro} = y_{ro} + s_r^{+*} \end{cases}$$

练　习

1. 复习课本 3.2 节的高速公路养护队的例子。很明显，气候因素是一个不可控的投入。考虑气候因素的非可控性，对所有养护队的绩效进行重新评估。

2. 一组城市实施了一个长期的健康计划。为了评估这个计划的成效，选择如下的两个投入、三个产出。

投入 1：实施周期；

投入 2：总花费；

产出 1：平均寿命的增加量；

产出 2：疾病发生率的增加量；

产出 3：精神病的减少量。

相应的数据如下表所示：

城市	输出			输入	
	1	2	3	1	2
A	2.1	−0.24	−0.20	3	100
B	1.7	−0.13	−0.14	3	100
C	−0.5	−0.08	−0.18	4	120
D	3.6	−0.11	−0.09	4	120
E	0.65	−0.20	−0.05	3	90
F	−1.0	−0.02	−0.14	4	150
G	2.1	−0.05	−0.16	4	150

(1) 一些决策单元产出 1 的数据是负的。找到一种变换，使负的数据变成正的。

(2) 对产出 2 重复上述练习。

(3) 对产出 3 进行相同的操作。

(4) 三种类型的产出有什么不同?

(5) 以转化过的数据为基础，对所有的城市进行绩效评估。

3. 考虑到相应的税收贡献和污染物数量，对一组造纸厂进行绩效评估。这里污染物数量是一种非期望产出，我们有两种方法对污染物数量进行处理。

造纸厂编号	输出		输入
	税收贡献	污染物数量	成本
A	12	8	18
B	10	9	16
C	5	5	12
D	6	4	14
E	2	3	10
F	8	8	15
G	14	10	20

(1) 把非期望产出当作投入，评估所有造纸厂的绩效。

(2) 对非期望产出进行一种单调递减的变换，评估所有造纸厂绩效。

案例：第 2 章寻找新家

在第 2 章的案例中，我们以一种基本的 DEA 模型为基础，指导 Brown 夫人如何去买房子。分析数据发现，Brown 一家认识到：使用基本的 VRS 包络模型意味着为了使其他财产在有效前沿面上，保证投入相同的时候，他们必须增加不在有效前沿面上财产的花费。对这家人来说，这是一个非期望产出。因为使得其购买更有效，他们不想为了同样大小的房子花费更多的钱。为解决这个问题，他们决定使用其他的 DEA 模型，你能帮助他们吗?

第 7 章　基于松弛和非径向的 DEA 模型

7.1　引　　言

根据前面章节所述，输入导向的 DEA 模型关心的是保持当前的输出水平不变，同比例地降低输入；输出导向 DEA 模型关心的是保持当前输入水平不变，同比例地增加输出。在包络模型中，输入和 (或) 输出松弛的两阶段模型被用来进一步地识别无效率的存在。本章中，我们来演示直接优化输入和输出松弛来确定 DEA 效率前沿。

先前章节讨论的 DEA 模型，也可以被看成是径向的模型，因为输入和输出径向地变化。效率值 (θ 或 ϕ) 被称为是径向的测度。本章中，我们介绍一些输入和输出不是以相同比例变化的 DEA 非径向模型。

7.2　基于松弛的 DEA 模型

考虑下面这个模型[①]：

$$
\begin{aligned}
&\max \sum_{i=1}^{m} s_i^- + \sum_{r=1}^{s} s_r^+ \\
&\text{s.t.} \\
&\sum_{j=1}^{n} \lambda_j x_{ij} + s_i^- = x_{io} \quad i = 1, 2, \cdots, m \\
&\sum_{j=1}^{n} \lambda_j y_{rj} - s_r^+ = y_{ro} \quad r = 1, 2, \cdots, s \\
&\lambda_j, s_i^-, s_r^+ \geqslant 0
\end{aligned} \tag{7.1}
$$

注意到上面的这个模型，我们最大化所有输入和输出松弛的和。除了输入 (或者输出) 不根据效率值进行调整以外，这个模型和两阶段的 CRS 包络模型很相似。输入和输出以不同的比例分别减少和增加。

① 这种模型也称作加性模型，具体可见 Charnes et al.,1982。

图 7.1 阐释了拥有两个输入的模型 (7.1) 是如何运作的。径向的 DEA 模型，决策单元 D 通过同比例地减少两个输入才能达到前沿上的点 C，模型 (7.1) 通过减少两个输入才能达到前沿上的点 H。

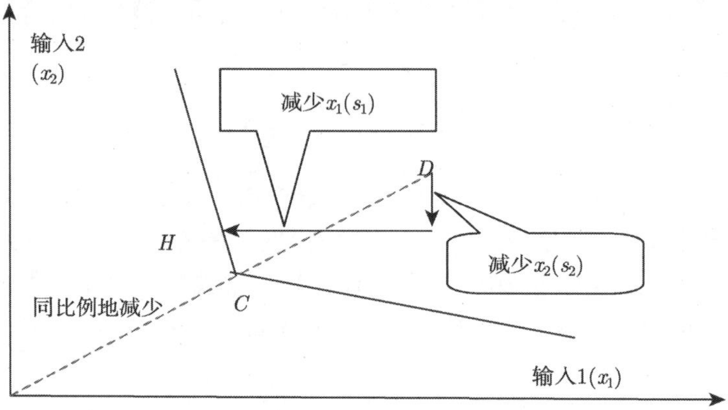

图 7.1　基于松弛变量的 DEA 模型

图 7.2 介绍的是一种有一个输入和一个输出的情况。输入导向的模型使点 G 移动到点 A，而输出导向的模型移动点 G 到点 B。模型 (7.1) 移动点 G 到点 H。

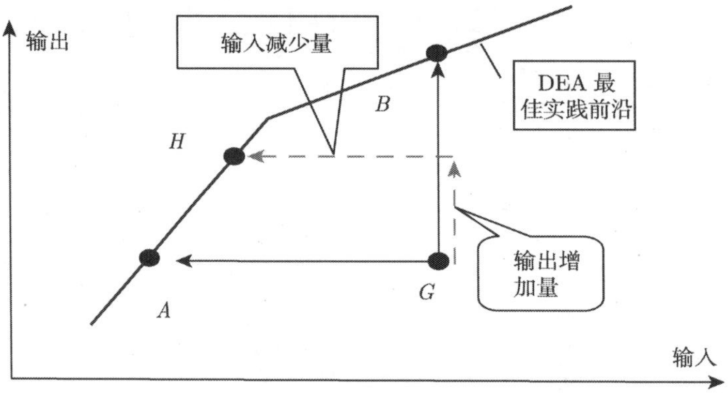

图 7.2　基于松弛变量的 DEA 模型

可以看出，被称为基于松弛的 CRS 模型 (7.1)，会在前沿上产生不同的投影点。注意到模型 (7.1) 不再有特定的投影方向。同时也可以发现，当所有的 $s_i^{-*} = s_r^{+*} = 0$ 时，被评价的决策单元才会在前沿上，才会是有效的。如果其中的一些 $s_i^{-*} \neq 0$ 或者 $s_r^{+*} \neq 0$，决策单元是无效率的。

注意到模型 (7.1) 假定非零的输入和输出松弛具有相同的边际收益。因此，在决策单元输入输出指标选择上需要小心谨慎。即可能需要一些先验信息，以避免不同度量单位之间不恰当的求和这种错误。此时，之前的管理经验以及专家的意见都是不错的选择。

模型 (7.1) 经过如下的修改就可以变成基于松弛变量的加权模型。

$$\max = \sum_{i=1}^{m} w_i^- s_i^- + \sum_{r=1}^{s} w_r^+ s_r^+$$

$$\text{s.t.}$$

$$\sum_{j=1}^{n} \lambda_j x_{ij} + s_i^- = x_{io} \quad i = 1, 2, \cdots, m \tag{7.2}$$

$$\sum_{j=1}^{n} \lambda_j y_{rj} - s_r^+ = y_{ro} \quad r = 1, 2, \cdots, s$$

$$\lambda_j, s_i^-, s_r^+ \geqslant 0$$

式中，w_i^- 和 w_r^+ 是用户通过价值判断定义的权重。被决策单元是有效的，当且仅当模型 (7.1) 的最优值为零。否则，非零的 s_i^{-*} 表示：第 i 种输入是过量的；非零的 s_r^{+*} 表示：第 r 种输出是不足的。因此，模型 (7.1) 可以为每个决策单元的每个输入和输出的调整提供决策信息。很显然，模型 (7.1) 在如下的这种情况下用处很大：通过先验信息已经知道输入和输出该如何调整，为低效率的决策单元设定效率目标。

注意到，模型 (7.2) 并不一定产生不同于模型 (7.1) 的结果。特别是，它不会改变决策单元之间有效和无效的划分。

模型 (7.1) 和 (7.2) 确定了相同的不变规模报酬的前沿，因此，模型 (7.1) 和 (7.2) 被称为基于松弛变量的不变规模报酬的模型。表 7.1 就不同的前沿类型，总结了不同的基于松弛变量的模型。

表 7.1　基于松弛变量的 DEA 模型

前沿类型	基于松弛变量的 DEA 模型	对偶模型
CRS	$\max \sum_{i=1}^{m} w_i^- s_i^- + \sum_{r=1}^{s} w_r^+ s_r^+$ s.t. $\sum_{j=1}^{n} \lambda_j x_{ij} + s_i^- = x_{io} \quad i = 1, 2, \cdots, m$ $\sum_{j=1}^{n} \lambda_j y_{rj} - s_r^+ = y_{ro} \quad r = 1, 2, \cdots, s$ $\lambda_j, s_i^-, s_r^+ \geqslant 0$	$\min \sum_{i=1}^{m} v_i x_{io} - \sum_{r=1}^{s} u_r y_{ro} - u$ s.t. $\sum_{i=1}^{m} v_i x_{ij} - \sum_{r=1}^{s} u_r y_{ro} - u \geqslant 0 \quad \forall j$ $u_r \geqslant w_r^+ \quad \forall r$ $v_i \geqslant w_i^- \quad \forall i$

续表

前沿类型	基于松弛变量的 DEA 模型	对偶模型
VRS	加入条件 $\sum_{j=1}^{n} \lambda_j = 1$	μ 不受限制
NIRS	加入条件 $\sum_{j=1}^{n} \lambda_j \leqslant 1$	$\mu \leqslant 0$
NDRS	加入条件 $\sum_{j=1}^{n} \lambda_j \geqslant 1$	$\mu \geqslant 0$

这里我们举一个例子来看看模型 (7.2) 是怎样解决问题的。在这个例子中，每个决策单元都消耗两种输入来生产一种输出。相关的数据见表 7.2 和图 7.3。

表 7.2　数据表

DMU	A	B	C	D
输入 1	1	1.5	3	3
输入 2	3	1.5	1	3
输出	16	16	16	16

这里，我们设定输出松弛变量的权重为 0，即 $w_1^+ = 0$。即低效率的决策单元 D 在保持它的输出不变的基础上，将通过减少输入让自己变得有效。因此，我们在一个等产量曲线上描述所有的决策单元，见图 7.3。

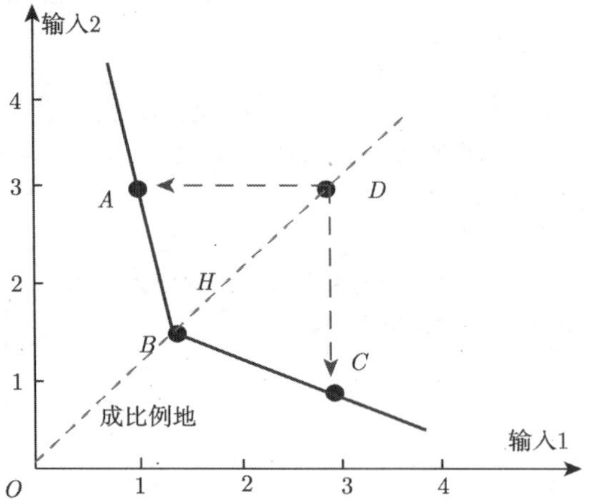

图 7.3　决策单元 D 的不同优化目标

输入松弛变量的权重 w_1^- 和 w_2^- 取不同的值时，对于决策单元 D 来说，我们可以获得不同的决策目标，如表 7.3 所示。

表 7.3 当 $w_1^+=0$ 时，决策单元 D 的不同目标

目标编号	1	2	3	4	5
			权重		
w_1^-	0	0.25	0.5	0.75	1
w_2^-	1	0.75	0.5	0.25	0
w_1^+	0	0	0	0	0
			松弛		
s_1^-	0	0	1.5	2	2
s_2^-	2	2	1.5	0	0
s_1^+	0	0	0	0	0
			目标		
输入 1	3	3	1.5	1	1
输入 2	1	1	1.5	3	3
输出	16	16	16	16	16

注：在这个例子中，可能有多个最优解。

例如，当 $w_1^-=0.5$，$w_2^-=0.5$ 时，我们有如下的规划问题：

$$
\begin{aligned}
&\max 0.5\times s_1^- + 0.5\times s_2^-\\
&\text{s.t.}\\
&1\lambda_1+1.5\lambda_2+3\lambda_3+3\lambda_4+s_1^-=3\\
&3\lambda_1+1.5\lambda_2+1\lambda_3+3\lambda_4+s_2^-=3\\
&16\lambda_1+16\lambda_2+16\lambda_3+16\lambda_4=16\\
&\lambda_j, s_i^-\geqslant 0
\end{aligned}
$$

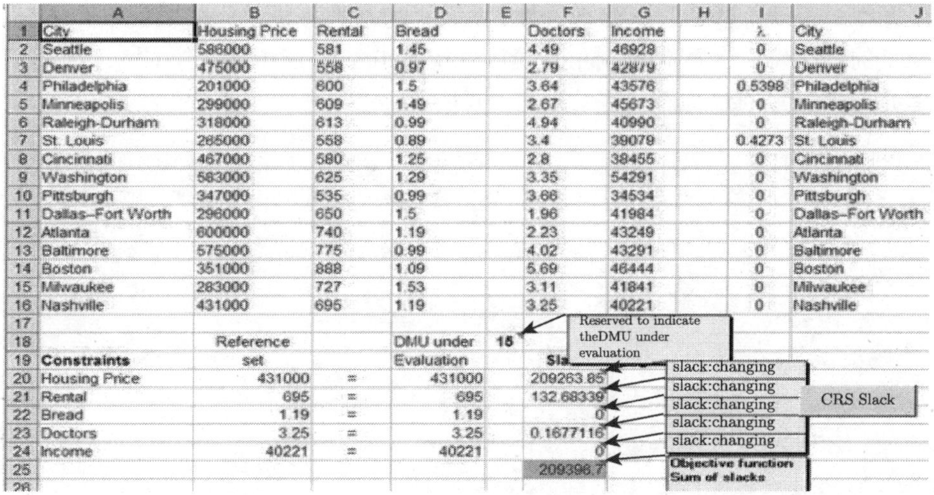

	A	B	C	D	E	F	G	H	I	J
1	City	Housing Price	Rental	Bread		Doctors	Income		λ	City
2	Seattle	586000	581	1.45		4.49	46928		0	Seattle
3	Denver	475000	558	0.97		2.79	42879		0	Denver
4	Philadelphia	201000	600	1.5		3.64	43576		0.5398	Philadelphia
5	Minneapolis	299000	609	1.49		2.67	45673		0	Minneapolis
6	Raleigh-Durham	318000	613	0.99		4.94	40990		0	Raleigh-Durham
7	St. Louis	265000	558	0.89		3.4	39079		0.4273	St. Louis
8	Cincinnati	467000	580	1.25		2.8	38455		0	Cincinnati
9	Washington	583000	625	1.29		3.35	54291		0	Washington
10	Pittsburgh	347000	535	0.99		3.66	34534		0	Pittsburgh
11	Dallas–Fort Worth	296000	650	1.5		1.96	41984		0	Dallas–Fort Worth
12	Atlanta	600000	740	1.19		2.23	43249		0	Atlanta
13	Baltimore	575000	775	0.99		4.02	43291		0	Baltimore
14	Boston	351000	888	1.09		5.69	46444		0	Boston
15	Milwaukee	283000	727	1.53		3.11	41841		0	Milwaukee
16	Nashville	431000	695	1.19		3.25	40221		0	Nashville
17										
18		Reference		DMU under	15					
19	**Constraints**	set		Evaluation		Sla				
20	Housing Price	431000	=	431000		209263.85				
21	Rental	695	=	695		132.68339				
22	Bread	1.19	=	1.19		0				
23	Doctors	3.25	=	3.25		0.1677116				
24	Income	40221	=	40221		0				
25						209396.7				
26										

图 7.4 基于松弛变量的 CRS 模型数据表

最后，我们收集了 15 个城市的数据，作为基于松弛变量的 DEA 模型的数据表。

图 7.4 所示的是使用基于松弛变量的不变规模报酬模型时，决策单元 15 的评估结果。单元格 I2~I16，保存的是 λ_j 的值；单元格 F20~F24 保存的是输入和输出的松弛变量；松弛的权重保存在单元格 G20~G24 中。当前，权重都是一样的。

单元格 B20~B24 包含了如下的公式：

B20=SUMPRODUCT(B2：B16，$I$2:$I$16)+F20

B21=SUMPRODUCT(C2：C16，$I$2:$I$16)+F21

B22=SUMPRODUCT(D2：D16，$I$2:$I$16)+F22

B23=SUMPRODUCT(F2：F16，$I$2:$I$16)−F23

B24=SUMPRODUCT(G2：G16，$I$2:$I$16)−F24

通过如下公式，被评估的决策单元的输入和输出值被放在单元格 D20~D24 中。

D20=INDEX(B2:B16, E18, 1)

D21=INDEX(C2:C16, E18, 1)

D22=INDEX(C2:C16, E18, 1)

D23=INDEX(F2:F16, E18, 1)

D24=INDEX(G2:G16, E18, 1)

单元格 F25 输入的公式为

F25=SUMPRODUCT(F20:F24, G20:G24)

图 7.5 所示的是 Solver 参数。图 7.6 所示的是当评价单元是决策单元 1 时，松弛变量的最优解。然后，我们插入一个名为 “CRSSlack” 的程序，用来计算余下决策单元松弛变量的最优解。结果如图 7.6 所示。

```
Sub CRSSlack()
Dim NDMUs As Integer , NInputs As Integer , NOutputs As Integer
Dim i As Integer
    For i = 1 To 15
'set the value of cell E18 equal to i (=1,2,···,15)
    Range(" E18 ")=i
'Run the Slack Solver model
        SolverSolve UserFinish:=True
'Select the cells containing the slacks
    Range (" F20:F24 ").Select
```

```
'record optimal slacks in cells K2:O16
Selection .Copy
Range("K"&i+1).Select
Selection. PasteSpecial Paste:=xlPasteValues,Transpose:=True
Next
End Sub
```

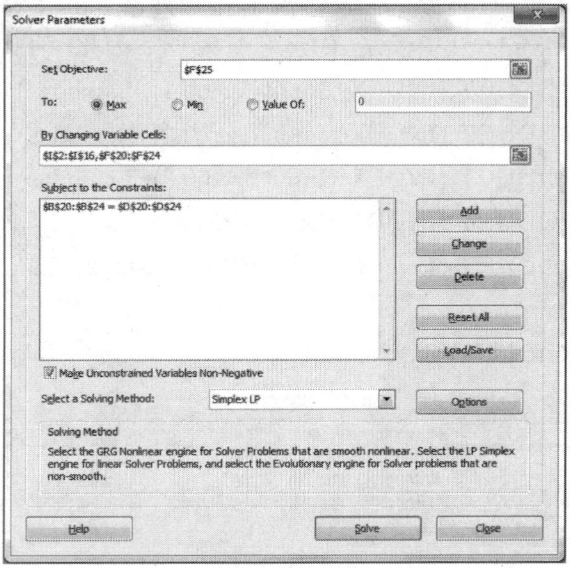

图 7.5 基于松弛变量的 CRS 模型求解参数

	J	K	L	M	N	O
1	City	Housing Price	Rental	Bread	Doctors	Income
2	Seattle	0	0	0	0	0
3	Denver	0	0	0	0	0
4	Philadelphia	-1.01093E-11	-5.4E-14	0	1.67E-15	0
5	Minneapolis	34387.72155	0	0.01169607	0.952967	0
6	Raleigh-Durham	1.81273E-10	0	0	0	0
7	St. Louis	4.25437E-13	1.52E-15	0	0	0
8	Cincinnati	275896.801	47.28526	0	0.4342	0
9	Washington	-2.34683E-09	0	-8.426E-16	1.59E-14	0
10	Pittsburgh	125353.5183	0	0	0	304.1537
11	Dallas–Fort Worth	102343.3082	71.92032	0.05480081	1.547017	0
12	Atlanta	344892.4171	131.4296	0	1.471707	0
13	Baltimore	4.65661E-10	6.82E-13	0	0	0
14	Boston	2.65684E-11	-3.4E-13	0	0	0
15	Milwaukee	90002.91445	150.8893	0.08972324	0.385072	0
16	Nashville	209263.8504	132.6834	0	0.167712	0

图 7.6 CRS 松弛

通过对 $\sum_{j=1}^{n}\lambda_j$ 添加额外的约束，我们获得了其他的基于松弛变量模型的数据表 (详见 Excel 文件“slack-based spreadsheet.xls”)。例如，图 7.7 所示的是基于松弛变量的 VRS 模型的数据表。

通过对变量进行重新命名，在图 7.7 中，单元格B2~D16被命名为 “Input-Used”，单元格 F2~G16 被命名为 “OutputProduced”。

我们为单元格 I2~I16 命名为 “Lambdas”，单元格 F20~F24 为 “Slacks”，单元格 G20~G24 为 “Weights”，单元格 E18 为 “DMU”。因此，有如下公式：

B20=SUMPRODUCT (INDEX (InputUsed,0,1), Lambdas) +Slacks

B21=SUMPRODUCT (INDEX (InputUsed,0,2), Lambdas) +Slacks

B22=SUMPRODUCT (INDEX (InputUsed,0,3), Lambdas) +Slacks

B23=SUMPRODUCT (INDEX (OutputProduced,0,1), Lambdas)−Slacks

B24=SUMPRODUCT (INDEX (OutputProduced,0,2), Lambdas)−Slacks

B25=SUM (Lambdas)

F25=SUMPRODUCT (Slacks,Weights)

	A	B	C	D	E	F	G	H	I
1	City	Housing Pric	Rental	Bread		Doctors	Income		λ
2	Seattle	586000	581	1.45		4.49	46928		0
3	Denver	475000	558	0.97		2.79	42879		0
4	Philadelphia	201000	600	1.5		3.64	43576		0.4918
5	Minneapolis	299000	609	1.49		2.67	45673		0
6	Raleigh-Durham	318000	613	0.99		4.94	40990		0
7	St. Louis	265000	558	0.89		3.4	39079		0.5082
8	Cincinnati	467000	580	1.25		2.8	38455		0
9	Washington	583000	625	1.29		3.35	54291		0
10	Pittsburgh	347000	535	0.99		3.66	34534		0
11	Dallas–Fort Worth	296000	650	1.5		1.96	41984		0
12	Atlanta	600000	740	1.19		2.23	43249		0
13	Baltimore	575000	775	0.99		4.02	43291		0
14	Boston	351000	888	1.09		5.69	46444		0
15	Milwaukee	283000	727	1.53		3.11	41841		0
16	Nashville	431000	695	1.19		3.25	40221		0
17									
18		Reference		DMU under	15				
19	**Constraints**	set		Evaluation		**Slack**	**Weights**		
20	Housing Price	431000	=	431000		197475.41	1		
21	Rental	695	=	695		116.34426	1		
22	Bread	1.19	=	1.19		0	1		
23	Doctors	3.25	=	3.25		0.2680328	1		
24	Income	40221	=	40221		1069.6393	1		
25	Σλ	1	=	1		198661.66			

图 7.7　基于松弛变量的 VRS 模型数据表

然后，称 B20~B24 为 “ReferenceSet”，D20~D24 为 “DMUEvaluation”，B25 为 “SumLambda”，F25 为 “SumSlack”。图 7.8 所示为基于松弛变量的 VRS 模型

的 Solver 参数。

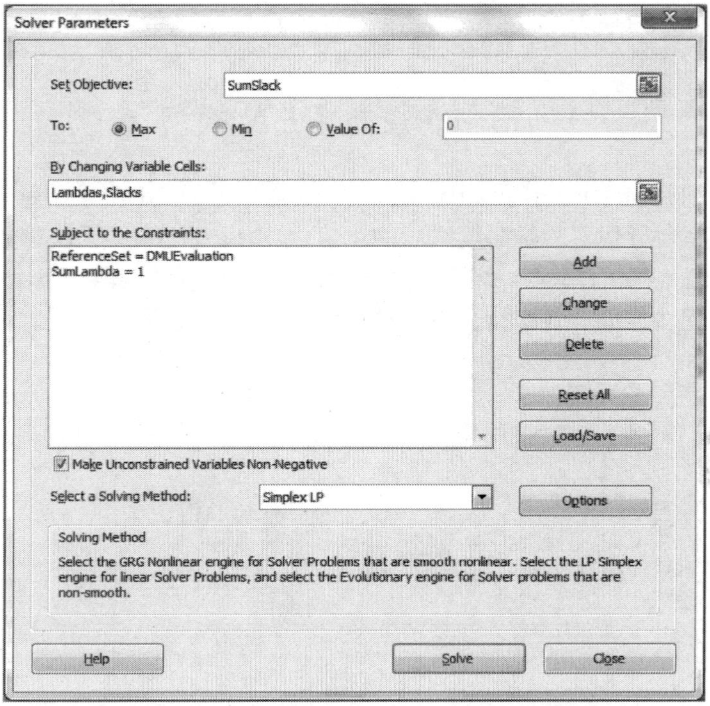

图 7.8 基于松弛变量的 VRS 模型的求解参数

在求解模型中引用了范围名称之后，我们可以对 VBA 程序 “CRSSlack” 进行适当的修改，这样程序就可以被运用到其他的数据集。修改过的程序，我们命名为 “Slack”。

```
Sub Slack()
Dim NDMUs As Integer , NInputs As Integer , NOutputs As Integer
     NDMUs=15
     NInputs=3
     NOutputs=2
Dim i As Integer
  For i = 1 To NDMUs
Range("DMU") = i
SolverSolve UserFinish:=True
Range("Slacks").Copy
Range("A1").Offset(i, NInputs + NOutputs + 5).Select
```

```
Selection.PasteSpecial Paste:=xlPasteValues,Transpose:=True
  Next
End Sub
```

7.3　非径向 DEA 模型

和传统的径向 DEA 模型相比较，基于松弛变量的 DEA 模型是非径向的。传统模型的效率得分代表的是两段线段的比值：①始于原点，终于决策单元所在位置的线段 (OA)；②始于原点，终于 OA 和有效前沿交点的线段 (OB)。详见图 7.9，对于决策单元 5 来说，效率得分 $\theta = OA/OB$。

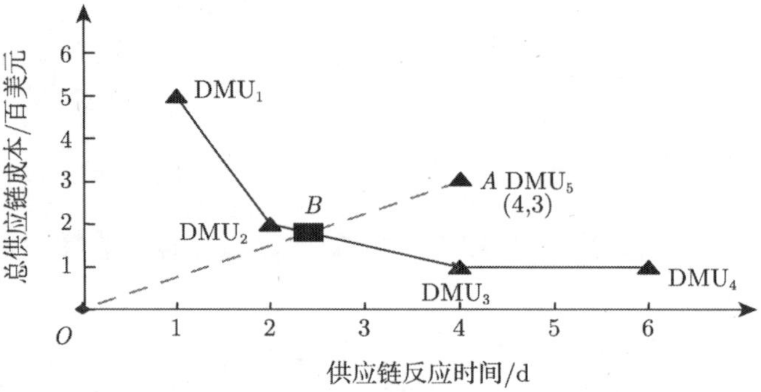

图 7.9　径向测度

在包络模型中，我们依据输入和输出变量的数量，对效率得分 θ(或 ϕ) 进行分解如下：

对于每个输入变量 $i : \theta_i, i = 1, \cdots, m(\theta_1, \theta_2, \cdots, \theta_m)$

对于每个输出变量 $r : \phi_r, r = 1, \cdots, s(\phi_1, \phi_2, \cdots, \phi_s)$

以输入导向的不变规模报酬的包络模型为例，有如下模型：

$$
\begin{aligned}
&\min \frac{1}{m}\sum_{i=1}^{m}\theta_i \\
&\text{s.t.} \\
&\sum_{j=1}^{n}\lambda_j x_{ij} = \theta_i x_{io} \quad i = 1, 2, \cdots, m \\
&\sum_{j=1}^{n}\lambda_j y_{rj} \geqslant y_{ro} \quad r = 1, 2, \cdots, s \\
&\theta_i \leqslant 1 \quad i = 1, 2, \cdots, m \\
&\lambda_j \geqslant 0 \quad j = 1, 2, \cdots, n
\end{aligned}
\tag{7.3}
$$

除了模型 (7.3) 对不同的输入减少不同的比例 θ_i 以外，这仍然是一个输入导向的不变规模报酬模型。同样，对输入的约束是一样的。事实上，对输入的约束仍然可以用“$\leqslant$”，“$\leqslant$”是一种较为有约束力的约束条件，最优的时候，将没有输入松弛。注意到，目标函数的功能是求所有的 θ_i 的平均值，每个 θ_i 的约束都是“$\leqslant$”。

相似地，以输出导向的不变规模报酬的包络模型为基础，我们可以获得如下的输出导向的不变规模报酬的非径向模型：

$$
\begin{aligned}
&\max \frac{1}{s}\sum_{r=1}^{s}\phi_r \\
&\text{s.t.} \\
&\sum_{j=1}^{n}\lambda_j x_{ij} \leqslant x_{io} \qquad i=1,2,\cdots,m \\
&\sum_{j=1}^{n}\lambda_j y_{rj} = \phi_r y_{ro} \quad r=1,2,\cdots,s \\
&\phi_r \geqslant 1 \qquad\qquad\quad r=1,2,\cdots,s \\
&\lambda_j \geqslant 0 \qquad\qquad\quad j=1,2,\cdots,n
\end{aligned}
\tag{7.4}
$$

如图 7.10 所示，有 5 个决策单元，每个决策单元只有一个相同的输出变量 1。运用模型 (7.3) 对决策单元进行评价，有

$$
\begin{aligned}
&\max \quad 0.5\times\theta_1 + 0.5\times\theta_2 \\
&\text{s.t.} \\
&1\lambda_1 + 2\lambda_2 + 4\lambda_3 + 6\lambda_4 + 4\lambda_5 = 4\theta_1 \\
&5\lambda_1 + 2\lambda_2 + 1\lambda_3 + 1\lambda_4 + 3\lambda_5 = 3\theta_2 \\
&2\lambda_1 + 2\lambda_2 + 2\lambda_3 + 2\lambda_4 + 2\lambda_5 \geqslant 2 \\
&\lambda_1 + \lambda_2 + \lambda_3 + \lambda_4 + \lambda_5 = 1 \\
&\theta_1, \theta_2 \leqslant 1 \\
&\lambda_j \geqslant 0
\end{aligned}
$$

$\theta_1^* = 0.5$，$\theta_2^* = 2/3$，$\lambda_2^* = 1$ 和 $\lambda_j^* = 0(j \neq 2)$，表明如果决策单元 5 要变得有效率，那么它要参考决策单元 2 所用的成本和时间，来减少自己的成本和时间。数据包络模型的径向目标是前沿上的 B 点。

模型 (7.3)(或者模型 (7.4)) 仅仅说明了第一阶段的评价结果。我们注意到：输入松弛并不存在于输入导向的非径向 DEA 模型中，输出松弛并不存在于输出导向的非径向 DEA 模型中。

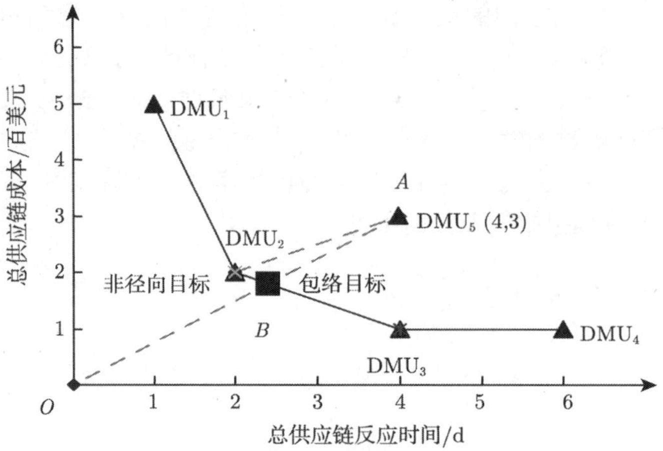

图 7.10　径向模型优化目标

输出松弛 (或者输入松弛) 很可能会存在于输入导向 (或者输出导向) 的模型中。因此，就像传统的包络模型那样，我们有一个第二阶段的估计。例如：输入导向模型的输出松弛，可以同以下的第二阶段模型进行计算：

$$
\begin{aligned}
&\min \sum_{r=1}^{s} s_r^+ \\
&\text{s.t.} \\
&\sum_{j=1}^{n} \lambda_j x_{ij} = \theta_i^* x_{io} \qquad i = 1, 2, \cdots, m \\
&\sum_{j=1}^{n} \lambda_j y_{rj} - s_r^+ = y_{ro} \quad r = 1, 2, \cdots, s \\
&\lambda_j \geqslant 0 \qquad\qquad j = 1, 2, \cdots, n
\end{aligned}
\tag{7.5}
$$

式中，θ_i^* 可由模型 (7.3) 获得。

对于输出导向模型中的输入松弛，有

$$
\begin{aligned}
&\max \sum_{r=1}^{m} s_i^- \\
&\text{s.t.} \\
&\sum_{j=1}^{n} \lambda_j x_{ij} + s_i^- = x_{io} \quad i = 1, 2, \cdots, m
\end{aligned}
$$

$$\sum_{j=1}^{n}\lambda_j y_{rj} = \phi_r^* y_{ro} \quad r = 1, 2, \cdots, s$$
$$\lambda_j \geqslant 0 \qquad j = 1, 2, \cdots, n \tag{7.6}$$

式中，ϕ_r^* 可以由模型 (7.4) 获得。

注意到模型 (7.5) 和 (7.6) 是以不变规模报酬的前沿为基础的。对于其他类型的前沿，可以进一步提出相似的模型。

表 7.4 根据导向以及前沿的不同，总结了不同类型的非径向 DEA 模型。

表 7.4 非径向模型

前沿类型	输入导向	输出导向
CRS	$\min\left(\frac{1}{m}\sum_{i=1}^{m}\theta_i - \varepsilon\sum_{r=1}^{s}s_r^+\right)$ s.t. $\sum_{j=1}^{n}\lambda_j x_{ij} = \theta_i x_{io} \quad i = 1, 2, \cdots, m$ $\sum_{j=1}^{n}\lambda_j y_{rj} - s_r^+ = y_{ro} \quad r = 1, 2, \cdots, s$ $\theta_i \leqslant 1 \quad i = 1, 2, \cdots, m$ $\lambda_j \geqslant 0 \quad j = 1, 2, \cdots, n$	$\max\left(\frac{1}{s}\sum_{r=1}^{s}\phi_r + \varepsilon\sum_{r=1}^{m}s_r^+\right)$ s.t. $\sum_{j=1}^{n}\lambda_j x_{ij} + s_i^- = x_{io} \quad i = 1, 2, \cdots, m$ $\sum_{j=1}^{n}\lambda_j y_{rj} = \phi_r y_{ro} \quad r = 1, 2, \cdots, s$ $\phi_r \geqslant 1 \quad r = 1, 2, \cdots, s$ $\lambda_j \geqslant 0 \quad j = 1, 2, \cdots, n$
VRS	加入 $\sum_{j=1}^{n}\lambda_j = 1$	
NIRS	加入 $\sum_{j=1}^{n}\lambda_j \leqslant 1$	
NDRS	加入 $\sum_{j=1}^{n}\lambda_j \geqslant 1$	
效率目标	$\begin{cases}\hat{x}_{io} = \theta_i^* x_{io} & i = 1, 2, \cdots, m \\ \hat{y}_{ro} = y_{ro} + s_r^{+*} & j = 1, 2, \cdots, n\end{cases}$	$\begin{cases}\hat{x}_{io} = x_{io} - s_i^{-*} & i = 1, 2, \cdots, m \\ \hat{y}_{ro} = \phi_r^* y_{ro} & r = 1, 2, \cdots, s\end{cases}$

乘子模型如表 7.5 所示。

因为 $\theta_i^* \leqslant 1(\phi_r^* \geqslant 1)$，$\frac{1}{m}\sum_{i=1}^{m}\theta_i^* \leqslant 1$，所以当且仅当对于所有的 $\theta_i^* = 1$，$\frac{1}{m}\sum_{i=1}^{m}\theta_i^* = 1\left(\frac{1}{s}\sum_{r=1}^{s}\phi_r^* \geqslant 1，\frac{1}{s}\sum_{r=1}^{s}\phi_r^* = 1，当且仅当所有的\ \phi_r^* = 1\right)$。因此 $\frac{1}{m}\sum_{i=1}^{m}\theta_i^*\left(\frac{1}{s}\sum_{r=1}^{s}\phi_r^*\right)$ 可以被看作效率指数。

图 7.9 表明，尽管表 7.3 中所有的包络模型和非径向的数据包络分析模型都服从于相同的前沿，但是它们会有不同的效率目标 (即使包络模型中松弛都为零)。注

意到两个模型的决策单元 3 和决策单元 4 有着相同的目标。

表 7.5　乘子模型

前沿类型	输入导向	输出导向
	$\max \sum_{r=1}^{R} u_r y_{ro} + \mu$ s.t. $\sum_{i=1}^{I} v_i x_{ij} - \sum_{r=1}^{R} u_r y_{rj} - \mu \geqslant 0 \quad \forall j$ $v_i x_{io} = \frac{1}{m} \quad \forall i$ $\mu_r, \nu_i \geqslant 0(\varepsilon)$	$\min \sum_{i=1}^{I} v_i x_{io} + \nu$ s.t. $\sum_{i=1}^{I} v_i x_{ij} - \sum_{r=1}^{R} u_r y_{rj} + \nu \geqslant 0 \quad \forall j$ $u_r y_{ro} = \frac{1}{m} \quad \forall r$ $\mu_r, \nu_i \geqslant 0(\varepsilon)$
CRS	$\mu = 0$	$\nu = 0$
VRS	μ 不受限制	ν 不受限制
NIRS	$\mu \leqslant 0$	$\nu \geqslant 0$
NDRS	$\mu \geqslant 0$	$\nu \leqslant 0$

包络模型和非径向的 DEA 模型都会为低效率的决策单元提供一个有效的决策目标。然而，在现有的管理水平和 (或) 其他的外部条件下，有些决策目标是不可能实现的。因此，处在生产前沿上的决策目标应该被优先考虑。

进一步，我们假定 $A_i(i = 1, 2, \cdots, m)$ 和 $B_r(r = 1, 2, \cdots, s)$ 分别代表用户特定的偏好权重，分别反映着对输入输出现有水平调节的强烈程度。然后，以表 7.4 为基础，把目标函数 $\frac{1}{m}\sum_{i=1}^{m}\theta_i$ 和 $\frac{1}{s}\sum_{r=1}^{s}\phi_r$ 分别换为 $\sum_{i=1}^{m} A_i\theta_i / \sum_{i=1}^{m} A_i$ 和 $\sum_{r=1}^{s} B_r\phi_r / \sum_{r=1}^{s} B_r$，我们就可以获得一组加权的非径向 DEA 模型。

注意到：在非径向模型中，$\theta_i \leqslant 1$ 和 $\phi_r \geqslant 1$。这种限制不允许输入增加或者输出减少。例如：以一个输入导向模型为例，可能的有效决策目标位于前沿上的点 A (输入 2=3) 和决策单元 3(输入 1=4) 之间 (图 7.11)。如果说 B 点是期望实现的目标，这个目标是不能通过非径向模型实现的，因为为了实现这个目标，需要减少一种输入的同时增加另一个输入。因此，我们不再使用约束 $\theta_i \leqslant 1(\phi_r \geqslant 1)$。然后，我们会获得如表 7.6 所示的 DEA/PS 模型 (Zhu,1996)。

如果某些 $A_i = 0(B_r = 0)$，假设相应的 $\theta_i = 1(\phi_r = 1)$。但是，至少要有一个权重是大于零的。例如：A_i 越大，决策单元就有越高的优先权去调整它的第 i 种输入到一个相对较低的水平。也就是说，当低效率发生时，对输入和输出的调节越多，越大的权重应该被赋予给 θ_i 或者 ϕ_r。如果我们可以根据输入或者输出的相对重要性，对它们进行分级的话，我们可以获得一组序数的权重。然而，在把序数权重转化为偏好权重的时候，我们应该小心谨慎。例如：如果一个输入 (输出) 相对更重要，并且决策单元不想大幅度地调整它，我们应该把相应的序数权重的倒数看成偏好权重。否则，我们可以把序数权重当成偏好权重。

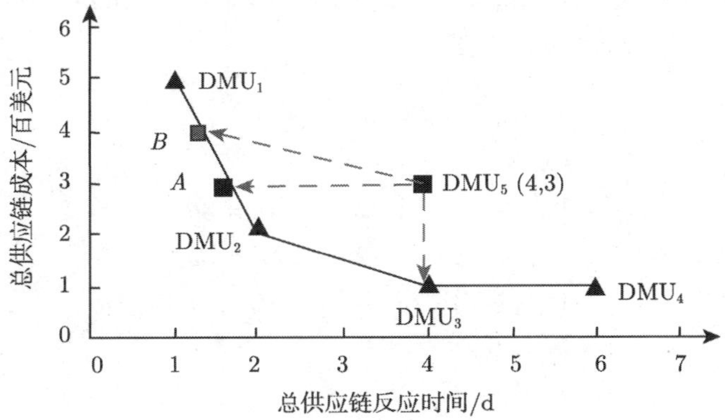

图 7.11 投影

表 7.6 DEA/PS 模型

前沿类型	输入导向	输出导向
CRS	$\min\left(\dfrac{\sum_{i=1}^{m} A_i\theta_i}{\sum_{i=1}^{m} A_i} - \varepsilon\sum_{r=1}^{s} s_r^{+}\right)$ s.t. $\sum_{j=1}^{n}\lambda_j x_{ij} = \theta_i x_{io}\quad i=1,2,\cdots,m$ $\sum_{j=1}^{n}\lambda_j y_{rj} - s_r^{+} = y_{ro}\quad r=1,2,\cdots,s$ $\lambda_j \geqslant 0\quad j=1,2,\cdots,n$	$\max\left(\dfrac{\sum_{r=1}^{s}\phi_r}{\sum_{r=1}^{s} B_r} + \varepsilon\sum_{r=1}^{s} s_r^{+}\right)$ s.t. $\sum_{j=1}^{n}\lambda_j x_{ij} + s_i^{-} = x_{io}\quad i=1,2,\cdots,m$ $\sum_{j=1}^{n}\lambda_j y_{rj} = \phi_r y_{ro}\quad r=1,2,\cdots,s$ $\lambda_j \geqslant 0\quad j=1,2,\cdots,n$
VRS	加入 $\sum_{j=1}^{n}\lambda_j = 1$	
NIRS	加入 $\sum_{j=1}^{n}\lambda_j \leqslant 1$	
NDRS	加入 $\sum_{j=1}^{n}\lambda_j \geqslant 1$	
效率目标	$\begin{cases}\hat{x}_{io} = \theta_i^{*} x_{io} & i=1,2,\cdots,m\\ \hat{y}_{ro} = y_{ro} + s_r^{+*} & r=1,2,\cdots,s\end{cases}$	$\begin{cases}\hat{x}_{io} = x_{io} - s_i^{-*} & i=1,2,\cdots,m\\ \hat{y}_{ro} = \phi_r^{*} y_{ro} & r=1,2,\cdots,s\end{cases}$

注意到：在 DEA/PS 模型中，某些 $\theta_i^{*}(\phi_r^{*})$ 可能会比一定权重组合下的要大

(小)。即 DEA/PS 模型仅限于如下情况：通过输入减少和输出增加来维持百分之百的有效率。

现在，让我们重新考虑先前章节的算例。使用输入导向的非径向模型对决策单元 D 进行评估，有如下的规划问题：

$$
\begin{aligned}
&\min 0.5\times\theta_1+0.5\times\theta_2\\
&\text{s.t.}\\
&1\lambda_1+1.5\lambda_2+3\lambda_3+3\lambda_4=3\theta_1\\
&3\lambda_1+1.5\lambda_2+1\lambda_3+3\lambda_4=3\theta_2\\
&16\lambda_1+16\lambda_2+16\lambda_3+16\lambda_4\geqslant 16\\
&\lambda_j\geqslant 0\\
&\theta_1,\theta_2\leqslant 1
\end{aligned}
$$

对以上的规划问题求解可得：$\theta_1^*=0.5,\theta_2^*=0.5$，决策单元 D 的优化目标是决策单元 B(输入 1：$3\theta_1^*=1.5$，输入 2：$3\theta_2^*=1.5$)。

如图 7.12 所示，对 15 个城市的案例，我们构建一个输入导向的可变规模报酬的 DEA/PS 模型的电子表格程序。I2~I16 保存的是 λ_j 的值，F20~F22 保存的是 θ_i 的值，这些都是如图 7.13 所示求解参数的变换。

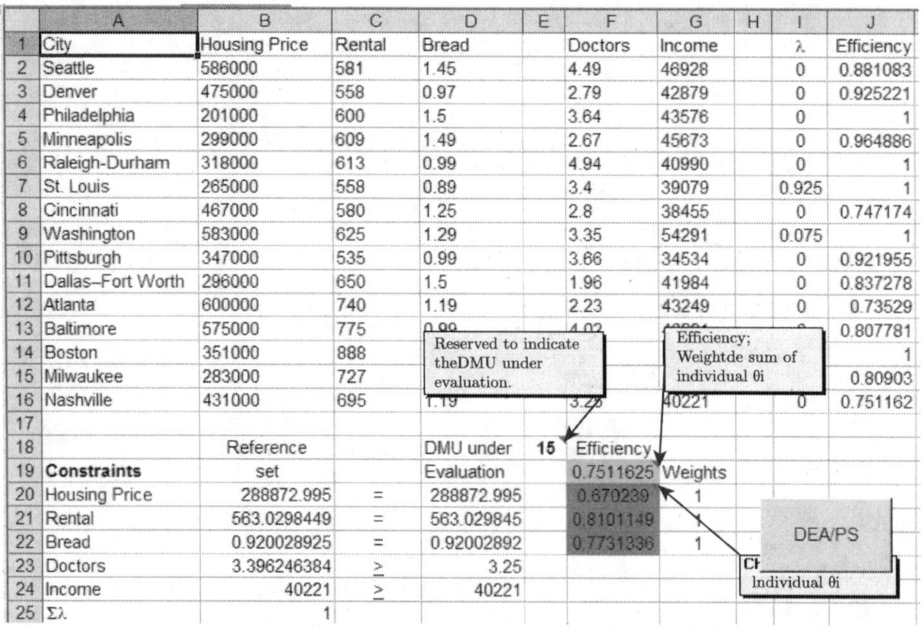

	A	B	C	D	E	F	G	H	I	J
1	City	Housing Price	Rental	Bread		Doctors	Income		λ	Efficiency
2	Seattle	586000	581	1.45		4.49	46928		0	0.881083
3	Denver	475000	558	0.97		2.79	42879		0	0.925221
4	Philadelphia	201000	600	1.5		3.64	43576		0	1
5	Minneapolis	299000	609	1.49		2.67	45673		0	0.964886
6	Raleigh-Durham	318000	613	0.99		4.94	40990		0	1
7	St. Louis	265000	558	0.89		3.4	39079		0.925	1
8	Cincinnati	467000	580	1.25		2.8	38455		0	0.747174
9	Washington	583000	625	1.29		3.35	54291		0.075	1
10	Pittsburgh	347000	535	0.99		3.66	34534		0	0.921955
11	Dallas–Fort Worth	296000	650	1.5		1.96	41984		0	0.837278
12	Atlanta	600000	740	1.19		2.23	43249		0	0.73529
13	Baltimore	575000	775	0.99		4.02	[illegible]		[illegible]	0.807781
14	Boston	351000	888	[illegible]		[illegible]	[illegible]		[illegible]	1
15	Milwaukee	283000	727	[illegible]		[illegible]	[illegible]		[illegible]	0.80903
16	Nashville	431000	695	1.19		[illegible]	40221		0	0.751162
17										
18		Reference		DMU under	15	Efficiency				
19	**Constraints**	set		Evaluation		0.7511625	Weights			
20	Housing Price	288872.995	=	288872.995		0.670239	1			
21	Rental	563.0298449	=	563.029845		0.8101149	1			
22	Bread	0.920028925	=	0.92002892		0.7731336	1			
23	Doctors	3.396246384	≥	3.25						
24	Income	40221	≥	40221						
25	Σλ	1								

图 7.12　输入导向的 VRS DEA/PS 模型的数据表

决策目标单元格 F19 包含如下公式：

F19=SUMPRODUCT(F20:F22，G20:G22)/SUM(G20:G22)

其中，G20~G22 保存的是输入的权重。

B20~B25 有如下公式：

B20=SUMPRODUCT (B2:B16, $I$2:$I$16)

B21=SUMPRODUCT (C2:C16, $I$2:$I$16)

B22=SUMPRODUCT (D2:D16, $I$2:$I$16)

B23=SUMPRODUCT (F2:F16, $I$2:$I$16)

B24=SUMPRODUCT (G2:G16, $I$2:$I$16)

B25=SUM (I2:I16)

D20~D24 有如下公式：

D20=F20*INDEX(B2:B16，E18，1)

D21=F21*INDEX(C2:C16，E18，1)

D22=F22*INDEX(D2:D16，E18，1)

D23=INDEX(F2:F16，E18，1)

D24=INDEX(G2:G16，E18，1)

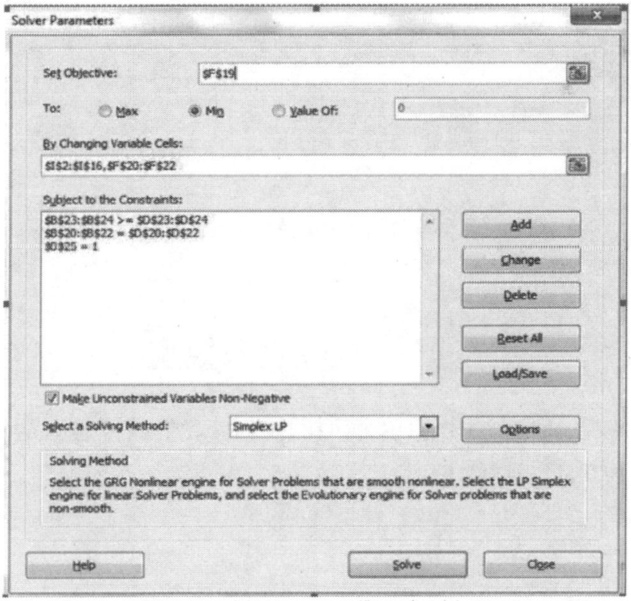

图 7.13 输入导向的 VRS DEA/PS 模型的求解参数

图 7.14 所示的是 VBA 程序 “DEAPS” 自动计算的结果。

注意到，$\theta_i(i = 1,2,3)$ 不仅仅限于图 7.14。如果我们加入 $\theta_i \leqslant 1$($F$20 : FF22 <= 1)，结果如图 7.15 所示。

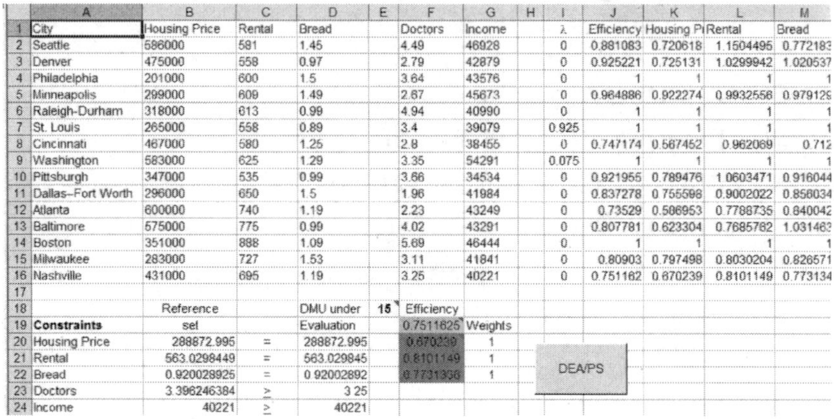

	A	B	C	D	E	F	G	H	I	J	K	L	M
1	City	Housing Price	Rental	Bread		Doctors	Income		λ	Efficiency	Housing Pi	Rental	Bread
2	Seattle	586000	581	1.45		4.49	46928		0	0.881083	0.720618	1.1504495	0.772183
3	Denver	475000	558	0.97		2.79	42879		0	0.925221	0.725131	1.0299942	1.020537
4	Philadelphia	201000	600	1.5		3.64	43576		0	1	1	1	1
5	Minneapolis	299000	609	1.49		2.67	45673		0	0.964886	0.922274	0.9932556	0.979129
6	Raleigh-Durham	318000	613	0.99		4.94	40990		0	1	1	1	1
7	St. Louis	265000	558	0.89		3.4	39079		0.925	1	1	1	1
8	Cincinnati	467000	580	1.25		2.8	38455		0	0.747174	0.567452	0.962069	0.712
9	Washington	583000	625	1.29		3.35	54291		0.075	1	1	1	1
10	Pittsburgh	347000	535	0.99		3.66	34534		0	0.921955	0.789476	1.0603471	0.916044
11	Dallas–Fort Worth	296000	650	1.5		1.96	41984		0	0.837278	0.755598	0.9002022	0.856034
12	Atlanta	600000	740	1.19		2.23	43249		0	0.73529	0.586953	0.7788735	0.840042
13	Baltimore	575000	775	0.99		4.02	43291		0	0.807781	0.623304	0.7685782	1.031463
14	Boston	351000	888	1.09		5.69	46444		0	1	1	1	1
15	Milwaukee	283000	727	1.53		3.11	41841		0	0.80903	0.797498	0.8030204	0.826571
16	Nashville	431000	695	1.19		3.25	40221		0	0.751162	0.670239	0.8101149	0.773134
17													
18		Reference		DMU under	15	Efficiency							
19	Constraints	set		Evaluation		0.7511625	Weights						
20	Housing Price	288872.995	=	288872.995		0.670239	1						
21	Rental	563.0298449	=	563.029845		0.8101149	1		DEA/PS				
22	Bread	0.920028925	=	0.92002892		0.7731338	1						
23	Doctors	3.396246384	≥	3.25									
24	Income	40221	≥	40221									

图 7.14　输入导向的 VRS DEA/PS 模型的效率结果

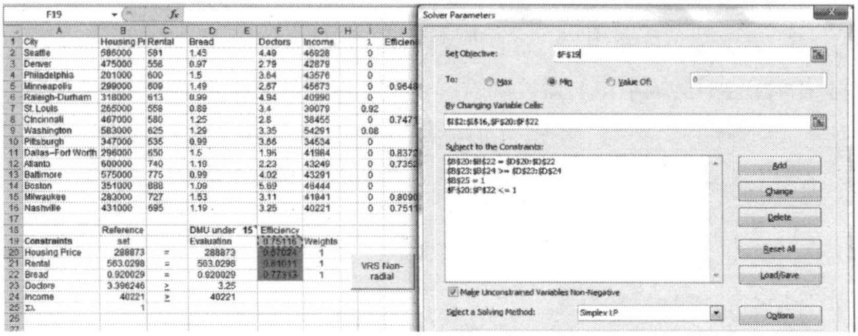

图 7.15　输入导向的非径向的 VRS 模型的效率结果

7.4　成本/收入模型

为了更加深入地研究 DEA/PS 模型的性质，我们考虑输入导向的不变规模报酬的 DEA/PS 模型的对偶规划。

$$\max \sum_{r=1}^{s} \mu_r y_{ro}$$

s.t.

$$\sum_{r=1}^{s} \mu_r y_{rj} - \sum_{i=1}^{m} \nu_i x_{ij} \leqslant 0 \quad j = 1, \cdots, n$$

$$\begin{aligned}&\nu_i x_{io} = A_i \Big/ \sum_{i=1}^{m} A_i \quad i=1,\cdots,m \\ &\mu_r, \nu_i \geqslant 0\end{aligned} \tag{7.7}$$

可以发现，式 (7.7) 也满足标准化条件 $\sum_{i=1}^{m} \nu_i x_{io} = 1$。这个 DEA/PS 模型实际上是一个有着固定输入乘子的 DEA 模型。

让 p_i^o 表示 DMU_o 的第 i 种输入的价格, $\tilde{x}_{io}$ 表示成本最小时第 i 种输入数量。下面这个 DEA 模型是用来计算最小成本的:

$$\begin{aligned}&\min \sum_{i=1}^{m} p_i^o \tilde{x}_{io} \\ &\text{s.t.} \\ &\sum_{j=1}^{n} \lambda_j x_{ij} \leqslant \tilde{x}_{io} \quad i=1,\cdots,m \\ &\sum_{j=1}^{n} \lambda_j y_{rj} \geqslant y_{ro} \quad r=1,\cdots,s \\ &\lambda_j, \tilde{x}_{io} \geqslant 0\end{aligned} \tag{7.8}$$

式 (7.8) 的对偶规划如下:

$$\begin{aligned}&\max \sum_{r=1}^{s} u_r y_{ro} \\ &\text{s.t.} \\ &\sum_{r=1}^{s} u_r y_{rj} - \sum_{i=1}^{m} v_i x_{ij} \leqslant 0 \quad j=1,\cdots,n \\ &0 \leqslant v_i \leqslant p_i^o \quad i=1,\cdots,m \\ &u_r, v_i \geqslant 0\end{aligned} \tag{7.9}$$

通过线性规划的互补性松弛条件，可以得到：如果 $\tilde{x}_{io}^* > 0$，则 $p_i^o = v_i^*$。因此，v_i^* 可以解释为 p_i^o。因此，可以把输入的价格看成偏好权重。

在 DEA 文献中，我们有一个概念叫做“成本效率”，定义如下：

$$CE = \frac{\sum_{i=1}^{m} p_i^o \tilde{x}_{io}^*}{\sum_{i=1}^{m} p_i^o x_{io}}$$

接下来所示的是，相关的 DEA/PS 模型可以被用来获得确切的成本效率得分。因为，对于一个特定的 DMU_o，实际成本 $\sum_{i=1}^{m} p_i^o x_{io}$ 是恒定的，成本效率可以通过如下改进版的规划模型直接得到。

$$\begin{aligned}
&\frac{\sum_{i=1}^{m} p_i^o \tilde{x}_{io}}{\sum_{i=1}^{m} p_i^o x_{io}} \\
&\text{s.t.} \\
&\sum_{j=1}^{n} \lambda_j x_{ij} \leqslant \tilde{x}_{io} \quad i=1,2,\cdots,m \\
&\sum_{j=1}^{n} \lambda_j y_{rj} \geqslant y_{ro} \quad r=1,2,\cdots,s \\
&\lambda_j \geqslant 0 \quad j=1,2,\cdots,n
\end{aligned} \tag{7.10}$$

令 $\tilde{x}_{io}=\theta_i x_{io}$，则模型 (7.10) 和当 $A_i=p_i^o x_{io}$ 时的输入导向的不变规模报酬的 DEA/PS 模型是等价的。这意味着如果我们对每个在考虑之中的决策单元赋予它们一个恰当的偏好权重，则 DEA/PS 模型就可以估计成本效率。

在这，我们提供一个改编自 Seiford 和 Zhu(2002) 的算例来说明怎样计算成本效率。相关的数据如表 7.7 所示，包括如下的输入输出指标以及输入价格：

输入 A=Employees(Annual)

输入 B=Admissions

输入 C=Total Sq.Ft

输出 1=Jail Days

输出 2=Average Term

表 7.7　输入输出数据

Jail No.	输入			输出		输入指标的实际单价/美元		
	A	B	C	1	2	A	B	C
1	371	72 777	71 872	396 389	5.446 62	456.325 99	31.203 95	25.159 54
2	260	41 130	86 583	271 158	6.592 71	335.465 26	28.414 25	7.300 80
3	69	6 728	39 555	96 726	14.376 63	412.459 17	238.989 86	2.796 68
4	79	9 029	10 224	66 922	7.411 90	420.008 96	88.398 36	8.829 42
5	10	2 379	14 552	27 429	11.529 63	296.849 96	31.843 97	3.746 04
6	15	3 600	7 616	34 390	9.552 78	458.174 72	31.997 49	6.905 72

续表

Jail No.	输入			输出		输入指标的实际单价/美元		
	A	B	C	1	2	A	B	C
7	9	4 538	3 998	30 732	6.77 215	443.876 13	21.469 81	9.730 12
8	19	3 497	8 537	29 461	8.424 65	375.034 23	38.030 94	4.042 00
9	15	2 731	3 204	25 185	9.221 90	298.552 97	30.082 09	12.732 97
10	4	5 044	3 757	18 347	3.637 39	376.369 47	10.609 58	2.405 65
11	8	894	7 304	9 437	10.555 93	221.181 08	55.167 58	1.137 15
12	7	2 530	4 013	19 052	7.53 043	456.490 99	29.625 62	8.864 38
13	7	3 650	3 525	22 362	6.126 58	319.767 06	27.423 26	8.416 90
14	7	2 230	2 427	21 471	9.628 25	316.499 45	22.068 06	6.894 71
15	9	2 562	4 226	10 582	4.130 37	231.420 00	29.369 31	8.153 66
16	9	2 202	2 864	12 786	5.806 54	305.526 56	29.438 52	27.641 09
17	5	1 571	1 290	12 829	8.166 14	268.372 62	40.348 26	12.729 98
18	5	2 238	2 960	17 024	7.606 79	471.501 46	54.091 95	12.128 57
19	7	1 023	7 712	16 505	16.133 92	228.560 60	83.616 45	3.155 28
20	8	2 130	4 736	16 019	7.520 66	241.711 68	45.461 21	13.826 40
21	4	1 001	2 896	7 394	7.386 61	314.962 84	36.142 60	3.152 27
22	6.2	2 862	2 850	9 855	3.443 40	520.265 04	17.74 436	8.407 09
23	8	1 718	2 408	9 337	5.434 81	212.342 36	30.826 76	5.454 39
24	4	3 278	2 778	11 275	3.439 60	235.326 73	9.793 44	2.450 44
25	4	519	1 908	5 765	11.107 90	337.281 78	44.842 00	4.658 81
26	5	1 892	2 960	8 046	4.25 264	324.36 165	17.20 160	5.68 869
27	3	6 074	3 914	8 352	1.375 04	246.649 36	5.837 16	1.876 92
28	5	624	1 125	6 540	10.480 77	215.670 04	47.618 49	10.196 08
29	4	413	636	6 398	10.648 91	266.430 34	73.950 34	31.500 05
30	4	554	5 712	4 841	8.738 27	312.172 69	58.263 00	1.145 79
31	3	988	1 899	4 631	4.687 25	226.290 51	23.025 30	4.006 85
32	5	554	598	3 085	5.568 59	273.636 85	52.233 92	3.545 69
33	4	302	1 456	1 374	4.549 67	268.597 07	40.682 12	4.537 77

Jail#1 时，使用模型 (7.10)，我们有如下的规划问题:

$$\min \frac{456.325\,99 \times \tilde{x}_{1o} + 31.203\,95 \times \tilde{x}_{2o} + 25.159\,54 \times \tilde{x}_{3o}}{456.325\,99 \times 371 + 31.203\,95 \times 72\,777 + 25.159\,54 \times 71\,872}$$

s.t.

$$371\lambda_1 + 260\lambda_2 + \cdots + 4\lambda_{33} \leqslant \tilde{x}_{1o}$$

$$72\,777\lambda_1 + 41\,130\lambda_2 + \cdots + 302\lambda_{33} \leqslant \tilde{x}_{2o}$$

$$71\,872\lambda_1 + 86\,583\lambda_2 + \cdots + 1456\lambda_{33} \leqslant \tilde{x}_{3o}$$

$$396\,389\lambda_1 + 271\,158\lambda_2 + \cdots + 1\,374\lambda_{33} \geqslant 396\,389$$

$$5.446\,62\lambda_1 + 6.592\,71\lambda_2 + \cdots + 4.549\,67\lambda_{33} \geqslant 5.446\,62$$

$$\lambda_j \geqslant 0 \quad j = 1, 2, \cdots, 33$$

对上式进行求解可得，最优解为 0.425；因此 Jail $\neq 1$ 的成本效率是 0.425。

另外，我们可以通过不变规模报酬的包络模型来评估所有决策单元的技术效率。Jail#1，求解如下：

$$
\begin{aligned}
&\min \theta \\
&\text{s.t.} \\
&371\lambda_1 + 260\lambda_2 + \cdots + 4\lambda_{33} \leqslant 371\theta \\
&72\ 777\lambda_1 + 41\ 130\lambda_2 + \cdots + 302\lambda_{33} \leqslant 72\ 777\theta \\
&71\ 872\lambda_1 + 86\ 583\lambda_2 + \cdots + 1\ 456\lambda_{33} \leqslant 71\ 872\theta \\
&396\ 389\lambda_1 + 271\ 158\lambda_2 + \cdots + 1\ 374\lambda_{33} \geqslant 396\ 389 \\
&5.446\ 62\lambda_1 + 6.592\ 71\lambda_2 + \cdots + 4.549\ 67\lambda_{33} \geqslant 5.446\ 62 \\
&\lambda_j \geqslant 0 \quad j = 1, 2, \cdots, 33
\end{aligned}
$$

根据上述两种类型的效率值，我们可以通过如下的定义估计成本分配效率：

$$AE = \frac{CE}{TE} \tag{7.11}$$

式中，AE 表示分配效率；CE 表示成本效率；TE 表示技术效率。

同样，对于其他的决策单元，我们也可以获得三种类型的效率值。结果如表 7.8 所示。

表 7.8　技术效率、成本效率和分配效率

Jail No.	技术效率	成本效率	分配效率
1	0.600	0.425	0.708
2	0.606	0.405	0.669
3	0.984	0.763	0.776
4	0.762	0.443	0.581
5	1	0.844	0.844
6	0.892	0.777	0.871
7	1	0.970	0.970
8	0.757	0.589	0.778
9	0.939	0.681	0.725
10	1	1	1
11	0.687	0.599	0.871
12	0.856	0.814	0.951
13	0.923	0.838	0.908
14	1	1	1
15	0.405	0.383	0.946
16	0.586	0.507	0.866
17	1	1	1

续表

Jail No.	技术效率	成本效率	分配效率
18	1	1	1
19	1	1	1
20	0.702	0.637	0.907
21	0.959	0.954	0.995
22	0.476	0.474	0.995
23	0.540	0.474	0.878
24	0.805	0.782	0.971
25	1	1	1
26	0.531	0.516	0.972
27	0.809	0.656	0.811
28	0.975	0.907	0.930
29	1	1	1
30	0.798	0.783	0.981
31	0.916	0.880	0.961
32	0.668	0.457	0.685
33	0.684	0.432	0.739

同样，输出导向的 DEA/PS 模型可以用来求解“收入效率”，收入效率定义如下：

$$\frac{\sum_{r=1}^{s} q_r^o \tilde{y}_{ro}^*}{\sum_{r=1}^{s} q_r^o y_{ro}}$$

式中，q_r^o 代表着 DMU_o 的输出价格，$\tilde{y}_{ro}^*$ 表示在下面的线性规划模型中最大化收入时第 r 种输出的数量。

$$\begin{aligned}
&\max \sum_{r=1}^{s} q_r^o \tilde{y}_{ro} \\
&\text{s.t.} \\
&\sum_{j=1}^{n} \lambda_j x_{ij} \leqslant x_{io} \quad i=1,2,\cdots,m \\
&\sum_{j=1}^{n} \lambda_j y_{rj} \geqslant \tilde{y}_{ro} \quad r=1,2,\cdots,s \\
&\lambda_j, \tilde{y}_{ro} \geqslant 0
\end{aligned} \tag{7.12}$$

在输出导向的 DEA/PS 模型中，令 $\tilde{y}_{ro}=\phi_r y_{ro}, B_r=q_r^o y_{ro}$，有

$$
\begin{aligned}
&\max \frac{\sum_{r=1}^{s} q_r^o \tilde{y}_{ro}}{\sum_{r=1}^{s} q_r^o y_{ro}} \\
&\text{s.t.} \\
&\sum_{j=1}^{n} \lambda_j x_{ij} \leqslant x_{io} \quad i=1,2,\cdots,m \\
&\sum_{j=1}^{n} \lambda_j y_{rj} \geqslant \tilde{y}_{ro} \quad r=1,2,\cdots,s \\
&\lambda_j, \tilde{y}_{ro} \geqslant 0 \quad j=1,2,\cdots,n
\end{aligned} \tag{7.13}
$$

上述模型计算的是收入效率。

练　习

1. 重新思考第 5 章的第二个问题。通过使用基于松弛变量的不变规模报酬的 DEA 模型来获得所有部门的决策目标。两个输入和一个输出的权重已给出，如下表所示：

w_1^-：全体教员和博士生的数量	0	0.25	0.5	0.75	1
w_2^-：可支配资金	1	0.75	0.5	0.25	0
w_1^+：发表数量	0	0	0	0	0

2. 再次思考第 5 章第二个问题。分别使用基于松弛变量的 CRS，VRS，NIRS 和 NDRS 的 DEA 模型来估计所有部门的决策目标。权重已给出，$w_1^-=w_2^-=0.5$。

3. 再次思考第 5 章第二个问题。使用下面的模型去估计所有部门的决策目标：

(1) 输入导向的非径向的不变规模报酬的包络模型；

(2) 输入导向的非径向的不变规模报酬的乘子模型。

4. 重新思考第 3 章的第一个问题。我们发现，输入的单位成本如下：

输入 1 的单位成本＝\$25 000；

输入 2 的单位成本＝\$10 000；

输入 3 的单位成本＝\$80 000；

评估所有医院的成本分配效率。

第8章 权重约束

8.1 引 言

让我们来回顾一下，包络模型可通过两阶段模型确定可能的非零输入和输出的松弛值。目前，乘子模型只能得出效率值。在许多情况下，乘子模型只能得出一个效率值 1，而包络模型还可以得出非零松弛值。原因在于乘子模型在最优解化求解过程中发布了零输入/输出权重。

为了避免这种情况发生，建议在模型构建时控制权重的自由发布。尽管我们可能会面临这种情况，如我们不能确切地知道如何权衡输入和输出指标，但我们可以确定输入和输出指标的相对重要性。在此情况下，我们可以将这些信息包含在 DEA 模型中，从而优化最终权重的选择。

8.2 乘子模型松弛值的计算

我们首先来看一对输入导向型的不变规模报酬 (CRS) 对偶 DEA 模型，如表 8.1 所示。

表 8.1 CRS 下的包络模型和乘子模型

包络模型	乘子模型
$\min \theta - \varepsilon\left(\sum_{i=1}^{m} s_i^- + \sum_{r=1}^{s} s_r^+\right)$	$\max z = \sum_{r=1}^{s} \mu_r y_{ro}$
s.t.	s.t.
$\sum_{j=1}^{n} \lambda_j x_{ij} + s_i^- = \theta x_{io}, \quad i=1,2,\cdots,m$	$\sum_{r=1}^{s} \mu_r y_{rj} - \sum_{i=1}^{m} \nu_i x_{ij} + t_j = 0, \quad j=1,\cdots,n$
$\sum_{j=1}^{n} \lambda_j y_{rj} - s_r^+ = y_{ro}, \quad r=1,2,\cdots,s$	$\sum_{i=1}^{m} \nu_i x_{io} = 1$
$\lambda_j \geqslant 0, j=1,2,\cdots,n$	$\mu_r, \nu_i \geqslant \varepsilon$

注意：输入导向型 CRS 包络模型表现为两阶段的形式。因此其对偶模型——乘子模型在形式上稍有不同。其输入和输出指标的权重的非负性条件变成 $\mu_r, \nu_i \geqslant \varepsilon, \mu_r$ 和 ν_i 分别是与 s_r^+，s_i^- 相关的对偶变量。约束条件 $\sum_{r=1}^{s} \mu_r y_{rj} - \sum_{i=1}^{m} \nu_i x_{ij} \leqslant 0$

变成 $\sum_{r=1}^{s}\mu_r y_{rj}-\sum_{i=1}^{m}\nu_i x_{ij}+t_j=0$，即我们引入松弛变量 t_j，正是与 λ_j 相关的对偶变量。

基于线性规划补充松弛变量的条件，我们得出最优解的 $t_j\lambda_j=0$，$\mu_r s_r^+=0$ 和 $\nu_i s_r^-=0$。因为 $\mu_r,\nu_i\geqslant\varepsilon$ 时，最优解的输入和输出指标的松弛值总是等于 0，表明在上述乘子模型中 (带有 ε) 效率值为 1 的 DMU 一定是有效的，而且弱有效的 DMU 的效率值一定小于 1。也就是说，如果我们在乘子模型中施加条件 $\mu_r,\nu_i\geqslant\varepsilon$，包络模型的两阶段过程在计算中将自动执行。

然而，需要注意的是，ε 是一个非常小的正值，并且经常设为 10^{-6}，这样的选择并不总是有效的。考虑如表 8.2 所示的例子。

表 8.2　输入和输出数据

DMU	输入 1	输入 2	输出
A	2	4	5
B	2	5	5
C	3	4	5
D	6×10^6	8×10^6	10×10^6

从表 8.2 中可以看出，增加松弛条件的乘子模型可以得出松弛值的存在。例如，当 ε=0 时，DMU_B 的松弛值为 t_B=0，但是当 $\varepsilon=10^{-6}$ 时，$t_B\neq0$，因此我们可以利用乘子模型中的松弛变量探测 DMU_B 松弛的存在，尽管其效率值等于 1，但是正如表 8.3 所示，我们利用传统的乘子模型无法测出其松弛值。

表 8.3　当 $\varepsilon=0$ 时乘子模型的松弛值

待估 DMU	t_A	t_B	t_C	t_D
A	0	0.25	0	0
B	0	0	0.5	1
C	0	0.25	0	0
D	0	0.25	0	0

从表 8.4 中还可以看出，ε 值对数据具有依赖性。例如 DMU_D，我们不能选择 $\varepsilon=10^{-6}$，如果我们选择 $\varepsilon=10^{-6}$，则会出现无可行解的情况。

表 8.4　当 $\varepsilon=10^{-6}$ 时乘子模型的松弛值

待估 DMU	t_A	t_B	t_C	t_D
A	0	0.249 999	0.000 001	1
B	1	0.000 001	0.499 997 5	499 997.5
C	0	0.249 999	0.000 001	1
D	无可行解			

如果我们在常规的乘子模型中设定 ε=0，在包络模型中可能得到等于零的松弛变量。因为在这种情况下，最优解 $\mu_r=0$ 和 (或)$\nu_r=0$ 不能确切地说明在包络模型是否有 s_r^+=0 和 (或)s_i^-=0。

8.3 保证域模型

注意到，在乘子模型中目前对变量的唯一限制条件就是 ε 为正值。现有 DEA 文献已经提出了许多方法，通过增加限制条件来约束权重值的选择。这些方法手段包括：①单个权重的上界和下界约束；②权重比率的约束；③增加权重不等式等。

本章中，我们主要研究加入附加约束条件，即考虑权重比率约束形式的权重约束方法。这些约束条件即所谓的保证域 (assurance region, AR)(Thompson et al.,1990)。AR 方法将如下不等式约束加入 DEA 乘子模型 (表 8.1) 中，即

$$\begin{aligned}&\alpha_i \leqslant \frac{\nu_i}{\nu_{i_o}} \leqslant \beta_i \quad i=1,\cdots,m\\&\delta_r \leqslant \frac{\mu_r}{\mu_{r_o}} \leqslant \gamma_r \quad r=1,\cdots,s\end{aligned} \tag{8.1}$$

式中，ν_{i_o} 和 μ_{r_o} 分别表示权重；α_i，β_i 和 δ_r，γ_r 分别代表与输入 $i=1,\cdots,m$ 和输出 $r=1,\cdots,s$ 相关的权重的上界与下界。

以财富最富有城市为例。假定买房价格输入的重要性至多是租房价格输入的两倍，但至少和租房价格一样重要，即

$$1 \leqslant \frac{\nu_{\text{买房价格}}}{\nu_{\text{租房价格}}} \leqslant 2$$

注意到式 (8.1) 中的限制条件是非线性的，但是它们可以转化为线性的约束条件，即

$$\begin{aligned}&\alpha_i\nu_{i_0} \leqslant \nu_i \leqslant \beta_i\nu_{i_0} \quad i=1,\cdots,m\\&\delta_r\mu_{r_0} \leqslant \mu_r \leqslant \gamma_r\mu_{r_0} \quad r=1,\cdots,s\end{aligned}$$

或者

$$\begin{aligned}&\alpha_i\nu_{i_0} \leqslant \nu_i \quad i=1,\cdots,m\\&\nu_i \leqslant \beta_i\nu_{i_0} \quad i=1,\cdots,m\\&\delta_r\mu_{r_0} \leqslant \mu_r \quad r=1,\cdots,s\\&\mu_r \leqslant \gamma_r\mu_{r_0} \quad r=1,\cdots,s\end{aligned}$$

例如，对于买房价格和租房价格的保证域 (图 8.1) 和保证域前沿面 (图 8.2)，我们有

$$\begin{aligned}&\nu_{\text{租房价格}} \leqslant \nu_{\text{买房价格}}\\&\nu_{\text{买房价格}} \leqslant 2\nu_{\text{租房价格}}\end{aligned}$$

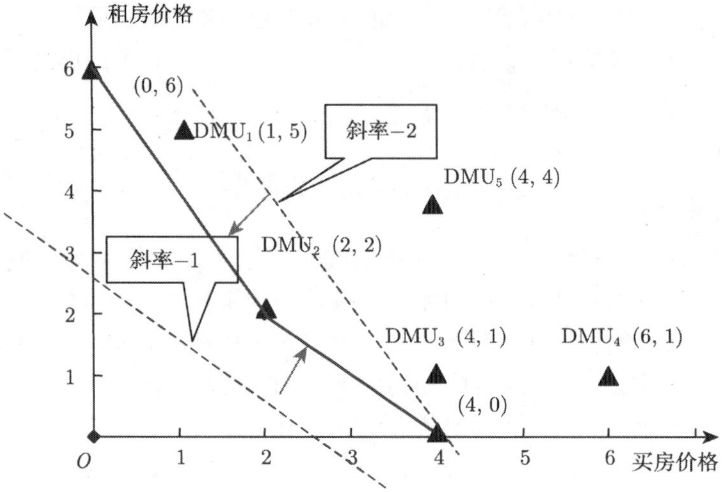

图 8.1　保证域

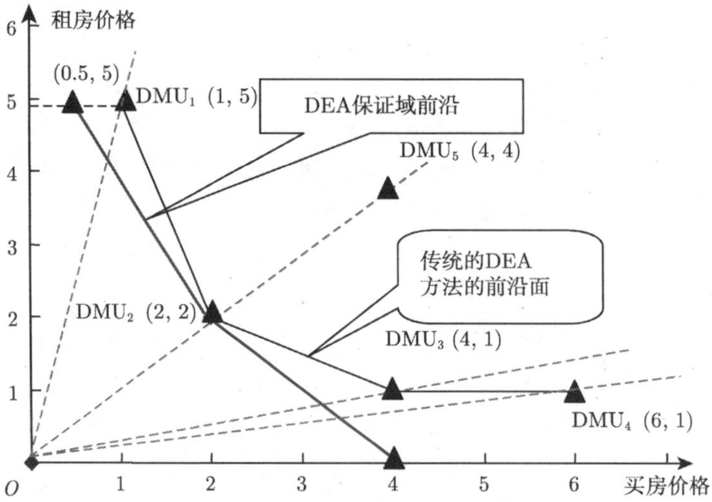

图 8.2　保证域前沿面

注意到输入权重可以看作是输入的单位成本，输出权重可以看作是输出的单位价格。因此，可以用成本/价格信息来构建保证域。例如，如果输出是不同的产品，一定时期的价格变化可以用来构建约束条件的上界和下界。

类似的约束条件构建不仅限于成本/价格。例如在银行的研究中，可以特定输出 (如某项业务) 处理时间来创建保证域。表 8.5 列出了 7 种输出的最小和最大处理时间。

表 8.5 处理时间

输出	业务	处理时间/h	
		最小值	最大值
1	新建一个抵押或非抵押贷款	0.798	2.093
2	新开一个账户 (菜单账户)	0.353	0.541
3	处理分行存款到菜单账户中	0.044	0.070
4	处理从菜单账户中取款	0.040	0.055
5	在分行中更新银行存折的菜单	0.018	0.026
6	处理信用卡现金预付	0.041	0.101
7	处理商业存款	0.039	0.092

在这种情况下，对业务 $r(Tran_r)$ 我们有处理时间约束 $a_r \leqslant Tran_r \leqslant b_r$。例如，对于第一种业务，我们有 $0.798 < Tran_1 < 2.903$。接下来，我们为这 7 种业务创建保证域。如果说 $a_1 \leqslant Tran_1 \leqslant b_1$ 和 $a_2 \leqslant Tran_2 \leqslant b_2$，则权重 μ_1 和 μ_2 需要满足以下比率约束：

$$\frac{a_1}{b_2} \leqslant \frac{\mu_1}{\mu_2} \leqslant \frac{b_1}{a_2}$$

可进一步简化成一对线性限制：

$$-b_2\mu_1 + a_1\mu_2 \leqslant 0$$
$$a_2\mu_1 - b_1\mu_2 \leqslant 0$$

基于表 8.5，我们可得出以下约束集：

$$1.475 \leqslant \frac{Tran_1}{Tran_2} \leqslant 5.929, \quad 11.271 \leqslant \frac{Tran_1}{Tran_3} \leqslant 47.568$$
$$14.345 \leqslant \frac{Tran_1}{Tran_4} \leqslant 52.325, \quad 30.346 \leqslant \frac{Tran_1}{Tran_5} \leqslant 116.278$$
$$7.812 \leqslant \frac{Tran_1}{Tran_6} \leqslant 51.049, \quad 8.576 \leqslant \frac{Tran_1}{Tran_7} \leqslant 53.667$$

8.4 电子表格程序中的保证域模型

在这一节中，我们以 15 个财富最富有城市为例，展示如何用 Excel 电子表格程序来求解 DEA/AR 乘子模型。

为使电子表格程序更易于理解，我们在公式中使用“范围名称”。首先选择一个需要命名的范围，然后在 Excel 左上角“名称框”内键入期望的范围名称。这个“名称框”就在 A 列标题的上方 (图 8.3)。例如，我们选择 C2:E16 这些包含输入数据的单元格，并在“名称框”键入“InputUsed”(图 8.3)。也可以用 Insert/Name/Define 菜单命令。这样，我们在提到输入数据时，就用“InputUsed”来代替 B2:D16 单元格。

InputUsed 586000

	A	B	C	D	E	F	G	H	I
1	DMU	City	Housing Price	Rental	Bread		Doctors	Income	**Constraints**
2	1	Seattle	586000	581	1.45		4.49	46928	-0.15275317
3	2	Denver	475000	558	0.97		2.79	42879	-0.00024158
4	3	Philadelphia	201000	600	1.5		3.64	43576	-0.27372297
5	4	Minneapolis	299000	609	1.49		2.67	45673	-0.26914466
6	5	Raleigh-Durham	318000	613	0.99		4.94	40990	-4.2077E-13
7	6	St. Louis	265000	558	0.89		3.4	39079	-4.3099E-13
8	7	Cincinnati	467000	580	1.25		2.8	38455	-0.23938499
9	8	Washington	583000	625	1.29		3.35	54291	2.1383E-13
10	9	Pittsburgh	347000	535	0.99		3.66	34534	-0.11151761
11	10	Dallas–Fort Worth	296000	650	1.5		1.96	41984	-0.38004241
12	11	Atlanta	600000	740	1.19		2.23	43249	-0.22368179
13	12	Baltimore	575000	775	0.99		4.02	43291	-0.07162273
14	13	Boston	351000	888	1.09		5.69	46444	-0.07524935
15	14	Milwaukee	283000	727	1.53		3.11	41841	-0.39955222
16	15	Nashville	431000	695	1.19		3.25	40221	-0.21891704
17									1
18									
19		**Multipliers**	0	0.000495	0.5512017		0.032649	1.7E-05	
20		DMU under evaluation	**15**	0.00099					
21		Efficiency	0.781082965						

图 8.3 DEA/AR 乘子电子表格模型

我们指定单元格 C20 的范围名称为 "DMU"，这个单元格代表待评估 DMU 的序号。其他的范围名称可以类似定义，如下所示：

G2:H16=OutputProduced;

I2:I16=ConstraintDMUj;

I17=DMUWeightedInput;

C19:E19=InputMultiplier;

G19:H19=OutputMultiplier;

C21=Efficiency。

电子表格模型的公式可以表示为

I2=SUMPRODUCT(OutputMultiplier,INDEX(OutputProduced,A2,0))
− SUMPRODUCT(InputMultipllier,INDEX(InputUsed,A,2,0));

Copy I2 to I3:I16;

I17=SUMPRODUCT(InputMultipllier,INDEX(InputUsed,DMU,0));

D20=2*D19;

C21=SUMPRODUCT (OutputMultiplier, INDEX(OutputProduced,DMU,0))。

我们仍然可以将之前的 Excel 宏命令 ("DEA" 或 "DEA1") 运用到如图 8.4 所示的电子表格模型中，该模型附带了如图 2.24 所示的 Solver 参数。

我们也可将自动计算方法运用到该模型中。实现方法与前几章介绍的模型类似，我们不再赘述。

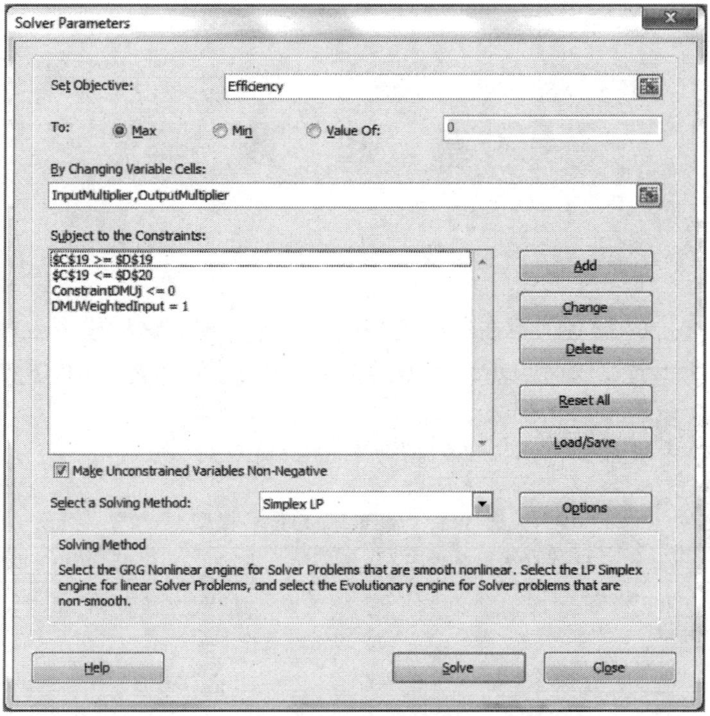

图 8.4　DEA/AR 模型的 Solver 参数

练　　习

1. 分别用 CRS 乘子模型和 DEA/AR 模型计算图 8.1 或图 8.2 例子中所有 DMU 的相对效率，并且比较结果。

2. 再次考虑第 3 章第一个问题。我们发现所有输入的单位成本如下所示：

输入指标 1 的单位价格 (医院病床数 (100s))=$25 000;

输入指标 2 的单位价格 (药品供给量 ($10 000s))=$10 000;

输入指标 3 的单位价格 (不同类型员工的数量 (100s))=$80 000。

(1) 讨论这个问题中保证域限制条件。

(2) 运用 DEA/AR 模型计算所有 DMU 的相对效率。

第9章 超 效 率

9.1 引 言

如果待评价的 DMU 不在包络模型的参考集中时，这种模型就被称作超效率 DEA 模型。第一个超效率 DEA 模型是在 CRS 的假定下建立的。所以，输入导向下有效 DMU 效率值常常会大于 1。

表 9.1 给出了基于包络模型的超效率 DEA 模型。

表 9.1 超效率 DEA 模型

前沿面类型	输入导向型	输出导向型
CRS	$\min \theta^{\text{super}}$ s.t. $\sum\limits_{\substack{j=1\\j\neq o}}^{n} \lambda_j x_{ij} \leqslant \theta^{\text{super}} x_{io} \quad i=1,2,\cdots,m$ $\sum\limits_{\substack{j=1\\j\neq o}}^{n} \lambda_j y_{rj} \geqslant y_{ro} \quad r=1,2,\cdots,s$ $\lambda_j \geqslant 0 \quad j \neq o$	$\max \phi^{\text{super}}$ s.t. $\sum\limits_{\substack{j=1\\j\neq o}}^{n} \lambda_j x_{ij} \leqslant x_{io} \quad i=1,2,\cdots,m$ $\sum\limits_{\substack{j=1\\j\neq o}}^{n} \lambda_j y_{rj} \geqslant \phi^{\text{super}} y_{ro} \quad r=1,2,\cdots,s$ $\lambda_j \geqslant 0 \quad j \neq o$
VRS	加入 $\sum\limits_{j\neq o} \lambda_j = 1$	
NIRS	加入 $\sum\limits_{j\neq o} \lambda_j \leqslant 1$	
NDRS	加入 $\sum\limits_{j\neq o} \lambda_j \geqslant 1$	

可以看出超效率模型和传统的包络模型的区别是：在超效率模型情形下，待评价 DMU 是被排除在参考集 (上面左式) 之外的，即超效率 DEA 模型是基于所有其他 DMU 的参考技术构建模型的。

9.2 算 例

考虑如下算例：如果我们在 CRS 下评价 DMU_2 的超效率值，那么被评价决策单元 DMU_2 是以 DMU_1 和 DMU_3 所决定的新效率前沿面上的 A 点来评价的

(图 9.1)。DMU_2 从 CRS 包络模型的左式中移除。这样，新的前沿面由 DMU_1 和 DMU_3 的凸组合面构成，最终 DMU_2 的 (输入导向) 效率值将大于 1。

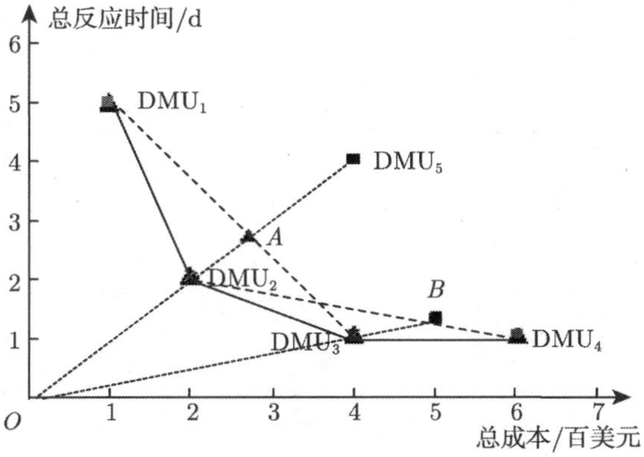

图 9.1　超效率

我们使用图 9.2 中的电子表格模型计算 DMU_2 的 CRS 超效率值。单元格 E9 表示被评价的决策单元，该决策单元被排除在参考集之外。单元格 F2:F6 分别存储 $\lambda_j(j=1,2,3,4,5)$ 的值，单元格 F10 存储超效率值 (θ^{super})。

单元格 B11:B13 包含以下公式：

单元格 B11=SUMPRODUCT(B2:B6,F2:F6)

单元格 B12=SUMPRODUCT(C2:C6,F2:F6)

单元格 B13=SUMPRODUCT(E2:E6,F2:F6)

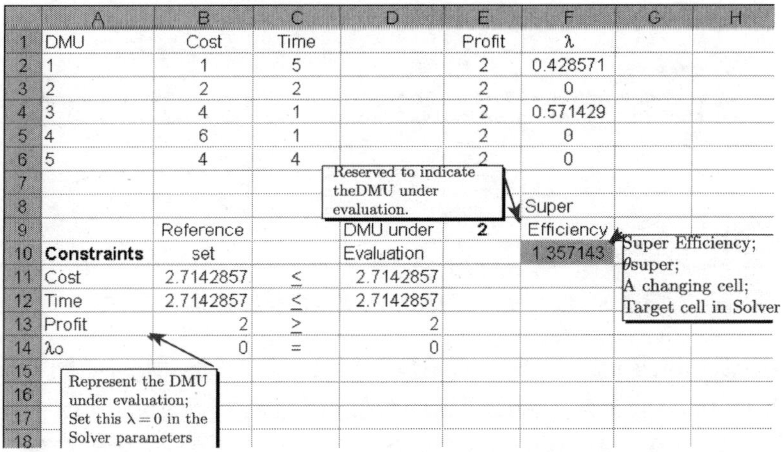

	A	B	C	D	E	F	G	H
1	DMU	Cost	Time		Profit	λ		
2	1	1	5		2	0.428571		
3	2	2	2		2	0		
4	3	4	1		2	0.571429		
5	4	6	1		2	0		
6	5	4	4		2	0		
7								
8						Super		
9		Reference		DMU under	2	Efficiency		
10	Constraints	set		Evaluation		1.357143		
11	Cost	2.7142857	≤	2.7142857				
12	Time	2.7142857	≤	2.7142857				
13	Profit	2	≥	2				
14	λo	0	=	0				
15								
16								
17								
18								

图 9.2　输入导向型 CRS 超效率电子表格模型

注意到在以上的公式中，待评价 DMU 都在参考集中。为了从参考集中移除待评价 DMU，我们在单元格 B14 中引入以下公式：单元格 B14=INDEX(F2:F6,E9,1)。

它返回待评价决策单元 DMU_j 的 λ_j 值。在如图 9.3 所示的 Solver 参数中，我们设置单元格 B14=0。

单元格 D11:D13 包含以下公式：

单元格 D11=$F$10*INDEX(B2:B6,E9,1)

单元格 D12=$F$10*INDEX(C2:C6,E9,1)

单元格 D13=INDEX(E2:E6,E9,1)

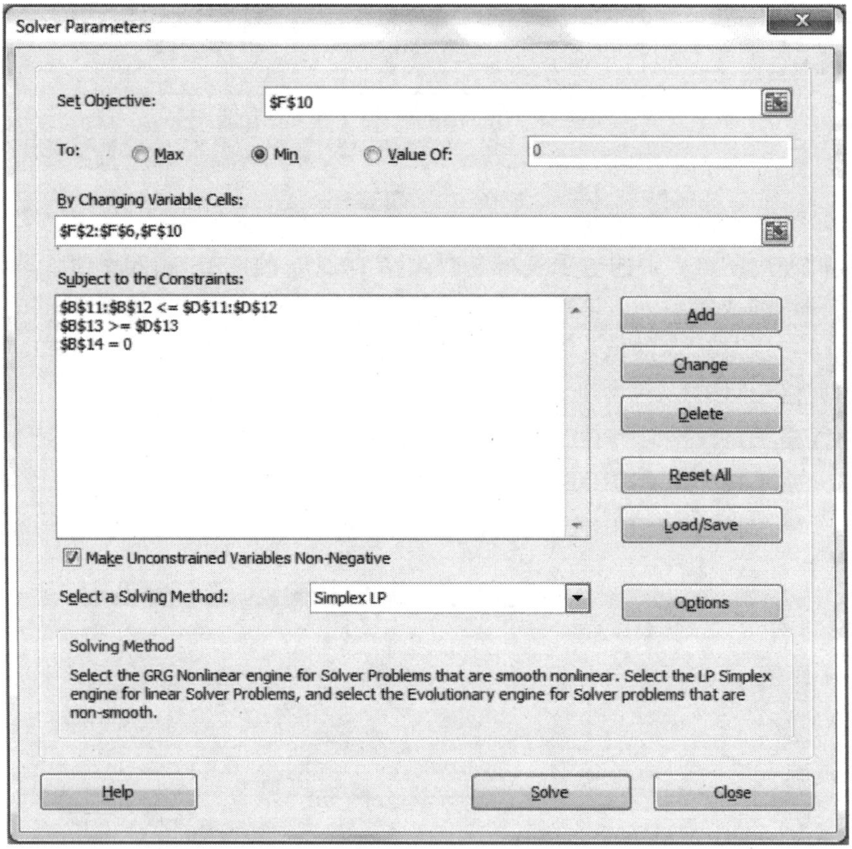

图 9.3　输入导向型 CRS 超效率模型的 Solver 参数

基于图 9.2 和图 9.3，DMU_2 的超效率值为 1.357，单元格 F2 和 F4 中的非零 λ_j 值说明 DMU_1 和 DMU_3 构成了新的有效前沿面。

DUM_3 由 DMU_2 和 DMU_4 决定的新有效前沿面上的点 B 来评价。如果我们将单元格 E9 的值改为 3，那么我们用图 9.3 所示的 Solver 参数可以得到 DMU_3 的超效率值。这个值为 1.25(见图 9.4 的单元格 G4)。

	A	B	C	D	E	F	G
1	DMU	Cost	Time		Profit	λ	Super Efficiency
2	1	1	5		2	5.55E-17	2
3	2	2	2		2	1	1.357142857
4	3	4	1		2	0	1.25
5	4	6	1		2	0	1
6	5	4	4		2	0	0.5
7							
8						Super	
9		Reference		DMU under	**5**	Efficiency	
10	**Constraints**	set		Evaluation		0.5	
11	Cost	2	≤	2			
12	Time	2	≤	2	CRS Super-efficiency		
13	Profit	2	≥	2			
14	λ_o	0	=	0			

图 9.4 超效率值

如果我们从参考集中移除 DMU_4 或 DMU_5，则有效前沿面仍然保持不变。因此，$DMU_4(DMU_5)$ 的超效率值等于输入导向型 CRS 模型下的效率值 (图 9.4)。

DMU_1 的超效率值可对应由 DMU_2 延伸出来的效率前沿上的点 C 来评价 (图 9.5)。可以看出，与其余 4 个 DMU(即 DMU_2，DMU_3，DMU_4 和 DMU_5) 相比而言，C 点是弱有效的决策单元。事实上，我们可能通过消除非零松弛来调整这个超效率值 (Zhu,2001)。

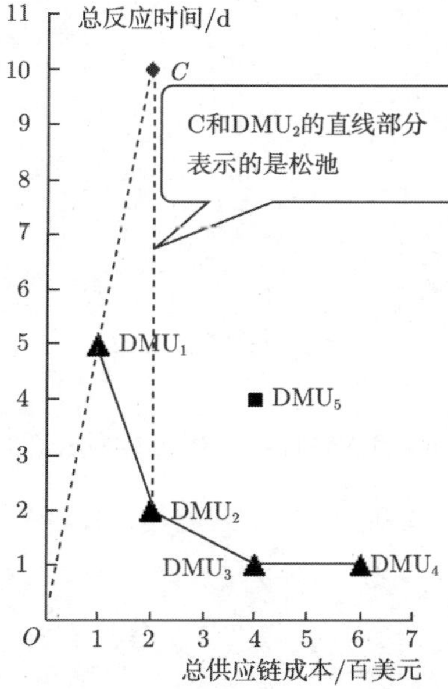

图 9.5 超效率及其松弛

尽管超效率模型能区分有效 DMU，但是这种 DMU 比较并非基于同一“标准”——这是由于由剩余 DMU 构建的有效前沿面会随着被评价有效 DMU 的改变而改变。

9.3　不可行性

考虑图 9.6 所示的输入导向型 VRS 超效率模型。需要注意的是，与第 2 章所示的输入导向型 VRS 包络模型的电子表格模型相比，仅在单元格 B26 中引入了公式“=INDEX(I2:I16,E18,1)”。这个公式的作用是将待评价 DMU 排除出参考集中。也就是说，在输入导向型 VRS 包络电子表格模型中，需要在 Solver 参数中加入附加条件“$B$26=0”，如图 9.7 所示。

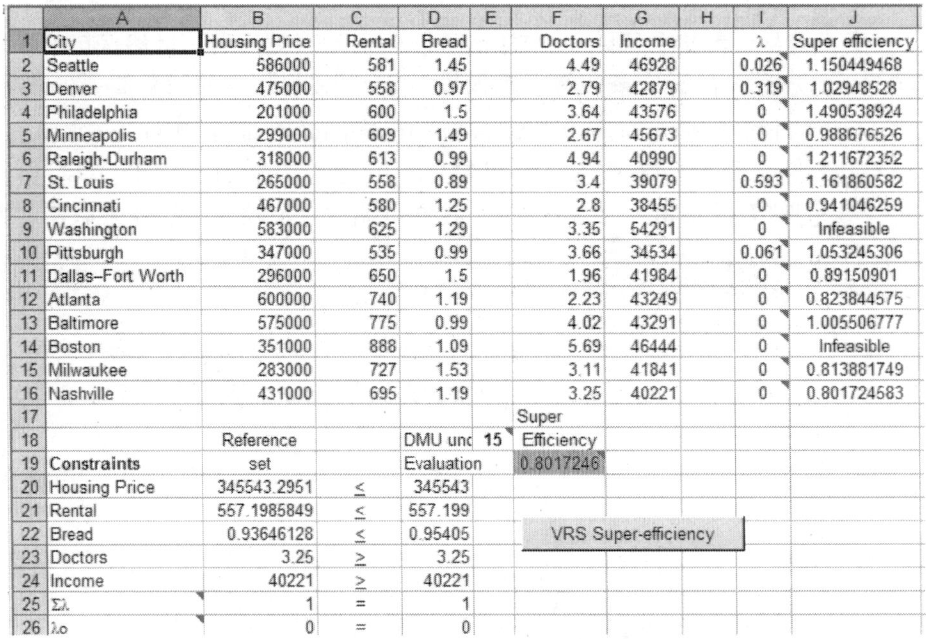

	A	B	C	D	E	F	G	H	I	J
1	City	Housing Price	Rental	Bread		Doctors	Income		λ	Super efficiency
2	Seattle	586000	581	1.45		4.49	46928		0.026	1.150449468
3	Denver	475000	558	0.97		2.79	42879		0.319	1.02948528
4	Philadelphia	201000	600	1.5		3.64	43576		0	1.490538924
5	Minneapolis	299000	609	1.49		2.67	45673		0	0.988676526
6	Raleigh-Durham	318000	613	0.99		4.94	40990		0	1.211672352
7	St. Louis	265000	558	0.89		3.4	39079		0.593	1.161860582
8	Cincinnati	467000	580	1.25		2.8	38455		0	0.941046259
9	Washington	583000	625	1.29		3.35	54291		0	Infeasible
10	Pittsburgh	347000	535	0.99		3.66	34534		0.061	1.053245306
11	Dallas–Fort Worth	296000	650	1.5		1.96	41984		0	0.89150901
12	Atlanta	600000	740	1.19		2.23	43249		0	0.823844575
13	Baltimore	575000	775	0.99		4.02	43291		0	1.005506777
14	Boston	351000	888	1.09		5.69	46444		0	Infeasible
15	Milwaukee	283000	727	1.53		3.11	41841		0	0.813881749
16	Nashville	431000	695	1.19		3.25	40221		0	0.801724583
17						Super				
18		Reference		DMU unc	15	Efficiency				
19	Constraints	set		Evaluation		0.8017246				
20	Housing Price	345543.2951	≤	345543						
21	Rental	557.1985849	≤	557.199						
22	Bread	0.93646128	≤	0.95405		VRS Super-efficiency				
23	Doctors	3.25	≥	3.25						
24	Income	40221	≥	40221						
25	Σλ	1	=	1						
26	λo	0	=	0						

图 9.6　输入导向型 VRS 超效率电子表格模型

一旦我们设好 Solver 参数，计算过程将由 VBA 程序“SuperEfficiency”执行。

```
Sub SuperEfficiency()
Dim I As Integer
For i = 1 To 15
Range ("E18") = i
SolverSolve UserFinish:=True
```

```
'infeasibility check
If SolverSolve(UserFinish:=True) = 5 Then
Range("J" & i + 1) = "Infeasible"
Else
Range("J" & i + 1) = Range ("F19")
End If
Next
End Sub
```

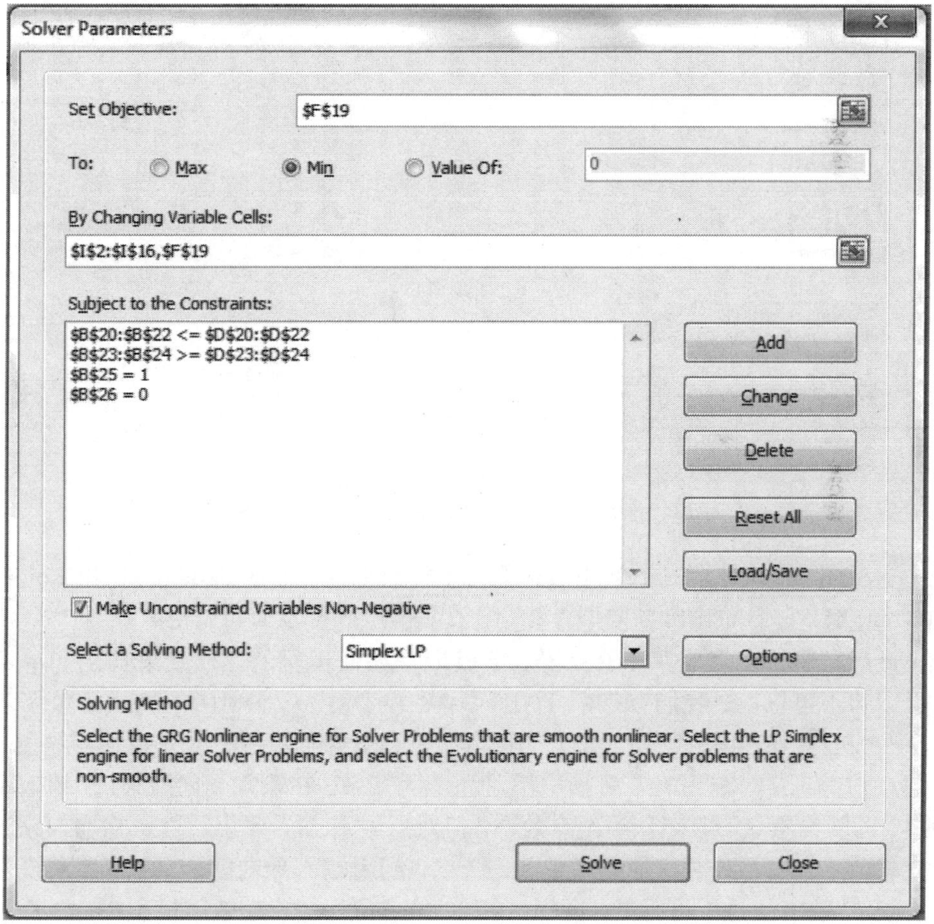

图 9.7 输入导向型 VRS 超效率模型的 Solver 参数

可以看出，在输入导向型 VRS 超效率模型下，两个 VRS 有效城市 (Washington

和 Boston) 没有可行解。注意到，VBA 程序 “SuperEfficiency” 中已经加入了不可行检查的 VBA 命令。

如果我们考虑输出导向型 VRS 超效率模型，我们有如图 9.8 所示的电子表格。图 9.8 是带有附加公式 (单元格 B26 为 “=INDEX(I2:I16,E18,1)”) 的输出导向型 VRS 包络模型。为了计算输出导向型超效率值，我们需要把 Solver 参数中的 “Min” 改为 “Max”，如图 9.7 所示。

	A	B	C	D	E	F	G	H	I	J
1	City	Housing Price	Rental	Bread		Doctors	Income		λ	Super efficiency
2	Seattle	586000	581	1.45		4.49	46928		0	0.883061786
3	Denver	475000	558	0.97		2.79	42879		0	0.920718413
4	Philadelphia	201000	600	1.5		3.64	43576		0.091	Infeasible
5	Minneapolis	299000	609	1.49		2.67	45673		0	1.014272641
6	Raleigh-Durham	318000	613	0.99		4.94	40990		0	0.804352652
7	St. Louis	265000	558	0.89		3.4	39079		0.142	Infeasible
8	Cincinnati	467000	580	1.25		2.8	38455		0	1.187919855
9	Washington	583000	625	1.29		3.35	54291		0.456	0.847011361
10	Pittsburgh	347000	535	0.99		3.66	34534		0	Infeasible
11	Dallas–Fort Worth	296000	650	1.5		1.96	41984		0	1.101389223
12	Atlanta	600000	740	1.19		2.23	43249		0	1.172853708
13	Baltimore	575000	775	0.99		4.02	43291		0	0.994824574
14	Boston	351000	888	1.09		5.69	46444		0.311	0.868189807
15	Milwaukee	283000	727	1.53		3.11	41841		0	1.096438387
16	Nashville	431000	695	1.19		3.25	40221		0	1.211222339
17						Super				
18		Reference		DMU under	15	Efficiency				
19	**Constraints**	set		Evaluation		1.2112223				
20	Housing Price	431000	≤	431000						
21	Rental	695	≤	695		Output-oriented				
22	Bread	1.19	≤	1.19		VRS Super-efficiency				
23	Doctors	4.111131886	≥	3.9364726						
24	Income	48716.57371	≥	48716.5737						
25	Σλ	1	=	1						
26	λo	0	=	0						

图 9.8　输出导向型 VRS 超效率电子表格模型

基于图 9.8，对于三个输出导向型 VRS 有效城市 (Philadelphia, St.Louis 和 Pittsburgh)，它们的输出导向型 VRS 超效率模型同样没有可行解。

最后，图 9.9 展示了 VRS 超效率模型是如何运行的，以及单输出和单输入情况下的不可行性。我们有三个 DMU(DMU_A，DMU_B，DMU_C) 构成的效率前沿面。AB 处于 IRS 阶段，BC 处于 DRS 阶段。VRS 超效率模型分别参考线段 AC 上的点 B' 和 B'' 来评价点 B 输出不足和输入冗余。在输入导向型 VRS 超效率模型中，可以参考 A' 点来评价 A 点效率。但对点 C 来说，要想通过压缩输入来评价其效率值，却找不到对应的参考单元。所以，利用输入导向型 VRS 超效率模型来评价点 C 效率值是不可行的。同样，在输出导向型 VRS 超效率模型中，C 点效率可参考 C' 点来评价，但 A 点无法找到通过输出改变来评价效率的参考点。所以，利用输出导向型 VRS 超效率模型来评价点 A 效率值同样是不可行的。注意到，点 A 是前沿面最左边的点，而点 C 是最右边的点。

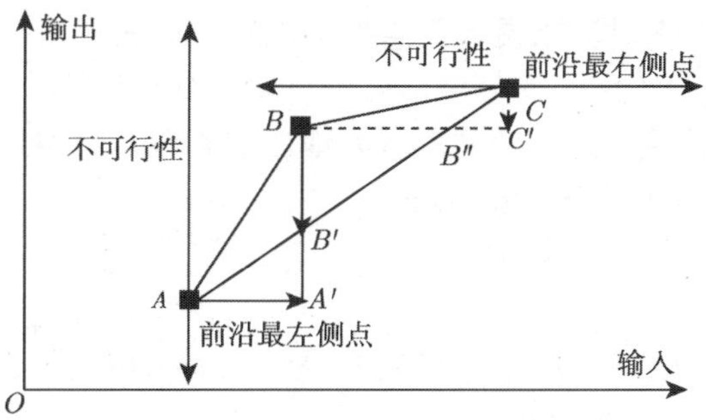

图 9.9　超效率模型的不可行性

9.4 结　论

本章介绍了一些基本的超效率 DEA 模型，并讨论了这些模型的不可行性。Seiford 和 Zhu(1999b) 给出了各种超效率 DEA 模型不可行性的充要条件，并且揭示了不可行性和规模收益类别之间的关系。

例子：利用 DEA 购房①

唐先生想要购买一套住房给他的女儿居住，同时还可租给其他的大学生住。他的女儿将在 WPI 学习几年，他认为买一套房子是一项很不错的投资，因为收取的租金足以超过房贷。他也相信他的女儿能够找到一位有责任心且能负担得起房租的室友。唐先生不常用电脑，也没有时间跑遍 Worcester 去找房子。他将在这个区域找房子的任务交给了他的女儿，以确定自己何时来实地考察比较合适。他女儿决定上网看看房子。利用 realtor.com 网站，她搜索靠近 WPI 的单户住宅 (因为比起公寓她更喜欢它们)，且这些房子要低于 500 000 美元。她不知道哪套房子更好，它们都各不相同，于是她决定利用数据驱动的方法来缩小选择范围。

图 9.10　利用 DEA 购房

① 这是基于 Christine Tang 的工作。

首先，她依据以下对其来说非常重要的指标，从 realtor.com 和谷歌地图收集数据 (附表 A)。

(1) 离 WPI 的距离 (英里)：利用谷歌地图的驾车最短路线的距离；

(2) 市场价格 (\$1000)：realtor.com；

(3) 卧室的数量；

(4) 浴室的数量；

(5) 月盈利 (每月)：计算公式 (卧室数量 -1)$\times$\$500；

(6) 房子的平方英尺 (1000)；

(7) 建造年份。

为了找到最理想的房子，她选择使用 DEA，特别地，

(1) 基于松弛的 VRS 模型；

(2) 保证域 VRS 乘子模型；

(3) CRS 超效率模型。

她首先利用上述前两个指标作为输入 (使之最小)，其他五个指标作为输出 (使之最大)。她根据不同的目的分别使用三个模型：

(1) 基于松弛变量模型：当输入与输出允许以不同的比例增加或减少时，哪些房屋是有效的；

(2) AR 模型：当决策者认为某些输入和输出指标更加重要时，可以允许决策者增加这些权重约束；

(3) 超效率模型：可以在一个更小的数集中 (距离在 0.4 英里内的六套房子，其数据见附表 B) 确定哪套房子更有效。因为运用输入导向型 CRS 包络模型发现有五套房子是有效的。

建立并运行模型过后，她做了这些房子情况的一张表格 (见表 9.2。根据不同的模型这些房子是有效的。这个完整的结果可以见附表 A，B 和 C)。她列出基于松弛变量模型得出松弛值为 0 的房子，这些房子由 AR 模型得出的效率值为 1。超效率模型得出的效率值最高的房子是 2 Einhorn Rd，其效率值接近 1.62。

表 9.2　基本情况

房屋地址	基于松弛变量的模型	AR (效率值)
3 Bancroft Tower Rd	0 松弛	1
94 Elm St	0 松弛	1
182 Park Ave	0 松弛	0.82
41 Oak Knoll Rd	0 松弛	1
Lot1-36 Lanesboro	0 松弛	1

续表

房屋地址	基于松弛变量的模型	AR (效率值)
172 Park Ave	0 松弛	0.91
11 Oxford St	0 松弛	1
2 Einhorn Rd	0 松弛	1
47 Wachusett St	0 松弛	1
39 Dover St	0 松弛	1
2 Edgeworth St	0 松弛	1
7 Chadwick St	0 松弛	1

如果唐先生想要选择在可以步行范围内的房子，那么他应该选择 2 Einhorn Rd。然而，他应该去看看这套房子是否满意 (如最少的装修、是否干净、房子新旧程度等其他非量化因素)。如果他愿意为他女儿买辆车，他应该看看松弛值为 0 且 AR 模型所得效率值为 1 的房子，或在乘子模型中是有效的房子 (表 9.3)。

表 9.3　乘子模型有效的房子

3 Bancroft Tower Rd
94 Elm St
41 Oak Knoll Rd
Lot1-36 Lanesboro
11 Oxford St
2 Einhorn Rd
47 Wachusett St
39 Dover St
2 Edgeworth St
7 Chadwick St

练　习

1. 案例中使用的数据是月收益，能够使用年收益吗？为什么？

2. 你能给出输入和输出指标的选择理由吗？或者你不同意当前的选择，考虑数据的有效性，你会选择哪些输入和输出指标？

3. 利用同样的资源，选择适合你需求的标准 (如不同的位置，仅仅单身公寓，不超过 250 000 美元)。再次使用同样的输出导向型模型，建立你自己的 AR 约束。

4. 假设唐先生购买了一套比他女儿愿意步行的距离要远的房子，运用你选择的 DEA 模型来确定这个家庭应该购买的车 (可能是德国车、日本车或韩国车)。

附表 A　完整的数据集

DMU	地址	输入		输出				
		到 WPI 的距离/英里	市场价格/千美元	卧室数量/间	浴室数量/间	月盈利/美元	房子大小/千平方英尺	建造年份
1	42 Terrace Dr	1.9	469.5	4	3	1500	2.7	1950
2	3 Bancroft Tower Rd	0.5	469	4	4	1500	3.384	2010
3	37 Otsego Rd	1.1	395	4	3	1500	1.872	1933
4	94 Elm St	0.5	383.9	7	5	3000	4.996	1873
5	182 Park Ave	0.2	319.9	4	2	1500	1.896	1924
6	91 Monadnock Rd	1.2	309.9	3	2	1000	2.04	1939
7	4 Sun Valley Dr	1.2	309.9	4	2	1500	2.304	1943
8	41 Oak Knoll Rd	2.3	309.9	5	3	2000	2.509	1967
9	Lot1-36 Lanesboro	4.9	289	3	3	1000	2.04	2013
10	8 Suburban Rd	0.8	288.9	3	2	1000	1.8	1931
11	172 Park Ave	0.2	285.9	5	2	2000	1.855	1914
12	11 Oxford St	1.1	264.9	4	4	1500	3.008	1850
13	31 Roxbury St	0.3	239.9	4	2	1500	2.205	1910
14	2 Sun Valley Dr	1.1	234.9	3	2	1000	1.732	1950
15	2 Einhorn Rd	0.2	229	4	2	1500	2.718	1906
16	47 Wachusett St	0.4	215	5	3	2000	2.107	1923
17	27 Mabelle St	1.4	212	3	2	1000	1.6	1950
18	117 Newton Ave N	1.5	178.5	2	1	500	1.289	1951
19	39 Dover St	0.4	169.9	3	2	1000	1.078	1870
20	37 Edgeworth St	1.4	129.9	4	2	1500	1.144	1888
21	2 Edgeworth St	1.4	125	3	2	1000	1.364	1993
22	7 Chadwick St	1.2	89.9	4	2	1500	1.628	1892

附表 B　步行距离内房屋的数据集

地址	输入		输出				
	距离 WPI/英里	市场价格/千美元	卧室数/间	浴室数/间	盈利/美元	房屋大小/千平方英尺	建造年份
182 Park Ave	0.2	319.9	4	2	1500	1.896	1924
172 Park Ave	0.2	285.9	5	2	2000	1.855	1914
31 Roxbury St	0.3	239.9	4	2	1500	2.205	1910
2 Einhorn Rd	0.2	229	4	2	1500	2.718	1906
47 Wachusett St	0.4	215	5	3	2000	2.107	1923
39 Dover St	0.4	169.9	3	2	1000	1.078	1870

附表 C 基于松弛变量模型的结果

地址	距离 WPI /英里	市场价格 /千美元	卧室数 /间	浴室数 /间	盈利 /美元	房屋大小 /千平方英尺	建造年份
42 Terrace Dr	0	140.739 902 7	1.359 286 294	0.416 058 394	679.643 1468	0.315 908 354	0
3 Bancroft Tower Rd	0	0	0	0	0	4.440 89E-16	0
37 Otsego Rd	0	17.959 854 01	1.705 596 107	1.124 087 591	852.798 053 5	1.957 695 864	0
94 Elm St	7.298 89E-16	0	3.152 46E-14	0	1.530 76E-11	1.351 22E-14	−5.348 63E-16
182 Park Ave	0	4.941 28E-13	2.095 28E-14	4.121 86E-15	1.011 56E-11	4.562 13E-16	0
91 Monadnock Rd	0	0	2.301 159 467	1.484 030 43	1150.579 734	0.914 041 847	0
4 Sun Valley Dr	0	0	1.202 759 28	1.434 362 45	601.379 64	0.574 482 794	0
41 Oak Knoll Rd	−6.806 13E-16	0	−2.256 16E-15	−1.884 43E-15	−1.246 04E-12	−2.736 23E-15	0
Lot1-36 Lanesboro	1.171 62E-14	0	1.316 35E-15	0	6.582 88E-13	0	0
8 Suburban Rd	0	0	2.265 643 888	1.459 933 479	1132.821 944	1.033 840 434	0
172 Park Ave	0	0	1.120 42E-16	1.997 89E-15	4.237 93E-16	1.471 04E-15	0
11 Oxford St	−4.166 99E-15	0	−2.798 7E-14	0	−1.395 91E-11	−1.235 86E-14	−6.068 55E-13
31 Roxbury St	0	0	0.797 216 766	0.516 372 712	398.608 382 8	0	6.108 216 672
2 Sun Valley Dr	0	0	1.628 800 107	0.865 709 394	814.400 053 7	0.405 219 353	0
2 Einhorn Rd	0	0	2.029 2E-17	2.029 2E-17	2.029 2E-17	3.522 37E-15	0
47 Wachusett St	0	0	5.816 32E-16	1.474 99E-15	7.780 94E-18	1.028 16E-16	7.495 18E-14
27 Mabelle St	0.348 080 732	0	1.491 785 344	0.745 892 672	745.892 671 9	0.402 366 887	0
117 Newton Ave N	0.696 232 788	0	2.194 284 23	1.595 626 57	1097.142 115	0.518 350 749	0
39 Dover St	0	0	6.388 38E-14	2.621 35E-14	3.158 45E-11	3.136 59E-14	3.805 5E-13
37 Edgeworth St	0.295 238 095	0	0.408 163 265	0.408 163 265	204.081 632 7	0.942 231 293	1.414 965 986
2 Edgeworth St	2.393 39E-15	0	5.982 45E-15	8.472 09E-15	2.88 02E-12	0	0
7 Chadwick St	−2.261 22E-15	0	−1.978 64E-14	−6.143 43E-16	−9.389 12E-12	−4.358 04E-15	0

第 10 章　生产率变化 —— 基于 DEA 的 Malmquist 指数

10.1 引　　言

DEA 给出了一种合适的方式来估计多输入/多产出的经验有效生产前沿面。给定一组包含多输入和多输出的决策单元集合，无需变量权衡的任何先验信息，DEA 能够确定一个最佳实践或有效生产前沿面。在有效前沿面上的决策单元要么是在给定的输入下生产的最大输出，要么是在给定输出水平下消耗的最小输入。作为决策单元技术效率的度量，DEA 给出了它们的效率值，并且效率值为 1 的决策单元称为前沿 (有效) 决策单元。

Färe 等 (1994) 建立了一个基于 DEA 的 Malmquist 生产率指数以度量跨期生产率变化。Malmquist 指数是由 Malmquist(1953) 首次提出，主要为分析输入消耗的数量变化。基于 DEA 的 Malmquist 生产率指数，已经证明其是一种衡量决策单元生产率变化的好工具。该指数由两个元素组成：一是度量技术前沿面的变化；另一个是度量技术效率的变化。

有很多基于 DEA Malmquist 指数的应用研究。本章将介绍用以计算 Malmquist 指数的 DEA 模型。

10.2 Malmquist 指数

假定我们有 n 个 DMU，每个 DMU 有 m 个输入指标 $x_i(i=1,\cdots,m)$，s 个输出指标 $y_r(r=1,\cdots,s)$。同时假定 t 时期和 t+1 时期的生产函数相同。Malmquist 指数计算需要两个单独时期和两个混合时期的测度值。两个单独时期的测度可以用 CRS DEA 模型得到。以下是 CRS DEA 计算在 t 时期的效率值:

$$\theta_o^t(x_o^t, y_o^t) = \min \theta_o$$

s.t.

$$\sum_{j=1}^{n} \lambda_j x_j^t \leqslant \theta_o x_o^t$$

$$\sum_{j=1}^{n}\lambda_j y_j^t \geqslant y_o^t$$

$$\lambda_j \geqslant 0, \quad j=1,\cdots,n$$

式中，$x_o^t=[x_{1o}^t,\cdots,x_{io}^t,\cdots,x_{mo}^t]^{\mathrm{T}}$，$y_o^t=[y_{1o}^t,\cdots,y_{ro}^t,\cdots,y_{so}^t]^{\mathrm{T}}$。$x_{io}^t$ 表示 DMU_o 在 t 时期时第 i 个投入指标，y_{ro}^t 表示 DMU_o 在 t 时期时第 r 个产出指标。用 t+1 代替上述模型中的 t，我们得到 DMU_o 在 t+1 时期的技术效率 $\theta_o^{t+1}(x_o^{t+1},y_o^{t+1})$。如下所示：

$$\theta_o^{t+1}(x_o^{t+1},y_o^{t+1})=\min\theta_o$$

s.t.

$$\sum_{j=1}^{n}\lambda_j x_j^{t+1} \leqslant \theta_o x_o^{t+1}$$

$$\sum_{j=1}^{n}\lambda_j y_j^{t+1} \geqslant y_o^{t+1}$$

$$\lambda_j \geqslant 0, \quad j=1,\cdots,n$$

混合时期的测度 (即对于每个 DMU_o 的 $\theta_o^t(x_o^{t+1},y_o^{t+1})$ 值) 首先要计算下面的这个线性规划问题的最优值：

$$\theta_o^{t}(x_o^{t+1},y_o^{t+1})=\min\theta_o$$

s.t.

$$\sum_{j=1}^{n}\lambda_j x_j^{t} \leqslant \theta_o x_o^{t+1}$$

$$\sum_{j=1}^{n}\lambda_j y_j^{t} \geqslant y_o^{t+1}$$

$$\lambda_j \geqslant 0, \quad j=1,\cdots,n$$

以上模型是将 t+1 时期的 x_o^{t+1} 与 t 时期的前沿面进行比较。类似的方法，我们可以得到另一个混合时期效率 $\theta_o^{t+1}(x_o^t,y_o^t)$，它将 t 时期的 x_o^t 与 t+1 时期的前沿面进行比较。如下所示：

$$\theta_o^{t+1}(x_o^{t},y_o^{t})=\min\theta_o$$

s.t.

$$\sum_{j=1}^{n}\lambda_j x_j^{t+1} \leqslant \theta_o x_o^{t}$$

$$\sum_{j=1}^{n} \lambda_j y_j^{t+1} \geqslant y_o^t$$

$$\lambda_j \geqslant 0, \quad j = 1, \cdots, n$$

然后，这个 (输入导向型)Malmquist 生产率指数可以表示为

$$M_o = \left[\frac{\theta_o^t(x_o^t, y_o^t)}{\theta_o^t(x_o^{t+1}, y_o^{t+1})} \frac{\theta_o^{t+1}(x_o^t, y_o^t)}{\theta_o^{t+1}(x_o^{t+1}, y_o^{t+1})} \right]^{\frac{1}{2}}$$

式中，M_o 衡量的是 t 时期和 t+1 时期的生产率变化，若 $M_o > 1$，则生产率下降；若 $M_o = 1$，则生产率保持不变；若 $M_o < 1$，则生产率上升。

对特定决策单元 DMU_o，对 M_o 进行如下转换使得同时衡量其技术效率变化和前沿面的移动成为可能。

$$M_o = \frac{\theta_o^t(x_o^t, y_o^t)}{\theta_o^{t+1}(x_o^{t+1}, y_o^{t+1})} \left[\frac{\theta_o^{t+1}(x_o^{t+1}, y_o^{t+1})}{\theta_o^t(x_o^{t+1}, y_o^{t+1})} \frac{\theta_o^{t+1}(x_o^t, y_o^t)}{\theta_o^t(x_o^t, y_o^t)} \right]^{\frac{1}{2}}$$

式中，右边的第一项测度了从第 t 期到 t+1 期技术效率变化的大小。$\text{TEC}_o = \dfrac{\theta_o^t(x_o^t, y_o^t)}{\theta_o^{t+1}(x_o^{t+1}, y_o^{t+1})} < 1$，表示技术效率提高；$\text{TEC}_o$=1，表示技术效率保持不变；$\text{TEC}_o >$ 1，表示技术效率下降。右边的第二项$\text{FS}_o = \left[\dfrac{\theta_o^{t+1}(x_o^{t+1}, y_o^{t+1})}{\theta_o^t(x_o^{t+1}, y_o^{t+1})} \dfrac{\theta_o^{t+1}(x_o^t, y_o^t)}{\theta_o^t(x_o^t, y_o^t)} \right]^{\frac{1}{2}}$ 测度了从第 t 期到第 t+1 期前沿面的变化。$\text{FS}_o > 1$，表示技术出现了退步；$\text{FS}_o < 1$，表示技术进步；$\text{FS}_o = 1$，表示技术水平没发生变化。

如图 10.1 所示，我们只考虑单输入与单输出情形。同一 DMU 在第 1 和 2 期分别用 P 点和 Q 点来刻画。

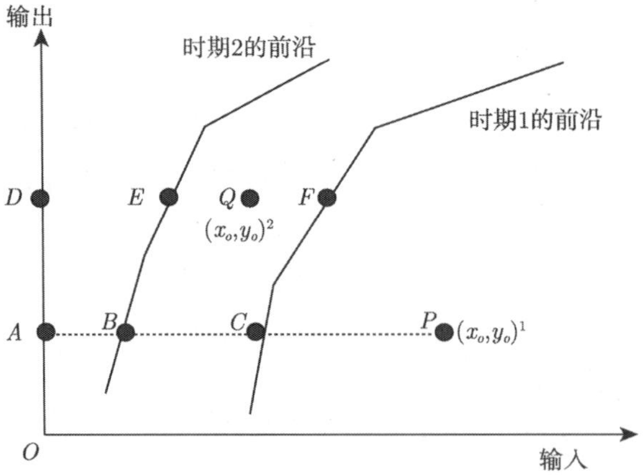

图 10.1　技术效率变化

在这个例子中，$\mathrm{TEC}_o = \dfrac{AC}{AP}\Big/\dfrac{DE}{DQ} < 1$ 表示从第 1 时期到第 2 时期的相对效率提高，而 $\mathrm{TEC}_o = 1$ 和 $\mathrm{TEC}_o > 1$ 分别表示效率值保持不变和下降。

P 点生产前沿面的变化可以表示为

$$\frac{AB}{AC}$$

它等于

$$\frac{\dfrac{AB}{AP}}{\dfrac{AC}{AP}} = \frac{(x_o, y_o)^1\text{关于时期 2 前沿面的效率值}}{(x_o, y_o)^1\text{关于时期 1 前沿面的效率值}}$$

类似地，Q 点生产前沿面的变化可以表示为

$$\frac{DE}{DF} = \frac{\dfrac{DE}{DQ}}{\dfrac{DF}{DQ}} = \frac{(x_o, y_o)^2\text{关于时期 2 前沿面的效率值}}{(x_o, y_o)^2\text{关于时期 1 前沿面的效率值}}$$

因此，

$$\mathrm{FS}_o = \left[\frac{AB}{AC}\frac{DE}{DF}\right]^{\frac{1}{2}}$$

10.3　案例：亚洲银行 50 强

在这一节，我们介绍运用 Malmquist 模型来计算亚洲商业银行 50 强的效率，其中 1998 年和 1999 年只有 45 家银行。我们选择一个输入指标 (资产) 和两个输出指标 (存款和贷款)。数据见 Excel 文件 “asianbanks.xls”(也包含相应的数据表格模型)①。

为了计算 Malmquist 指数，对于每个银行我们需要运行 4 个 DEA 模型。计算 $\theta_o^t(x_o^t, y_o^t)$ 和 $\theta_o^{t+1}(x_o^{t+1}, y_o^{t+1})$ 的两个 DEA 模型是标准的 (输入导向型)CRS 包络模型。

图 10.2 显示的是计算 1998 年输入导向型 CRS 的效率值 $\theta_o^t(x_o^t, y_o^t)$，单元格 F53 用以记录效率值，单元格 E52 记录的是待评价 DMU。公式如下：

B54=SUMPRODUCT(C4:C48,$H$4:$H$48)

B55=SUMPRODUCT(E4:E48,$H$4:$H$48)

B56=SUMPRODUCT(F4:F48,$H$4:$H$48)

D54=$F$53*INDEX(C4:C48,E52,1)

① 该数据由 Asiaweek 出版。

D55=INDEX($E$4:$F$48,$E$52,1)

D56=INDEX($E$4:$F$48,$E$52,2)

	A	B	C	D	E	F	G	H	I
1			1998 data						
2	Commercial Banks	Country	Assets		Deposits	Loans			
3			$ Millions		$ Millions	$ Millions		λ	**Efficiency**
4	77 BANK	JAPAN	35472		32284	23850		0	1
5	AGRICULTURAL BANK OF CHINA	CHINA	190095		137037	122494		0	0.830839
6	ASAHI BANK	JAPAN	224522		157274	161596		0	0.858071
7	ASHIKAGA BANK	JAPAN	44442		39136	33530		0	1
8	AUSTRALIA & N.Z. BANKING GROUP	AUSTRALIA	90230		58189	54923		0	0.757978
9	BANK OF CHINA	CHINA	305638		198028	154824		0	0.720289
10	BANK OF COMMUNICATIONS	CHINA	54319		43855	27141		0	0.887086
47	YAMAGUCHI BANK	JAPAN	35983		32454	22859		0	0.99099
48	YASUDA TRUST & BANKING	JAPAN	58831		21033	30023		0	0.608414
49									
50									
51									
52		Reference		DMU under	**45**	Efficiency			
53	**Constraints**	set		Evaluation		0.608414			
54	Assets	35793.60912	≤	35793.609					
55	Deposits	29669.52833	≥	21033					
56	Loans	30023	≥	30023					

图 10.2　计算 $\theta_o^t(x_o^t, y_o^t)$ 的 Malmquist 指数电子表格

以下 VBA 程序代码 “DEACRS” 是用来计算 45 家银行的效率并将其记录在第 I 列中。

```
Sub DEACRS ()
'Declare DMUNo as integer.  This DMUNo represents the DMU under
'evaluation.  In the example, DMUNo goes from 1 to 45
        Dim DMUNo As Integer
        For DMUNo = 1 To 45
'set the value of cell E52 equal to DMUNo (1,2, ⋯,45)
        Range("E52") = DMUNo
'Run the Solve model.  The UserFinish is set to True so that
'the Sovler Results dialog box will not be shown
              SolverSolve UserFinish:=True
'Place the efficiency into column I
        With Range("I3")
        .Offset (DMUNo, 0) = Range("F53")
        End With
        Next DMUNo
End Sub
```

如果用 1999 年的数据替换 1998 年的数据，我们可以得到如图 10.3 所示的 $\theta_o^{t+1}(x_o^{t+1}, y_o^{t+1})$。注意到图 10.2 和图 10.3 所示的电子表格除了数据以外其他都相同。

	A	B	C	D	E	F	G	H	I
1			1999 data						
2	Commercial Banks	Country	Assets		Deposits	Loans			
3			$ Millions		$ Millions	$ Millions		λ	**Efficiency**
4	77 BANK	JAPAN	41950		37632	26596		0	0.992918
5	AGRICULTURAL BANK OF CHINA	CHINA	190120		137055	122510		0	0.84427
6	ASAHI BANK	JAPAN	236689		183485	179989		0	0.991611
7	ASHIKAGA BANK	JAPAN	51946		44779	36224		0	0.974675
8	AUSTRALIA & N.Z. BANKING GROUP	AUSTRALIA	91915		58075	57988		0	0.821962
9	BANK OF CHINA	CHINA	338186		225054	170357		0	0.744067
10	BANK OF COMMUNICATIONS	CHINA	58454		47163	30573		0	0.892902
47	YAMAGUCHI BANK	JAPAN	40234		36347	25836		0	1
48	YASUDA TRUST & BANKING	JAPAN	58559		27239	34740		0	0.764853
49									
50									
51									
52		Reference		DMU under	**45**	Efficiency			
53	**Constraints**	set		Evaluation		0.764853			
54	Assets	44789.0222	≤	44789.022					
55	Deposits	27239	≥	27239					
56	Loans	34740	≥	34740					

图 10.3 计算 $\theta_o^{t+1}(x_o^{t+1}, y_o^{t+1})$ 的 Malmquist 指数电子表格

为了用相同的 VBA 代码计算 $\theta_o^{t+1}(x_o^t, y_o^t)$ 和 $\theta_o^t(x_o^{t+1}, y_o^{t+1})$，我们将第 J，L，M 列的参考集中要加入的数据插入到相关计算 CRS 效率值的电子表格中。例如，如果我们计算 $\theta_o^t(x_o^{t+1}, y_o^{t+1})$，我们在图 10.3 的第 J，L，M 列中加入 1998 年的数据作为参考集，如图 10.4 所示。

	A	B	C	D	E	F	G	H	I	J	K	L	M
1			**1999 data**							1998 data	**used as the reference set**		
2	Commercial Banks	Country	Assets		Deposits	Loans				Assets		Deposits	Loans
3			$ Millions		$ Millions	$ Millions		λ	**score**	$ Millions		$ Millions	$ Millions
4	77 BANK	JAPAN	41950		37632	26596		0	0.98565	35472		32284	23850
5	AGRICULTURAL BANK (	CHINA	190120		137055	122510		0	0.83084	190095		137037	122494
6	ASAHI BANK	JAPAN	236689		183485	179989		0	0.92427	224522		157274	161596
7	ASHIKAGA BANK	JAPAN	51946		44779	36224		0	0.96577	44442		39136	33530
8	AUSTRALIA & N.Z. BANK	AUSTRALIA	91915		58075	57988		0	0.75638	90230		58189	54923
9	BANK OF CHINA	CHINA	338186		225054	170357		0	0.70483	306638		108028	151824
10	BANK OF COMMUNICAT	CHINA	58454		47163	30573		0	0.88651	54319		43855	27141
47	YAMAGUCHI BANK	JAPAN	40234		36347	25836		0	0.9926	35983		32454	22859
48	YASUDA TRUST & BANK	JAPAN	58559		27239	34740		0	0.70727	58831		21033	30023
49													
50													
51													
52		Reference		DMU unde	**45**	Efficiency							
53	**Constraints**	set		Evaluation		0.70727							
54	Assets	41417.24614	≤	41417.2									
55	Deposits	34330.99338	≥	27239									
56	Loans	34740	≥	34740									

图 10.4 计算 $\theta_o^t(x_o^{t+1}, y_o^{t+1})$ 的 Malmquist 指数电子表格

如果我们在图 10.4 中交换 1998 年和 1999 年的数据，我们得到的是 $\theta_o^t(x_o^{t+1}, y_o^{t+1})$。基于算出的效率值，我们可以进一步计算 Malmquist 指数的效率值，它的各个组成部分如图 10.5 所示。结果表明所有银行从 1998 ~ 1999 年都经历了技术退步。

	A	B	C	D	E	F	G
1			technical		frontier		Malmquist
2	Commercial Banks	Country	efficiency		shift		
3			change				
4	77 BANK	JAPAN	1.007133		1.010484		1.017692
5	AGRICULTURAL BANK OF CHINA	CHINA	0.984092		1.016166		1.000001
6	ASAHI BANK	JAPAN	0.86533		1.082059		0.936338
7	ASHIKAGA BANK	JAPAN	1.025983		1.007541		1.033719
8	AUSTRALIA & N.Z. BANKING GROUP	AUSTRALIA	0.922157		1.066372		0.983362
9	BANK OF CHINA	CHINA	0.968043		1.011877		0.97954
10	BANK OF COMMUNICATIONS	CHINA	0.993486		1.007206		1.000645
11	BANK OF FUKUOKA	JAPAN	0.990664		1.010425		1.000992
12	BANK OF TAIWAN	TAIWAN	1.021228		1.028539		1.050374
13	BANK OF TOKYO-MITSUBISHI	JAPAN	0.913595		1.033648		0.944336
14	BANK OF YOKOHAMA	JAPAN	1.006612		1.011651		1.01834
15	CHIBA BANK	JAPAN	1.003497		1.004719		1.008232
16	CHINA CONSTRUCTION BANK	CHINA	0.908801		1.009196		0.917158
17	CHUGOKU BANK	JAPAN	0.99446		1.007306		1.001725
18	COMMONWEALTH BANK OF AUST.	AUSTRALIA	0.906921		1.089802		0.988364
19	DAI-ICHI KANGYO BANK	JAPAN	0.991176		1.053996		1.044696
20	DAIWA BANK	JAPAN	0.967258		1.012434		0.979285
21	DBS BANK	SINGAPORE	1		1.047163		1.047163

图 10.5　Malmquist 指数

10.4　结　　论

本章介绍了基于 DEA 的 Malmquist 生产率指数。需要注意的是，这些模型是基于 CRS 假设条件的。我们也可以用非 CRS(如 VRS) 模型，但是基于非 CRS 的 Malmquist 生产率指数计算会遇到线性规划的无可行解问题。

第 11 章　情境依赖 DEA 模型

11.1　引　　言

增加或者删除一个或者一些无效决策单元，并不会改变现有决策单元的效率值和最佳实践前沿。当且仅当最佳实践前沿发生变化时，非有效单元的效率值才会改变，即决策单元的绩效表现仅取决于被识别出的最佳实践前沿。相反，消费选择理论研究者指出消费者的选择往往会被情境所影响，例如，圆圈在被较小圈环绕的背景下会显得更大，而被更大的圈环绕就显得更小。类似地，与一些没什么吸引力的替代品相比，某产品可能会显得有吸引力；但与更有吸引力的替代品相比，它又显得没有什么吸引力 (Tversky et al.,1993)。

在 DEA 框架内考虑这一影响，人们会有这样的疑问："对于某个特定的 DMU 来说，当它与其他 DMU 进行比较时，什么是相对吸引力呢？"Seiford 和 Zhu(2003) 拓展了一种情境依赖 DEA 模型，指出 DMU_x 对比 DMU_y 的相对吸引力取决于是否有第三种选择 (称为 DMU_z，或是一组 DMU)。

在原始的 DEA 方法中，每个决策单元都是通过与最佳实践前沿上的决策单元对比来评价的。也就是说，原始的 DEA 方法可以通过最佳实践前沿来对无效决策单元进行排序。然而，当 DMU_x 与 DMU_y 都是最佳实践前沿上的决策单元时，那么就难以识别这两个决策单元中谁是关于 DMU_z(或者一组无效决策单元) 更好的选择，因为这两个决策单元的效率值都是 1。尽管可以使用超效率 DEA 方法 (见第 9 章)来对有效决策单元进行重新排名，但是该方法存在一种问题：评价情境或者第三种选择 (参考集) 在每次评价中都会发生变化。也即在超效率模型概念下，DMU_x 与 DMU_y 不是与相同的第三方进行对比评估的。

根据以上的讨论，我们发现所有 DMU 都是通过与最佳实践前沿对比来进行评价的，就这个意义而言，DEA 所提供的绩效评价结果是绝对的。为了得到 DEA 框架内的相对吸引力，我们将原始的 DEA 方法修改成这样的一种情形，即将相对绩效定义在特定的最佳实践前沿情境 (评价情境) 下。

为了得到这样的评价情境，DEA 学者曾提出这么一种算法：先将有效决策单元从原始最佳实践前沿移除，这样剩下的无效决策单元会形成第二层最佳实践前沿。以此类推，如果再将第二层最佳实践前沿移除，就可形成第三层最佳实践前沿。如此下去，直到没有决策单元剩余。这样，我们将最佳实践前沿划成若干个层次。

注意到每个最佳实践前沿都为评价相对吸引力提供了评价情境，例如，第二层最佳实践前沿为评价第一层 (原始) 最佳实践前沿上决策单元的相对吸引力提供了评价背景。可以发现，第二层最佳实践前沿的存在影响着第一层最佳实践前沿上决策单元相对吸引力的评价。当绩效较差的决策单元被选作评价背景时，可便于获得该 DMU 的相对吸引值。如果位于同一层最佳实践前沿上的决策单元被看作是绩效相同，那么吸引力测度可以允许我们基于相同的评价情境 (或第三方) 下来进一步区分这些具有相同绩效的决策单元。

另一方面，我们也可以根据第一层或者第二层的最佳实践前沿来评价位于第三层最佳实践前沿的决策单元绩效。我们定义这种类型的测度方式为改进测度 (progress measure)—— 将表现较好的决策单元选作评价背景，即以较高水平下的最佳实践前沿作为评价背景来评价低水平前沿面上决策单元的效率改进。注意到，原始 DEA 模型能提供投影方法以改进无效单元绩效。然而，由于管理经验以及可用资源等因素的限制，很可能某个特定的无效单元不能立即改进到第一层最佳实践前沿的效率水平上。因此，中间目标 (或者更容易达成的目标) 对于无效单元将是更加可取的。通过集中于不同层次的最佳实践前沿，改进测度为决策单元提供了一种绩效改善途径，即一步一步将 DMU 投影到可实现的最佳实践前沿上，这里中间目标称为局部目标，而针对第一层最佳实践前沿的目标称为全局目标。

11.2　层次 DEA 方法

定义 $J^l = \{\mathrm{DMU}_j, j = 1, \cdots, n\}$(包含所有 n 个决策单元的集合) 和迭代地定义 $J^{l+1} = J^l - E^l$，其中 $E^l = \{\mathrm{DMU}_k \in J^l | \theta^*(l,k) = 1\}$，这里 $\theta^*(l,k)$ 是 DMU_k 基于输入导向型 CRS 包络模型的最优值：

$$
\begin{aligned}
&\theta^*(l,k) = \min_{\lambda_j, \theta(l.k)} \theta(l,k) \\
&\text{s.t.} \\
&\sum_{j \in F(J^l)} \lambda_j x_{ij} \leqslant \theta(l,k) x_{ik} \\
&\sum_{j \in F(J^l)} \lambda_j y_{rj} \geqslant y_{rk} \\
&\lambda_j \geqslant 0, \quad j \in F(J^l)
\end{aligned}
\tag{11.1}
$$

式中，$j \in F(J^l)$ 表示 $\mathrm{DMU}_j \in J^l$，即 $F(\cdot)$ 代表相应下标的决策单元集。

当 l=1 时，模型 (11.1) 变成原始的输入导向型 CRS 包络模型，并且 E^l 包含所有最佳实践前沿上的决策单元。E^l 内的有效决策单元即确定了第一层最佳实践前沿。当 l=2 时，模型 (11.1) 在排除第一层有效决策单元之后确定了第二层最佳实践前沿。以此类推，直至识别出若干层最佳实践前沿。称 E^l 为第 l 层最佳实践前沿。以下算法实现了如何基于模型 (11.1) 识别不同层最佳实践前沿。

步骤 1：令 l=1，利用模型 (11.1) 评价所有的决策单元 J^l，有效集 E^l 中的决策单元构成第 1 层最佳实践前沿；

步骤 2：排除之前的有效决策单元，令 $J^{l+1}=J^l-E^l$(当 $J^{l+1}=\varnothing$ 就停止)；

步骤 3：利用模型 (11.1) 对无效决策单元的新子集 J^{l+1} 进行评价，得到有效决策单元的新子集 E^{l+1}(新的最佳实践前沿)；

步骤 4：令 $l=l+1$，返回步骤 2。

停止规则：$J^{l+1}=\varnothing$ 时，算法停止。

因此，基于模型 (11.1) 可以将全部的 DMU 进行分层。由上述算法可知，这里 l 取值是由 1 取到 L，而 L 的值则取决于停止规则。

图 11.1 描绘了 10 个 DMU，这些 DMU 的评价指标由两个投入和一个单位产出构成 (表 11.1)，它们构成了 3 层有效前沿面，即 L=3。

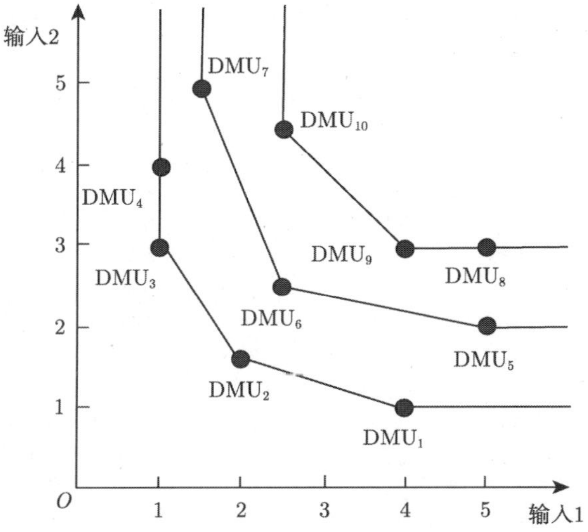

图 11.1 不同层级的有效前沿面

表 11.1 DMU 样本

DMU	1	2	3	4	5	6	7	8	9	10
输入 1	4	2	1	1	5	2.5	1.5	5	4	2.5
输入 2	1	1.5	3	4	2	2.5	5	3	3	4.5

注意到虽然 DMU_4 在第 1 层有效前沿面上，但是它是非有效的 (其存在非零

松弛[①])。

很容易发现这些 DMU 集合有以下性质：

(1) $J^l = \bigcup_{l=1}^{L} E^l$，当 $l \neq l'$ 时，$E^l \cap E^{l'} = \varnothing$；

(2) 若 $l' > 1$，那么 E^l 中的 DMU 要比 $E^{l'}$ 有效；

(3) 对所有的 $0 < l' \leqslant l - L$，E^l 中 DMU 要比 $E^{l+l'}$ 中 DMU 有效。

接下来，我们利用 http://java.emp.pdx.edu/etm/dea/dataset/中的 DEA 数据存储库相关数据来演示这个算法。如表 11.2 所示，这里共有 24 个柔性制造系统 (FMS)，每个 FMS 都有 5 种投入要素：①总成本 (TC)(百万美元)；②在制品 (WIP)(1 单位)；③生产能力 (TT)(件/单位)；④员工数 (EMP)(人)；⑤空间需求 (SR)(千平方英尺)。3 种产出要素：①产能柔性 (VF)(每种类型产品生产能力

表 11.2 柔性制造系统的相关数据

FMS	输入					输出		
	TC	WIP	TT	EMP	SR	VF	PF	RF
1	1.19	98	12.33	5	5.30	619	88	2
2	4.91	297	34.84	14	1.10	841	14	4
3	4.60	418	16.68	12	6.30	555	39	1
4	3.69	147	40.83	10	3.80	778	31	2
5	1.31	377	20.82	3	9.80	628	51	6
6	3.04	173	38.87	4	1.60	266	13	5
7	1.83	202	49.67	13	4.30	46	60	4
8	2.07	533	30.07	14	8.80	226	21	4
9	3.06	898	27.67	2	3.90	354	86	5
10	1.44	423	6.02	10	5.40	694	20	3
11	2.47	470	4.00	13	5.30	513	40	5
12	2.85	87	43.09	8	2.40	884	17	7
13	4.85	915	54.79	5	2.40	439	58	4
14	1.31	852	86.87	3	0.50	401	18	4
15	4.18	924	54.46	4	6.00	491	27	4
16	1.99	273	91.08	3	2.50	937	6	3
17	1.60	983	37.93	13	8.80	709	39	2
18	4.04	106	23.39	11	2.90	615	91	3
19	3.76	955	54.98	1	9.40	499	46	3
20	4.76	416	1.55	9	1.50	58	2	6
21	3.60	660	3.98	6	3.90	592	29	4
22	3.24	771	52.26	8	1.60	535	61	1
23	3.05	318	35.09	4	9.20	124	25	2
24	1.60	849	62.83	15	7.30	923	60	3

① 通过将基于松弛的测度引入情境依赖 DEA 中，我们可以得到另一种分层结构，该结构考虑到了松弛这一因素。因此，DMU_4 应当被划分到第 2 层有效前沿面上，见 Morita et al., 2005。

的平均范围)；②生产组合灵活性 (PF)(产品类型数)；③加工路线柔性 (RF)(每个加工中心的平均工序数)。

图 11.2 显示了确定第一层 CRS 有效前沿面的电子数据表模型。目标单元格是 F28，可变单元格是 K2:K25 以及 F28。单元格 B29:B36 的计算公式如下：

B29=SUMPRODUCT(B2:B25,K2:K25)

B30=SUMPRODUCT(C2:C25,K2:K25)

B31=SUMPRODUCT(D2:D25,K2:K25)

B32=SUMPRODUCT(E2:E25,K2:K25)

B33=SUMPRODUCT(F2:F25,K2:K25)

B34=SUMPRODUCT(H2:H25,K2:K25)

B35=SUMPRODUCT(I2:I25,K2:K25)

B36=SUMPRODUCT(J2:J25,K2:K25)

D29:D36 的计算公式如下：

D29=F28*INDEX(B2:B25,E27,1)

D30=F28*INDEX(C2:C25,E27,1)

D31=F28*INDEX(D2:D25,E27,1)

D32=F28*INDEX(E2:E25,E27,1)

D33=F28*INDEX(F2:F25,E27,1)

D34=INDEX(H2:H25,E27,1)

D35=INDEX(I2:I25,E27,1)

D36=INDEX(J2:J25,E27,1)

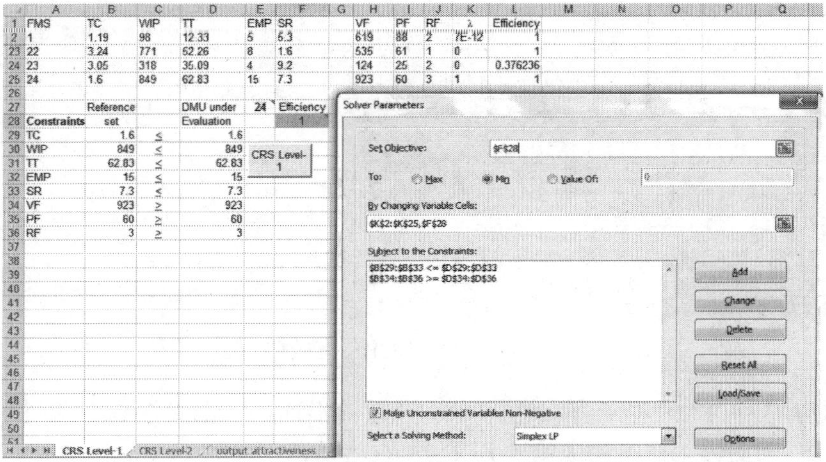

图 11.2 第一层 CRS 有效前沿面

“CRS Level-1” 按钮与 VBA 程序 “Level1” 相连，它在第 L 列记录了 CRS 效率。

```
Sub Level1()
    Dim i As Integer
    For i = 1 To 24
'set the value of cell E27 equal to i (1,2, …,24)
    Range("E27") = i
    SolverSolve UeserFinish:=True
'place the efficiency into column L
    Range("L" & i+1) = Range("F28")
    Next i
End Sub
```

共有 16 个 FMS 位于第 1 层有效前沿面上，分别是决策单元 1，2，5，6，9，10，11，12，14，16，18，19，20，21，22 和 24。

接下来，将这些效率值为 1 的 DMU(上述 16 个 FMS) 移除。由于在图 11.2 的电子数据表中的公式没有绝对引用，因此当我们将效率值为 1 的 FMS 相关行移除之后，Solver 自动地调整参数。图 11.3 展示的是新的电子数据表。

	A	B	C	D	E	F	G	H	I	J	K	L
1	FMS	TC	WIP	TT	EMP	SR		VF	PF	RF	λ	Efficiency
2	3	4.6	418	16.68	12	6.3		555	39	1	0	1
3	4	3.69	147	40.83	10	3.8		778	31	2	0	1
4	7	1.83	202	49.67	13	4.3		46	60	4	0.201	1
5	8	2.07	533	30.07	14	8.8		226	21	4	0	1
6	13	4.85	915	54.79	5	2.4		439	58	4	0.157	1
7	15	4.18	924	54.46	4	6		491	27	4	0.142	1
8	17	1.6	983	37.93	13	8.8		709	39	2	0	1
9	23	3.05	318	35.09	4	9.2		124	25	2	0	0.991748
10												
11		Reference		DMU under	8	Efficiency						
12	Constraints	set		Evaluation		0.991748						
13	TC	1.722457	≤	3.024832								
14	WIP	315.3759	≤	315.3759	CRS Level-2							
15	TT	26.31838	≤	34.80044								
16	EMP	3.966992	≤	3.966992								
17	SR	2.093367	≤	9.124083								
18	VF	147.8423	≥	124								
19	PF	25	≥	25								
20	RF	2	≥	2								

图 11.3　第 2 层 CRS 有效前沿面

共有 7 个 FMS 位于第 2 层 CRS 有效前沿面上。由于仅剩下 1 个 FMS(即 DMU_{23})，因而该 DMU 构成第 3 层 CRS 有效前沿面 (L=3) 。

11.3 输入导向的情境依赖 DEA 模型

DEA 分层模型 (11.1) 将 DMU 集分成不同层次的有效前沿面，并用 E^l 表示 $(l=1,\cdots,L)$，现在基于评价情境 E^l 我们提出输入导向的情境依赖 DEA 模型。情境依赖 DEA 模型主要是以吸引力值以及改进值测度为特点。

1. **吸引力值**

考虑位于第 E^{l_o} 层有效前沿面上的 $\mathrm{DMU}_q=(x_q,y_q)$，$l_o\in\{1,\cdots,L-1\}$，其吸引力值可用以下模型确定：

$$
\begin{aligned}
& H_q^*(d)=\min H_q(d) \quad d=1,\cdots,L-l_o \\
& \text{s.t.} \\
& \sum_{j\in F(E^{l_o+d})} \lambda_j x_j \leqslant H_q(d)x_q \\
& \sum_{j\in F(E^{l_o+d})} \lambda_j y_j \geqslant y_q \\
& \lambda_j \geqslant 0 \quad j\in F(E^{l_o+d})
\end{aligned} \tag{11.2}
$$

在模型 (11.2) 中，各有效前沿 E^{l_o+d} 都代表一种评价情境，用以评价 E^{l_o} 上决策单元的相对吸引力。$H_q^*(d)$ (>1) 的值越大，DMU_q 的吸引力越大，这是由于它使得 DMU_q 在评价情境 E^{l_o+d} 中更加与众不同。因此可以根据吸引力值大小来对 E^{l_o} 内的决策单元进行排名并且确定表现最优的决策单元。

实际上，对某个具体的 $\mathrm{DMU}_q\in E^{l_o}$，$l_o\in\{1,\cdots,L-1\}$，则有 $H_q^*(d+1)>H_q^*(d)$。

定义 11.1 $H_q^*(d)$ 称作输入导向下层次 E^{l_o} 中 DMU_q 的第 d 级吸引力值。

假设第一层最佳实践前沿上的每个 DMU 都代表一种选择或是一种产品。顾客可以将 E^{l_o} 内特定的 DMU 与当前处在同一层有效前沿面上的其他替代者以及作为评价情境的相关替代者作比较。这里的相关替代者指的是位于第二层或者第三层等层次最佳实践前沿上的决策单元。在给定的替代者 (评价情境) 中，模型 (11.2) 可以做出最优选择，即找出最有吸引力的替代者。

图 11.4 展示了吸引力值测度的电子数据表模型 —— 模型 (11.2)。单元格 A1:J17 和 A21:J28 分别存储的是第一层和第二层最佳实践前沿上的 DMU。这个模型可以测度出第一级的吸引力值。单元格 G2 用来指明所评价的 DMU。单元格 G5 则表示吸引力值得分，它是目标单元格并且是可变单元格。K2:K28 是用来存放 λ_j 的可变单元格。

	A	B	C	D	E	F	G	H	I	J	K
1	FMS (Level1)	TC	WIP	TT	EMP	SR		VF	PF	RF	Attractiveness
2	1	1.19	98	12.33	5	5.3	16	619	88	2	5.257398
3	2	4.91	297	34.84	14	1.1		841	14	4	3.883129
4	5	1.31	377	20.82	3	9.8	Score	628	51	6	3.942397
5	6	3.04	173	38.87	4	1.6	1.594	266	13	5	3.222047
6	9	3.06	898	27.67	2	3.9		354	86	5	3.706897
7	10	1.44	423	6.02	10	5.4		694	20	3	5.347655
8	11	2.47	470	4	13	5.3		513	40	5	10.45603
9	12	2.85	87	43.09	8	2.4		884	17	7	4.625919
10	14	1.31	852	86.87	3	0.5		401	18	4	4.8
11	16	1.99	273	91.08	3	2.5		937	6	3	3.334894
12	18	4.04	106	23.39	11	2.9		615	91	3	3.528959
13	19	3.76	955	54.98	1	9.4		499	46	3	4.845534
14	20	4.76	416	1.55	9	1.5		58	2	6	29.1
15	21	3.6	660	3.98	6	3.9		592	29	4	9.24551
16	22	3.24	771	52.26	8	1.6		535	61	1	1.789802
17	24	1.6	849	62.83	15	7.3		923	60	3	1.593583
18	DMU under evaluation	2.5497	1353	100.12	23.9	11.63		923	60	3	
19		≥	≥	≥	≥	≥		≤	≤	≤	
20	Evaluation background	2.5497	1227.1	57.697	18.73	11.63		923	60	3.27	
21	FMS(Level2)	TC	WIP	TT	EMP	SR		VF	PF	RF	λ
22	3	4.6	418	16.68	12	6.3		555	39	1	0
23	4	3.69	147	40.83	10	3.8		778	31	2	0.082849
24	7	1.83	202	49.67	13	4.3		46	60	4	0.177585
25	8	2.07	533	30.07	14	8.8		226	21	4	0
26	13	4.85	915	54.79	5	2.4		439	58	4	0
27	15	4.18	924	54.46	4	6		491	27	4	0
28	17	1.6	983	37.93	13	8.8		709	39	2	1.1994

图 11.4　第一级吸引力值数据模型

单元格 B20:F20 以及单元格 H20:J20 包含参考集 (第二层 CRS 有效前沿面上的 DMU) 的计算公式。单元格 B20 的计算公式是 “=SUMPRODUCT(B20:B28, $K$22:$K$28)”，并将它复制到单元格 C20:F20 以及单元格 H20:J20 之中。

单元格 B18:F18 以及单元格 H18:J18 包含待评价决策单元的计算公式 (第一层 CRS 有效前沿面上的 DMU)。单元格 B18 的计算公式为 “=$G$5*INDEX(B2:B17, $G$2,1)”，并将它复制到单元格 C18:F18 之中。单元格 H18 的计算公式为 “=INDEX(H2:H17,$G$2,1)”，并将它复制到单元格 I18:J18 之中。

图 11.5 展示的是相关的 Solver 参数。在对第一个 DMU 进行计算之后，我们使用 VBA 程序 “Attractiveness” 来求剩余的 DMU 的吸引力值。

```
Sub Attractiveness()
Dim i As Integer
    For i = 1 To 16
'set the value of cell G2 equal to i (1, 2,  , 16)
    Range ("G2") = i
    SolverSolve UserFinish:=True
'Place the attractiveness score in cell G5 into column K
```

```
Range ("K" & i+1) = Range("G5")
Next
End sub
```

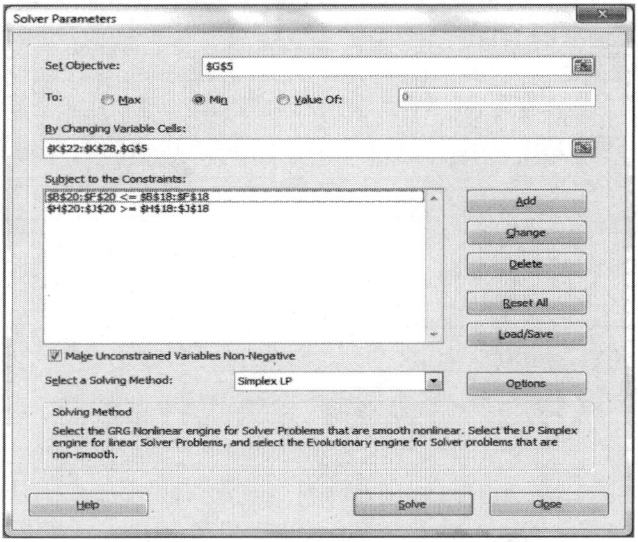

图 11.5 第一级吸引力值的 Solver 参数

如果我们将评价背景变为第三层 CRS 有效前沿面 (DMU_{23})，那么我们将得到度量第二级吸引力值的数据模型 (图 11.6)。该模型可以通过将图 11.4 中的第二层 CRS 有效前沿面替代为 DMU_{23} 得到。

	A	B	C	D	E	F	G	H	I	J	K
1	FMS (Level1)	TC	WIP	TT	EMP	SR		VF	PF	RF	Attractiveness
2	1	1.19	98	12.33	5	5.3	16	619	88	2	16.19832
3	2	4.91	297	34.84	14	1.1		841	14	4	56.72434
4	5	1.31	377	20.82	3	9.8	Score	628	51	6	11.79143
5	6	3.04	173	38.87	4	1.6	14.19	266	13	5	14.375
6	9	3.06	898	27.67	2	3.9		354	86	5	8.114872
7	10	1.44	423	6.02	10	5.4		694	20	3	32.62306
8	11	2.47	470	4	13	5.3		513	40	5	36.29268
9	12	2.85	87	43.09	8	2.4		884	17	7	27.32796
10	14	1.31	852	86.87	3	0.5		401	18	4	59.50323
11	16	1.99	273	91.08	3	2.5		937	6	3	27.80774
12	18	4.04	106	23.39	11	2.9		615	91	3	15.73415
13	19	3.76	955	54.98	1	9.4		499	46	3	16.09677
14	20	4.76	416	1.55	9	1.5		58	2	6	67.91613
15	21	3.6	660	3.98	6	3.9		592	29	4	42.09207
16	22	3.24	771	52.26	8	1.6		535	61	1	24.80847
17	24	1.6	849	62.83	15	7.3		923	60	3	14.18926
18	DMU under evaluation	22.703	12047	891.51	212.8	103.6		923	60	3	
19		≥	≥	≥	≥	≥		≤	≤	≤	
20	Evaluation background	22.703	2367	261.19	29.77	68.48		923	186.1	14.9	
21	FMS(Level3)	TC	WIP	TT	EMP	SR		VF	PF	RF	λ
22	23	3.05	318	35.09	4	9.2		124	25	2	7.443548

图 11.6 第二级吸引力值的数据模型

基于如图 11.4 所示的吸引力值，DMU_{20} 以及 DMU_{11} 吸引力值位于前两名。然而，当我们将评价情境变为第三层 CRS 有效前沿面时，DMU_{11} 排名降到第五名，而 DMU_{14} 的排名则为第二名。该例说明在不同的评价情境下，同一层有效前沿面上 DMU 的吸引力值可能不同。因此，情境依赖 DEA 可以区分有效 DMU 或者具有相同绩效水平的 DMU。

2. 改进值

考虑如下测度 $DMU_q \in E^{l_o}$, $l_o \in \{2, \cdots, L\}$, 改进值的线性规划问题:

$$
\begin{aligned}
& G_q^*(g) = \min_{\lambda_j, G_q(g)} G_q(g) \quad g = 1, \cdots, l_o - 1 \\
& \text{s.t.} \\
& \sum_{j \in F(E^{l_o - g})} \lambda_j x_j \leqslant G_q(\beta) x_q \\
& \sum_{j \in F(E^{l_o - g})} \lambda_j y_j \geqslant y_q \\
& \lambda_j \geqslant 0 \quad j \in F(E^{l_o - g})
\end{aligned}
\tag{11.3}
$$

这里有 $G_q^*(g+1) < G_q^*(g)$。

定义 11.2 称 $M_q^*(g) \equiv 1/G_q^*(g)$ 为层次 E^{l_o} 内 DMU_q 的第 g 级改进值。

显然，$M_q^*(g) > 1$。$M_q^*(g)$ 的值越大，则改进空间越大。对于 E^{l_o} 内的某个 DMU，每个最佳实践前沿 $E^{l_o - g}$ 都包含一个可能的绩效改进目标。这里的改进是一种逐层的绩效提升。

现在，考虑以下的线性规划问题:

$$
\begin{aligned}
& \max ||S^+(g)||_1 + ||S^-(g)||_1 \quad g = 1, \cdots, l_o - 1 \\
& \text{s.t.} \\
& S^-(g) = G_q^*(g) x_q - \sum_{j \in F(E^{l_o - g})} \lambda_j x_j \\
& S^+(g) = \sum_{j \in F(E^{l_o - g})} \lambda_j y_j - y_q \\
& S^+(g), S^-(g) \geqslant 0 \\
& \lambda_j \geqslant 0 \quad j \in F(E^{l_o - g})
\end{aligned}
\tag{11.4}
$$

式中，$||S^+(g)||_1$ 与 $||S^-(g)||_1$ 分别表示 L_1 规范化:$S^+(g) = (s_1^+(g), \cdots, s_s^+(g))$ 和 $S^-(g) = (s_1^-(g), \cdots, s_m^-(g))$，即 $||S^+(g)||_1 + ||S^-(g)||_1 = \sum_{r=1}^{s} s_r^+(g) + \sum_{i=1}^{m} s_i^-(g)$。

定义 11.3 (全局有效目标和局部有效目标)。

看下面的点:

$$\begin{cases} \widehat{y}_q = P_q^*(g)y_q + S^{+*}(g) \\ \widehat{x}_q = x_q - S^{-*}(g) \end{cases}$$

当 $g = l_o - 1$ 时，它是 $\text{DMU}_q \in E^{l_o}$ 的全局有效目标，$l_o \in \{2, \cdots, L\}$；否则，当 $g < l_o - 1$ 时，则它表示 DMU_q 的局部有效目标。这里 $G_q^*(g)$ 是模型 (11.3) 的最优目标函数值，而 $S^{+*}(g)$ 与 $S^{-*}(g)$ 是模型 (11.4) 的最优值。

可以看到，若我们将第一层最佳实践前沿作为评价情境 ($g = l_o - 1$)，则我们将得到全局有效目标，即原始 DEA 有效目标。而将评价情境替换成其他层次的前沿面之后，就可以得到局部有效目标。尽管局部有效目标点与 E^l 内的 DMU 相比它们不是非劣点，对于某个无效 DMU 来说，它们可以代表一种更佳的选择或是一种更容易实现的目标。也就是说，在可能的外部与内部约束条件下，某个 DMU 可能难以实现改进到第一层最佳实践前沿的目标 (全局有效目标)。因此，改进值测度拓展了原始 DEA 的投影函数并且使无效 DMU 在一个更合理的范围内改善其绩效表现。

图 11.7 展示的是待评价决策单元 DMU_{23} 的改进值测度电子表格模型，这里的评价情境是第二层有效前沿面上的决策单元。

	A	B	C	D	E	F	G	H	I	J	K
1	FMS(Level3)	TC	WIP	TT	EMP	SR		VF	PF	RF	Progress
2	23	3.05	318	35.09	4	9.2	1	124	25	2	0.991748
3											
4	DMU under evaluation	3.0248	315.38	34.8	3.97	9.124		124	25	2	
5		≥	≥	≥	≥	≥		≤	≤	≤	
6	Evaluation background	1.7225	315.38	26.318	3.97	2.093		147.8	25	2	
7	FMS(Level2)	TC	WIP	TT	EMP	SR		VF	PF	RF	λ
8	3	4.6	418	16.68	12	6.3		555	39	1	0
9	4	3.69	147	40.83	10	3.8		778	31	2	0
10	7	1.83	202	49.67	13	4.3		46	60	4	0.201125
11	8	2.07	533	30.07	14	8.8		226	21	4	0
12	13	4.85	915	54.79	5	2.4		439	58	4	0.156867
13	15	4.18	924	54.46	4	6		491	27	4	0.142008
14	17	1.6	983	37.93	13	8.8		709	39	2	0

图 11.7 第一级改进值的电子表格模型

单元格 B4 的计算公式为 “=$K$2*INDEX(B2,$G$2,1)”，这里 K2 是目标单元格 (其倒数表示第一级改进值)。将该计算公式同样复制到单元格 C4:F4 之中。H4 的计算公式为 “=INDEX(H2,$G$2,1)”，将该计算公式同样复制到单元格 I4:J4 之中。B6 的计算公式为 “=SUMPRODUCT(B8:B14,$K$8:$K$14)”，将该计算公式同样复制到 C6:F6 与 H6:J6 之中。

图 11.8 显示的是图 11.7 中电子表格模型的 Solver 参数。在图 11.7 中，DMU_{23} 的第一级改进值是 1/0.99175=1.0083，B6:F6 以及 H6:J6 中的最优值表示 DMU_{23}

的局部目标。

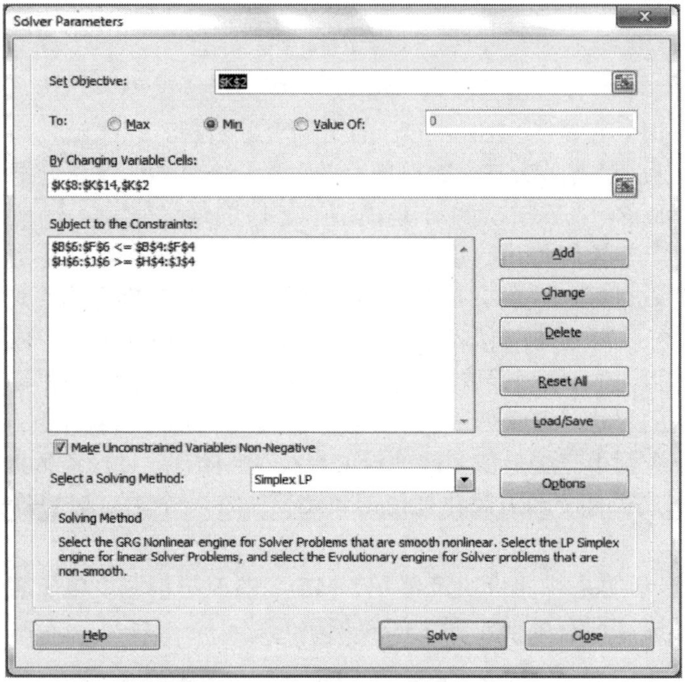

图 11.8　第一级改进的 Solver 参数

如果用第一层有效前沿面上的 DMU 替代第二层 DMU，我们可以得到 DMU_{23} 的第二级改进值。图 11.9 显示的是该电子表格。

	A	B	C	D	E	F	G	H	I	J	K
1	FMS(Level3)	TC	WIP	TT	EMP	SR		VF	PF	RF	Progress
2	23	3.05	318	35.09	4	9.2	1	124	25	2	0.376236
3											
4	DMU under evaluation	1.1475	119.64	13.202	1.5	3.461		124	25	2	
5		IV	IV	IV	IV	IV		ΛI	ΛI	ΛI	
6	Evaluation background	0.5355	119.64	7.7206	1.5	3.434		258.6	25	2	
7	FMS(Level1)	TC	WIP	TT	EMP	SR		VF	PF	RF	λ
8	1	1.19	98	12.33	5	5.3		619	88	2	0.117385
9	2	4.91	297	34.84	14	1.1		841	14	4	0
10	5	1.31	377	20.82	3	9.8		628	51	6	0.285026
11	6	3.04	173	38.87	4	1.6		266	13	5	0
12	9	3.06	898	27.67	2	3.9		354	86	5	0
13	10	1.44	423	6.02	10	5.4		694	20	3	0
14	11	2.47	470	4	13	5.3		513	40	5	0
15	12	2.85	87	43.09	8	2.4		884	17	7	0.007867
16	14	1.31	852	86.87	3	0.5		401	18	4	0
17	16	1.99	273	91.08	3	2.5		937	6	3	0
18	18	4.04	106	23.39	11	2.9		615	91	3	0
19	19	3.76	955	54.98	1	9.4		499	46	3	0
20	20	4.76	416	1.55	9	1.5		58	2	6	0
21	21	3.6	660	3.98	6	3.9		592	29	4	0
22	22	3.24	771	52.26	8	1.6		535	61	1	0
23	24	1.6	849	62.83	15	7.3		923	60	3	0

图 11.9　第二级改进的电子表格模型

该数据模型实质上是当 DMU_{23} 为待评价决策单元时的输入导向型 CRS 包络模型，图 11.10 是图 11.9 中模型的 Solver 参数。DMU_{23} 的第二级改进值是 1/0.37624=2.6579，B6:F6 以及 H6:J6 的最优值表示 DMU_{23} 的局部目标。

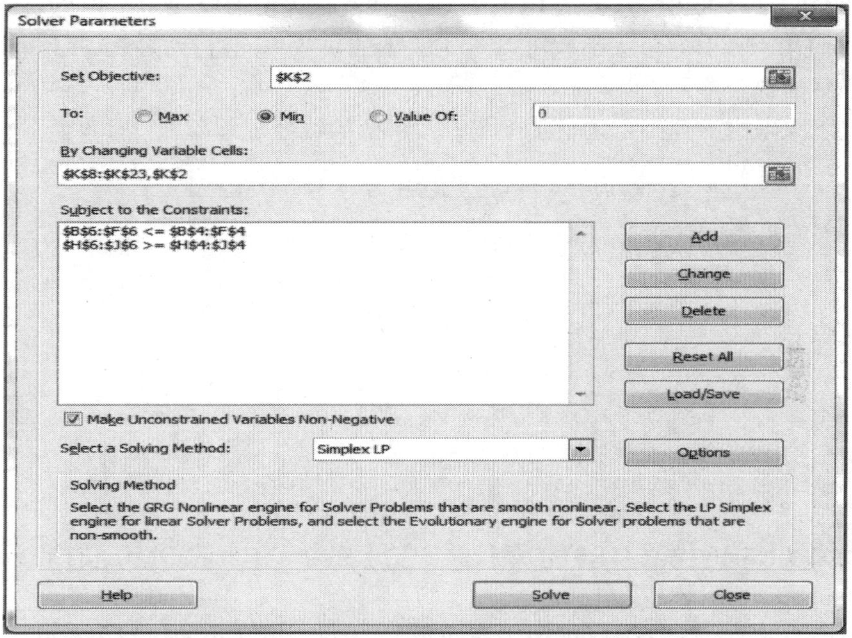

图 11.10 第二级改进的 Solver 参数

11.4 输出导向的情境依赖 DEA 模型

与输入导向的情境依赖 DEA 模型类似，对某一层 E^{l_o} 内特定的 $\mathrm{DMU}_q=(x_q, y_q)$，我们可以通过下面的模型测度吸引力值：

$$
\begin{aligned}
&\Omega_q^*(d) = \max_{\lambda_j, \Omega_q(d)} \Omega_q(d) \quad d = 1, \cdots, L - l_o \\
&\text{s.t.} \\
&\sum_{j \in F(E^{l_o+d})} \lambda_j y_j \geqslant \Omega_q(d) y_q \\
&\sum_{j \in F(E^{l_o+d})} \lambda_j x_j \leqslant x_q \\
&\lambda_j \geqslant 0 \quad j \in F(E^{l_o+d})
\end{aligned} \tag{11.5}
$$

定义 11.4　$A_q^*(d) \equiv 1/\Omega_q^*(d)$ 称作某一层 E^{l_o} 内 DMU_q 的 (输出导向) 第 d 级吸引力值。

注意到 $A_q^*(d)$ 是模型 (11.5) 最优解的倒数，因此 $A_q^*(d) > 1$。$A_q^*(d)$ 的值越大，表示 DMU_q 越有吸引力。这是由于 DMU_q 使其在评价情境 E^{l_o+d} 内更与众不同。因此我们基于吸引力值大小就可以对 E^{l_o} 上的决策单元进行排序，并且能够确定表现最优的决策单元。

接下来考虑下列确定 $\text{DMU}_q \in E^{l_o}$ 改进值的线性规划问题，$l_o \in \{2, \cdots, L\}$：

$$
\begin{aligned}
& P_q^*(g) = \max_{\lambda_j, P_q(g)} P_q(g) \quad g = 1, \cdots, l_o - 1 \\
& \text{s.t.} \\
& \sum_{j \in F(E^{l_o - g})} \lambda_j y_j \geqslant P_q(g) y_q \\
& \sum_{j \in F(E^{l_o - g})} \lambda_j x_j \leqslant x_q \\
& \lambda_j \geqslant 0 \quad j \in F(E^{l_o - g})
\end{aligned}
\tag{11.6}
$$

定义 11.5　模型 (11.6) 的最优解 $P_q^*(g)$ 称为 E^{l_o} 上的 DMU_q 的第 g 级改进值。

$P_q^*(g)$ 越大，则 DMU_q 的改进空间越大。因此，$P_q^*(g)$ 的值越小越好。为了达到有效目标，我们考虑下列模型：

$$
\begin{aligned}
& \max ||S^+(g)||_1 + ||S^-(g)||_1 \quad g = 1, \cdots, l_o - 1 \\
& \text{s.t.} \\
& S^+(g) = \sum_{j \in F(E^{l_o - g})} \lambda_j y_j - P_q^*(g) y_q \\
& S^-(g) = x_q - \sum_{j \in F(E^{l_o - g})} \lambda_j x_j \\
& S^+(g), S^-(g) \geqslant 0 \\
& \lambda_j \geqslant 0 \quad j \in F(E^{l_o - g})
\end{aligned}
\tag{11.7}
$$

定义 11.6　(全局有效目标以及局部有效目标)

看下面的点：

$$
\begin{cases}
\widehat{y}_q = P_q^*(g) y_q + S^{+*}(g) \\
\widehat{x}_q = x_q - S^{-*}(g)
\end{cases}
$$

当 $g = l_o - 1$ 时，它是 $\text{DMU}_q \in E^{l_o}$ 的全局有效目标，$l_o \in \{2, \cdots, L\}$；否则，若 $g < l_o - 1$，则它表示是局部有效目标。这里 $P_q^*(g)$ 是模型 (11.6) 的最优值，而 $S^{+^*}(g)$ 与 $S^{-^*}(g)$ 是模型 (11.7) 的最优值。

输入导向与输出导向的情境依赖 DEA 模型之间的关系可以用下列定理总结。

定理 11.1 $H_q^*(d) = 1/\Omega_q^*(d), G_q^*(g) = 1/P_q^*(d)$。

定理 11.1 表明输出导向模型的吸引力值和改进值可以通过输入导向的情境依赖 DEA 模型获得。若有效前沿面不是 CRS 时，则上述定理不一定成立。

图 11.11 显示的是第一层 CRS 有效前沿面上 DMU 第一级吸引力值的输出导向数据模型。该数据模型与图 11.4 中的相似。单元格 B18 的计算公式变为：B18= INDEX(B2:B17，$G$2,1)，并将其复制到单元格 C18:F18 之中。单元格 H18 的计算公式变为：H18=$G$5*INDEX(H2:H17，$G$2,1)，这里 G5 表示输出导向的吸引力值测度。接下来将该公式复制到单元格 I18:J18 之中。

	A	B	C	D	E	F	G	H	I	J	K	L
1	FMS (Level1)	TC	WIP	TT	EMP	SR		VF	PF	RF	Attractiveness	input-oriented
2	1	1.19	98	12.33	5	5.3	16	619	88	2	0.190208157	5.257398084
3	2	4.91	297	34.84	14	1.1		841	14	4	0.257524313	3.88312851
4	5	1.31	377	20.82	3	9.8	Score	628	51	6	0.253652805	3.942396767
5	6	3.04	173	38.87	4	1.6	0.628	266	13	5	0.310361728	3.222046761
6	9	3.06	898	27.67	2	3.9		354	86	5	0.269767442	3.706896552
7	10	1.44	423	6.02	10	5.4		694	20	3	0.186997849	5.347655092
8	11	2.47	470	4	13	5.3		513	40	5	0.095638588	10.45603059
9	12	2.85	87	43.09	8	2.4		884	17	7	0.216173255	4.62591916
10	14	1.31	852	86.87	3	0.5		401	18	4	0.208333333	4.8
11	16	1.99	273	91.08	3	2.5		937	6	3	0.299859601	3.334894047
12	18	4.04	106	23.39	11	2.9		615	91	3	0.283369716	3.528958618
13	19	3.76	955	54.98	1	9.4		499	46	3	0.20637561	4.845533835
14	20	4.76	416	1.55	9	1.5		58	2	6	0.034364261	29.1
15	21	3.6	660	3.98	6	3.9		592	29	4	0.108160605	9.245510401
16	22	3.24	771	52.26	8	1.6		535	61	1	0.558720872	1.789802475
17	24	1.6	849	62.83	15	7.3		923	60	3	0.627516581	1.593583388
18	DMU under evaluation	1.6	849	62.83	15	7.3		579.2	37.65	1.88		
19		|V	|V	|V	|V	|V		^|	^|	^|	Attractiveness	
20	Evaluation background	1.6	770	36.208	11.75	7.3		579.2	37.05	2.00		
21	FMS(Level2)	TC	WIP	TT	EMP	SR		VF	PF	RF	λ	
22	3	4.6	418	16.68	12	6.3		555	39	1	0	
23	4	3.69	147	40.83	10	3.8		778	31	2	0.0519893	
24	7	1.83	202	49.67	13	4.3		46	60	4	0.111437381	
25	8	2.07	533	30.07	14	8.8		226	21	4	0	
26	13	4.85	915	54.79	5	2.4		439	58	4	0	
27	15	4.18	924	54.46	4	6		491	27	4	0	
28	17	1.6	983	37.93	13	8.8		709	39	2	0.752643173	

图 11.11 输出导向第一级吸引力值的电子数据模型

为了得到图 11.11 展示的 Solver 参数框，我们将图 11.5 中的 “Min” 改成 “Max”，如图 11.12 所示。结果在 K2:K17 显示。单元格 L2:L17 表示的是输出导向下的吸引力值。

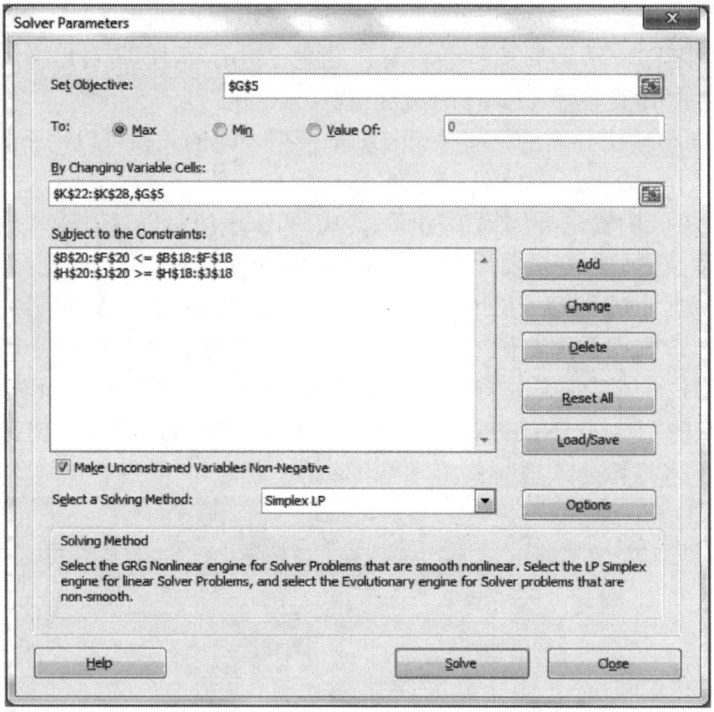

图 11.12　输出导向第一级吸引力值的 Solver 参数

11.5　结　论

本章的讨论都是基于 CRS 有效前沿面的基础上的，其他规模报酬有效前沿面下也可进行相似的讨论。然而，这时使用相关的情境依赖 DEA 模型可能存在无可行解问题。可参见第 9 章关于超效率模型不可行性的讨论。

第12章　灵活指标

12.1　引　　言

在 DEA 方法中，通常都假定投入与产出的状态在应用模型对每个 DMU 进行绩效评价前是可知的。例如，在发电站效率测度研究中 (Cook et al.，2005)，产出之一是储运损耗的函数，代表有效发电的时间比率。另一方面，该变量也可以合理地看作一个环境投入，用来表示发电站应该达到正常运营能力。类似原因也可以出现在大学的研究能力评价问题中 (Beasley，1990)，指标 “研发收入” 既可以当作投入也可当作产出。相关的问题还有研究资助机构 (例如加拿大的 NSERC(Natural Sciences and Engineering Research Council of Canada) 和美国的 NSF(National Science Foundation)) 要将基金分配给那些有影响力的研究人员和大学。在这种情况下，“研究生” 既可以看作投入 (作为能够影响教工产出能力的可用资源)，也可以看作产出 (此时即为得到培训的人，研究基金产生的收益之一)。医学实习生在医院效率评价中也有相似的解释。

在涉及机器人安装 (Cook et al.，1992) 的不同环境下，“正常运行时间” 可以作为一种产出指标，代表可用生产时间的比例。同时，也可以看作一种投入指标，它可以显著影响到技术的整体运行。

在现实中有很多问题都如上所述，投入与产出指标的状态可以认为是灵活自由的。Cook 和 Zhu(2007) 提出一种将测量指标区分为投入或者产出的 DEA 模型方法。Cook，Green 和 Zhu(2006) 提出一种方法，可以解决指标既可以当成投入又可以作为产出的效率评价问题。

本章将介绍 Cook 和 Zhu (2007) 中的方法：当存在指标灵活性问题时，如何合理区分变量的投入产出状态。

12.2　确定投入–产出状态

假设我们有 n 个同类型的 DMU，记为 $\{\text{DMU}_j : j = 1, 2, \cdots, n\}$，并且每个 DMU_j 都可以通过利用多种投入要素 $x_{ij}(i = 1, 2, \cdots, m)$ 来生产多种产出 $y_{rj}(r = 1, 2, \cdots, s)$。当基于 CRS 模型评价 DMU_o 效率时，我们可以有以下的比率模型：

$$\begin{aligned}&\max\ \frac{\sum_{r=1}^{s}\mu_r y_{ro}}{\sum_{i=1}^{m}\nu_i x_{io}}\\&\text{s.t.}\ \frac{\sum_{r=1}^{s}\mu_r y_{rj}}{\sum_{i=1}^{m}\nu_i x_{ij}}\leqslant 1,\quad j=1,2,\cdots,n\\&\mu_r,\nu_i\geqslant 0,\quad \forall r,i\end{aligned}\tag{12.1}$$

假设有 L 个“灵活指标”，我们需要确定它们是属于投入还是产出情形。对于 DMU_j 来说，由这些指标的假定值记作 $w_{lj}(l=1,2,\cdots,L)$。对每个指标 l，引入二进制变量 $d_l\in\{0,1\}$，其中 d_l=1 代表 l 为产出，d_l=0 代表 l 为投入。

令 γ_l 表示指标 l 的权重。构建以下规划问题来让 DMU_o 选择指标 l 最佳的情形 (投入或产出)①。

$$\begin{aligned}&\max\ \frac{\sum_{r=1}^{s}\mu_r y_{ro}+\sum_{l=1}^{L}d_l\gamma_l w_{lo}}{\sum_{i=1}^{m}\nu_i x_{io}+\sum_{l=1}^{L}(1-d_l)\gamma_l w_{lo}}\\&\text{s.t.}\ \frac{\sum_{r=1}^{s}\mu_r y_{rj}+\sum_{l=1}^{L}d_l\gamma_l w_{lj}}{\sum_{i=1}^{m}\nu_i x_{ij}+\sum_{l=1}^{L}(1-d_l)\gamma_l w_{lj}}\leqslant 1\quad j=1,2,\cdots,n\\&d_l\in\{0,1\},\forall l\quad \mu_r,\nu_i,\gamma_l\geqslant 0,\quad \forall r,i,l\end{aligned}\tag{12.2}$$

对于任意的固定值 d_l(无论是 0 或者 1)，模型 (12.2) 可以转换成以下问题：

$$\begin{aligned}&\max\sum_{r=1}^{s}\mu_r y_{ro}+\sum_{l=1}^{L}d_l\gamma_l w_{lo}\\&\text{s.t.}\ \sum_{r=1}^{s}\mu_r y_{rj}+\sum_{l=1}^{L}d_l\gamma_l w_{lj}-\sum_{i=1}^{m}\nu_i x_{ij}-\sum_{l=1}^{L}(1-d_l)\gamma_l w_{lj}\leqslant 0,\quad j=1,\cdots,n\end{aligned}$$

① 注意到 d_l=0 或者 1,l 指标要么作为输入指标，要么作为输出指标。

$$\begin{aligned}&\sum_{i=1}^{m}\nu_i x_{io}-\sum_{l=1}^{L}(1-d_l)\gamma_l w_{lo}=1\\&d_l\in\{0,1\},\mu_r,\nu_i,\gamma_l\geqslant 0,\quad \forall r,i,l\end{aligned}\tag{12.3}$$

模型 (12.3) 显然是非线性的。然而，可以令 $\delta_l=d_l\gamma_l$，对每个 l 有以下限制：

$$\begin{aligned}&\delta_l\leqslant Md_l\\&\delta_l\leqslant\gamma_l\\&\gamma_l\leqslant\delta_l+M(1-d_l)\end{aligned}\tag{12.4}$$

式中，M 表示一个很大的正数。这些线性整数约束抓住了非线性表达式 $\delta_l=d_l\gamma_l$ 的特征，因此实际上没有必要将 $\delta_l=d_l\gamma_l$ 在优化模型中直接列举出来。注意到如果 d_l=1，那么有 $\gamma_l=\delta_l$；如果 d_l=0，则 $\delta_l=0$。因此我们有以下混合整数线性规划。

$$\begin{aligned}\max&\sum_{r=1}^{s}\mu_r y_{ro}+\sum_{l=1}^{L}\delta_l w_{lo}\\\text{s.t.}&\sum_{r=1}^{s}\mu_r y_{rj}+2\sum_{l=1}^{L}\delta_l w_{lj}-\sum_{i=1}^{m}\nu_i x_{ij}-\sum_{l=1}^{L}\gamma_l w_{lj}\leqslant 0,\quad j=1,\cdots,n\\&\sum_{i=1}^{m}\nu_i x_{io}-\sum_{l=1}^{L}\gamma_l w_{lo}-\sum_{l=1}^{L}\delta_l w_{lo}=1\\&\delta_l\leqslant Md_l\\&\delta_l\leqslant\gamma_l\\&\gamma_l\leqslant\delta_l+M(1-d_l)\\&d_l\in\{0,1\},\mu_r,\nu_i,\delta_l,\gamma_l\geqslant 0,\quad\forall r,i\end{aligned}\tag{12.5}$$

需要指出的是，当仅有一个灵活指标时，模型 (12.3) 就变成

$$\begin{aligned}\max&\sum_{r=1}^{s}\mu_r y_{ro}+d\gamma w_o\\\text{s.t.}&\sum_{r=1}^{s}\mu_r y_{rj}+d\gamma w_j-\sum_{i=1}^{m}\nu_i x_{ij}-(1-d)\gamma w_j\leqslant 0,\quad j=1,\cdots,n\\&\sum_{i=1}^{m}\nu_i x_{io}-(1-d)\gamma w_o=1\\&d\in\{0,1\},\gamma\geqslant 0,\mu_r,\nu_i\geqslant 0,\quad\forall r,i\end{aligned}\tag{12.6}$$

用模型 (12.4) 中 L=1 时给出的单个约束集替代 $\delta = d\gamma$，则模型 (12.6) 变成整数线性规划：

$$
\begin{aligned}
&\max \sum_{r=1}^{s} \mu_r y_{ro} + \delta w_o \\
&\text{s.t. } \sum_{r=1}^{s} \mu_r y_{rj} + 2\delta w_j - \sum_{i=1}^{m} \nu_i x_{ij} - \gamma w_j \leqslant 0, \quad j = 1, \cdots, n \\
&\sum_{i=1}^{m} \nu_i x_{io} - \gamma w_o - \delta w_o = 1 \\
&\delta \leqslant Md \\
&\delta \leqslant \gamma \\
&\gamma \leqslant \delta + M(1-d) \\
&d \in \{0,1\}, \delta, \gamma \geqslant 0, \mu_r, \nu_i \geqslant 0, \quad \forall r, i
\end{aligned}
\tag{12.7}
$$

如果 d=1，那么 $\gamma = \delta$，并且 w 变成单产出，模型 (12.7) 就变成

$$
\begin{aligned}
&\max \sum_{r=1}^{s} \mu_r y_{ro} + \delta w_o \\
&\text{s.t. } \sum_{r=1}^{s} \mu_r y_{rj} + \delta w_j - \sum_{i=1}^{m} \nu_i x_{ij} \leqslant 0, \quad j = 1, \cdots, n \\
&\sum_{i=1}^{m} \nu_i x_{io} = 1 \\
&\delta \geqslant 0, \mu_r, \nu_i \geqslant 0, \quad \forall r, i
\end{aligned}
$$

如果 d=0，那么 δ=0，并且 w 变成单投入，模型 (12.7) 就变成

$$
\begin{aligned}
&\max \sum_{r=1}^{s} \mu_r y_{ro} \\
&\text{s.t. } \sum_{r=1}^{s} \mu_r y_{rj} - \sum_{i=1}^{m} \nu_i x_{ij} - \gamma w_j \leqslant 0, \quad j = 1, \cdots, n \\
&\sum_{i=1}^{m} \nu_i x_{io} - \gamma w_o = 1 \\
&\gamma \geqslant 0, \mu_r, \nu_i \geqslant 0, \quad \forall r, i
\end{aligned}
$$

在上述推导的模型中，我们对 (12.5) 进行求解，对每个 DMU 都可以得到一组最优解 d_l^*。决定指标 l 是投入还是产出情形的一个标准就是根据所有 DMU 的主

要选择来判断。另一种替代的方法是运用指定投入或者产出方法，以使得 DMU 集整体效率尽可能大。运用模型 (12.5) 将有助于问题解决。

因此，我们假定由以最优化产出与投入间整体或平均比率为目标的模型来确定最优投入/产出情形，即

$$
\begin{aligned}
&\max \frac{\sum_{r=1}^{s}\mu_r\left(\sum_{j=1}^{n}y_{rj}\right)+\sum_{l=1}^{L}d_l\gamma_l\sum_{j=1}^{n}w_{lj}}{\sum_{i=1}^{m}\nu_i\left(\sum_{j=1}^{n}x_{ij}\right)+\sum_{l=1}^{L}(1-d_l)\gamma_l\sum_{j=1}^{n}w_{lj}}\\
&\text{s.t.}\ \frac{\sum_{r=1}^{s}\mu_r y_{rj}+\sum_{l=1}^{L}d_l\gamma_l w_{lj}}{\sum_{i=1}^{m}\nu_i x_{ij}+\sum_{l=1}^{L}(1-d_l)\gamma_l w_{lj}}\leqslant 1\quad j=1,2,\cdots,n\\
&d_l\in\{0,1\},\ \mu_r,\nu_i,\gamma_l\geqslant 0,\quad \forall r,i,l
\end{aligned}
\tag{12.8}
$$

为便于表述，令 $\widetilde{y}_r=\sum_{j=1}^{n}y_{rj}$，$\widetilde{x}_i=\sum_{j=1}^{n}x_{ij}$ 以及 $\widetilde{w}_l=\sum_{j=1}^{n}w_{lj}$。利用模型 (12.4)，集合问题就相当于下列整数线性规划问题：

$$
\begin{aligned}
&\max\sum_{r=1}^{s}\mu_r\tilde{y}_r+\sum_{l=1}^{L}\delta_l\tilde{w}_l\\
&\text{s.t.}\ \sum_{r=1}^{s}\mu_r y_{rj}+2\sum_{l=1}^{L}\delta_l w_{lj}-\sum_{i=1}^{m}\nu_i x_{ij}-\sum_{l=1}^{L}\gamma_l w_{lj}\leqslant 0,\quad j=1,\cdots,n\\
&\quad\ \sum_{i=1}^{m}\nu_i\tilde{x}_i-\sum_{l=1}^{L}\gamma_l\tilde{w}_l-\sum_{l=1}^{L}\delta_l\tilde{w}_l=1\\
&\quad\ \delta_l\leqslant Md_l\\
&\quad\ \delta_l\leqslant\gamma_l\\
&\quad\ \gamma_l\leqslant\delta_l+M(1-d)\\
&\quad\ d_l\in\{0,1\},\delta_l,\gamma_l,\mu_r,\nu_i\geqslant 0,\quad \forall r,i,l
\end{aligned}
\tag{12.9}
$$

12.3 应　　用

在这个部分，我们将该模型应用于 Beasley(1990) 中的数据集。表 12.1 给出了数据集，它包含两种投入：一般费用支出和设备支出；以及三种产出：三种类型的

学生①；灵活指标是指研究收入。表 12.2 展示了运行模型 (12.5) 的结果：第二列是最优的 d 值，第三列是模型 (12.5) 的最优值。在本例中，这 50 所大学中有 20 所大学将研究收入作为产出，也就是说，大部分 (30 所) 大学将其看作投入。

如果运用模型 (12.9)，最优解 d=1，最优目标函数值为 0.693 29。这表明从整体效率角度，研究收入应当被作为产出处理。两种方法不同结果的部分解释可能是：模型 (12.5) 下有 30 所大学偏向于将研究收入作为投入指标处理，其对结果的影响强度不及其他 20 所大学将其看作产出情形的影响。因此，当灵活指标被视作产出而不是投入时，如果没有考虑每个 DMU 效率差异性，那么基于多数的思想可能是有缺陷的。

表 12.1　大学数据

DMU(大学)	一般费用支出	设备支出	大学生	硕士教学 (教辅)	硕士研究生	研究收入
1	528	64	145	0	26	254
2	2605	301	381	16	54	1485
3	304	23	44	3	3	45
4	1620	485	287	0	48	940
5	490	90	91	8	22	106
6	2675	767	352	4	166	2967
7	422	0	70	12	19	298
8	986	126	203	0	32	776
9	523	32	60	0	17	39
10	585	87	80	17	27	353
11	931	161	191	0	20	293
12	1060	91	139	0	37	781
13	500	109	104	0	19	215
14	714	77	132	0	24	269
15	923	121	135	10	31	392
16	1267	128	169	0	31	546
17	891	116	125	0	24	925
18	1395	571	176	14	27	764
19	990	83	28	36	57	615
20	3512	267	511	23	153	3182
21	1451	226	198	0	53	791
22	1018	81	161	5	29	741
23	1115	450	148	4	32	347
24	2055	112	207	1	47	2945
25	440	74	115	0	9	453
26	3897	841	353	28	65	2331
27	836	81	129	0	37	695
28	1007	50	174	7	23	98
29	1188	170	253	0	38	879
30	4630	628	544	0	217	4838
31	977	77	94	26	26	490

①见表格文件 “University.xls”。

续表

DMU(大学)	一般费用支出	设备支出	大学生	硕士教学 (教辅)	硕士研究生	研究收入
32	829	61	128	17	25	291
33	898	39	190	1	18	327
34	901	131	168	9	50	956
35	924	119	119	37	48	512
36	1251	62	193	13	43	563
37	1011	235	217	0	36	714
38	732	94	151	3	23	297
39	444	46	49	2	19	277
40	308	28	57	0	7	154
41	483	40	117	0	23	531
42	515	68	79	7	23	305
43	593	82	101	1	9	85
44	570	26	71	20	11	130
45	1317	123	293	1	39	1043
46	2013	149	403	2	51	1523
47	992	89	161	1	30	743
48	1038	82	151	13	47	513
49	206	1	16	0	6	72
50	1193	95	240	0	32	485

表 12.2　模型 (12.5) 的结果

DMU(大学)	d	效率	DMU(大学)	d	效率
1	1	1	26	0	1
2	0	1	27	1	0.855 471
3	0	0.837 244	28	0	1
4	1	0.685 697	29	1	0.824 968
5	0	1	30	0	1
6	0	1	31	1	0.775 853
7	1	1	32	0	0.896 402
8	1	0.811 941	33	1	1
9	0	1	34	0	1
10	1	0.906 595	35	1	1
11	0	0.890 126	36	0	0.836 9
12	1	0.709 313	37	1	0.830 789
13	0	0.803 249	38	0	0.833 414
14	0	0.767 744	39	0	0.791 219
15	0	0.704 214	40	1	0.741 404
16	0	0.542 74	41	1	1
17	1	0.819 451	42	0	0.847 172
18	1	0.627 824	43	0	0.920 638
19	1	1	44	0	1
20	0	1	45	0	1
21	0	0.699 625	46	0	1
22	1	0.716 738	47	1	0.688 445
23	0	0.617 112	48	0	0.938 878
24	0	1	49	0	1
25	1	1	50	0	0.841 683

图 12.1 是模型 (12.5) 的电子表格模型。在单元格 B55 中设置 $M = 100000$，单元格 B56 用来存储二进制变量 d 值，单元格 E54 与 F54 分别用来存储 γ 和 δ 值，单元格 B54:C54 和 H54:J54 分别存储投入和产出乘子。约束条件的计算公式如下：

B59=SUMPRODUCT(H54:J54,INDEX(H2:J51,B57,0))+F54*INDEX(E2:E51,B57,1)

单元格 B59 是模型 (12.5) 的目标函数单元格，单元格 B57 代表所评价的 DMU。

L1=SUMPRODUCT($H$54:$J$54,H2:J2)+2*$F$54*E2−SUMPRODUCT($B$54:$C$54,B2:C2)+E2*$E$54

B61=SUMPRODUCT(B54:C54,INDEX(B2:C51,B57,0))+E54*INDEX(E2:E51,B57,1)−F54*INDEX(E2:E51,B57,1)

B62=F54

B63=F54

B64=E54

	A	B	C	D	E	F	G	H	I	J	K	L	M	N	O	P
1	University	General expenditure	Equipment expenditure		**Research income**			Output1	Output2	Output3		**1st constraint**			**d**	**Efficiency**
2	1	528	64		**254**			145	0	26		1.88738E-14			1	1
3	2	2605	301		**1485**			381	16	54		-1.272151095			0	1
4	3	304	23		**45**			44	3	3		-0.05434508			0	0.837244
5	4	1620	485		**940**			287	0	48		-1.22204644			1	0.685697
6	5	490	90		**106**			91	8	22		-0.14196041			0	1
50	49	206	1		**72**			16	0	6		-0.079128393			0	1
51	50	1193	95		**485**			240	0	32		-0.158317145			0	0.841683
52																
53					γ	δ										
54	multipliers	0.00045222	0.00200563		**0.000557**	**0**		0.003507	0	0						
55	**M**	100000														
56	**d**	0	0.84168285													
57	DMU	50														
58	**Model**															
59	Max	0.84168285														
60																
61	2nd constraint	1	=	1												
62	3rd constraint	0	<=	0												
63	4th constraint	0	<=	0.00056												
64	5th constraint	0.00055662	<=	100000												

图 12.1　模型 (12.5) 的数据表格模型

图 12.2 是相关的 Solver 参数。注意到 “$B$56=binary”，表明 d 是一个二进制变量 (图 12.3)。

在单元格 C56 中记录最优解。一旦我们建立好相关的 Solver 参数，就可以通过 VBA 程序 “DEA1” 开展计算。d 值和效率值得分别存储在第 O 列和第 P 列之中 (表 12.2)。

```
Sub DEA1()
'Declare DMUNo as integer.
  Dim DMUNo As Integer
  For DMUNo = 1 To 50
```

```
'set the value of cell B57 equal to DMUNo (1, 2,···, 50)
  Range("B57") = DMUNo
'Run the Solver model.
    SolverSolve UserFinish:=True
    If SolverSolve(UserFinish:=True) = 5 Then
    MsgBox "infeasible." & vbCrLf _
    & "DMU." & DMUNo, vbCritical
    End
    End If
'Place the d and efficiency

  Range("B56:C56").Select
  Selection.Copy
  Range("O" & DMUNo + 1).Select
  Selection.PasteSpecial Paste:=xlPasteValues,
Operation:=xlNone, SkipBlanks _
    :=False, Transpose:=False
  Next DMUNo
End Sub
```

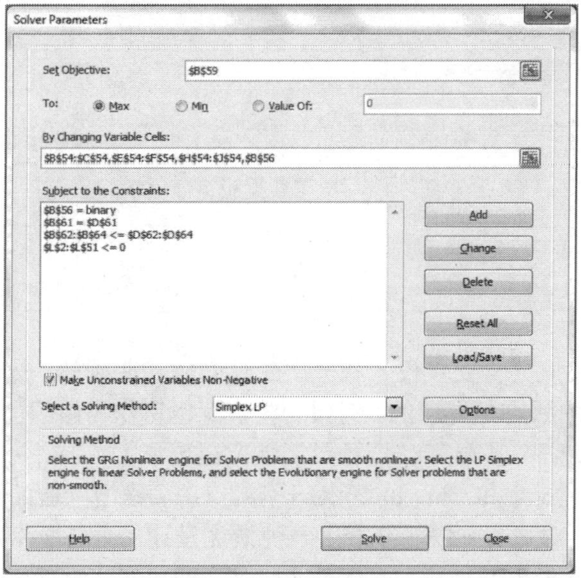

图 12.2　电子数据表格模型 (12.5) 的 Solver 参数

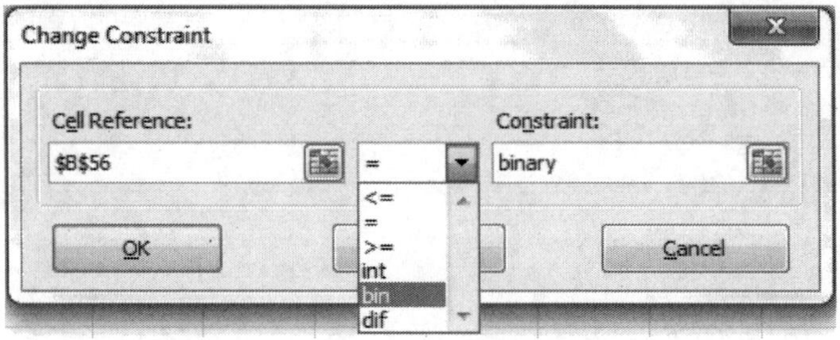

图 12.3　添加二进制变量的约束条件

最后我们讨论如何为模型 (12.9) 建立起电子表格模型。模型 (12.5) 与 (12.9) 十分相似，我们可以修改 (12.5) 电子表格模型以得到 (12.9)。首先在底部数据上方插入一行，即计算所有在单元格 B52:C54，E52(灵活指标单元格) 和 H52:J52 中投入和产出的平均值。图 12.4 显示的是模型 (12.9) 的电子数据表格。我们现在只需改变目标函数的计算公式即可：B59=SUMPRODUCT(H54:J54，H52:J52)+F54*E52。

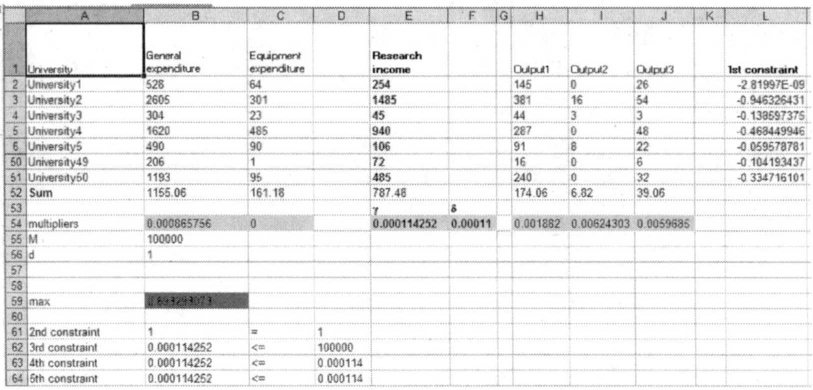

	A	B	C	D	E	F	G	H	I	J	K	L
1	University	General expenditure	Equipment expenditure		Research income			Output1	Output2	Output3		1st constraint
2	University1	526	64		254			145	0	26		-2.81997E-09
3	University2	2605	301		1485			381	16	54		-0.946326431
4	University3	304	23		45			44	3	3		-0.138697375
5	University4	1620	485		940			287	0	48		-0.468449946
6	University5	490	90		106			91	8	22		-0.059578781
50	University49	206	1		72			16	0	6		-0.104193437
51	University50	1193	95		485			240	0	32		-0.334716101
52	Sum	1155.06	161.18		787.48			174.06	6.82	39.06		
53					γ	δ						
54	multipliers	0.000865756	0		0.000114252	0.00011		0.001882	0.00624303	0.0059685		
55	M	100000										
56	d	1										
57												
58												
59	max	[illegible]										
60												
61	2nd constraint	1	=	1								
62	3rd constraint	0.000114252	<=	100000								
63	4th constraint	0.000114252	<=	0.000114								
64	5th constraint	0.000114252	<=	0.000114								

图 12.4　电子数据模型 (12.9)

12.4　结　　论

传统 DEA 模型分析要求投入和产出变量必须是明确的。然而，在许多情况下会存在有些变量的状态是灵活的。例如一些资源也可作为组织的有形产出时 (医院实习生、研究生、研究基金等)，这种灵活性就出现了。

本章介绍了 Cook 和 Zhu(2007) 对于标准 CRS 模型所做的拓展，将灵活指标纳入到 DEA 分析中。该方法能够给出一种最优设计，确定每种灵活指标是投入还是产出。该方法给出了两种模型来解决该问题：即单个 DMU 评价模型以及 DMU 集的总体效率评价模型。

第13章 交叉效率

13.1 引　言

尽管 DEA 在识别最佳实践前沿上已经被证实是一个有效的方法，然而其多维投入产出指标的权重最优解可能存在非唯一性以及 DEA 的自评特点也受到了批判。交叉效率法作为 DEA 的一种扩展形式，主要用于决策单元排序。其主要思想是通过使用 DEA 来进行 DMU 间的互评，而不是单纯的自评形式 (Sexton et al.，1986)。交叉效率已经被 Doyle 和 Green(1994) 进一步地研究。交叉评价的主要思想是在 DEA 中采用互评来代替自评。交叉评价法主要有两个优点：它提供了决策单元之间的排序；在无需应用领域专家的权重限制条件下，排除了不切实际的权重方案 (见第 8 章)。

交叉效率评价已经被用于多种领域。然而 DEA 最优权重或乘子的不唯一性可能会使得交叉效率的使用减少。特别地，从原始 DEA 模型中得到的交叉效率值通常是不唯一的。因此，依赖于 DEA 线性规划中选择的最优解，要提升某个 DMU 的 (交叉效率) 绩效排名是可能的，但这通常只有通过降低其他 DMU 绩效排名来实现。在本章中，我们将介绍标准的 DEA 交叉效率方法。

13.2 交叉效率

假定我们有一组 n 个决策单元，且每一个决策单元都有 s 个不同的产出指标和 m 个不同的投入指标。我们记 $\mathrm{DMU}_j(j=1,2,\cdots,n)$ 的第 i 个投入和第 r 个产出分别为 $x_{ij}(i=1,2,\cdots,m)$ 和 $y_{rj}(r=1,2,\cdots,s)$。交叉效率经常被分成两个阶段计算，第一阶段是使用 Charnes，Cooper 和 Rhodes(1978) 的 CRS DEA 模型来计算。

假定使用 CRS 模型对 DMU_d 进行评估 (见第 3 章)，则它的效率值将由下面的 DEA 模型决定。注意到这个模型与第 3 章中的模型 (3.2) 一样：

$$\max E_{dd}=\frac{\sum_{r=1}^{s}u_{rd}y_{rd}}{\sum_{i=1}^{m}v_{id}x_{id}}$$

$$\text{s.t. } E_{dj} = \frac{\sum_{r=1}^{s} u_{rd} y_{rj}}{\sum_{i=1}^{m} v_{id} x_{ij}} \leqslant 1, \quad j = 1, 2, \cdots, n$$
$$u_{rd} \geqslant 0, \quad r = 1, \cdots, s$$
$$v_{id} \geqslant 0, \quad i = 1, \cdots, m \tag{13.1}$$

式中，v_{id} 和 u_{rd} 分别表示 DMU_d 的第 i 个投入和第 r 个产出的权重。

使用模型 (13.1) 中 DMU_d 选择的最优权重，DMU_j 的交叉效率为

$$E_{dj} = \frac{\sum_{r=1}^{s} u_{rd}^{*} y_{rj}}{\sum_{i=1}^{m} v_{id}^{*} x_{ij}}, \quad d, j = 1, 2, \cdots, n \tag{13.2}$$

式中，$(*)$ 表示模型 (13.1) 中的最优值。对于 $\text{DMU}_j (j = 1, 2, \cdots, n)$，所有 $E_{dj} (d = 1, 2, \cdots, n)$ 的平均值为

$$\bar{E}_j = \frac{1}{n} \sum_{d=1}^{n} E_{dj} \tag{13.3}$$

作为 DMU_j 的交叉效率值。

需要指出的是，在 DEA 文献中每一个单个的 E_{dj} 被称为交叉效率，且式 (13.3) 中定义的平均值也称为交叉效率。一般来说，交叉效率指的是式 (13.3) 中定义的平均值，而不是式 (13.2) 定义的单个值。

模型 (4.1) 是一个效率比形式的 DEA 模型，且等价于输入导向的 CRS 乘子模型：

$$\max E_{dd} = \sum_{r=1}^{s} u_{rd} y_{rd}$$
$$\text{s.t. } \sum_{i=1}^{m} v_i x_{id} = 1$$
$$\sum_{r=1}^{s} u_{rd} y_{rj} - \sum_{i=1}^{m} v_{id} x_{ij} \leqslant 0 \quad j = 1, \cdots, n \tag{13.4}$$
$$u_{rd}, v_{id} \geqslant 0$$

因为上面的交叉效率是基于输入导向型模型，因此交叉效率值不大于 1。

这里我们通过 Doyle 和 Green(1994) 的交叉效率矩阵，简要地阐述交叉效率的概念。在图 13.1 中，我们有 6 个决策单元。E_{dj} 是依据 DMU_d 的一组 DEA 权重算出的 DMU_j(交叉) 效率。这组 DMU 权重是评估 DMU_d 最优效率值时得到的。对

角线上的 E_{dd} 是 DMU_k 的 DEA 效率。对一个给定的 DMU_j，其交叉效率被定义为第 j 列的算术平均值，记为 $\bar{E}_j$。(需要指明的是，在 Doyle 和 Green(1994) 的研究中，DMU_k 的效率值不包括在平均的部分中。)

DMU效率值	评价DMU 1	2	3	4	5	6	平均评价
1	E_{11}	E_{12}	E_{13}	E_{14}	E_{15}	E_{16}	A_1
2	E_{21}	E_{22}	E_{23}	E_{24}	E_{25}	E_{26}	A_2
3	E_{31}	E_{32}	E_{33}	E_{34}	E_{35}	E_{36}	A_3
4	E_{41}	E_{42}	E_{43}	E_{44}	E_{45}	E_{46}	A_4
5	E_{51}	E_{52}	E_{53}	E_{54}	E_{55}	E_{56}	A_5
6	E_{61}	E_{62}	E_{63}	E_{64}	E_{65}	E_{66}	A_6
平均评价效率值	$\bar{E}_1$	$\bar{E}_2$	$\bar{E}_3$	$\bar{E}_4$	$\bar{E}_5$	$\bar{E}_6$	

图 13.1　交叉效率矩阵 (Doyle and Green,1994)

显然，由于最优的 DEA 权重经常存在多个解，因此 $E_{dj}(d \neq j)$ 和 $\bar{E}_j$ 不是唯一的。由于这种非唯一性，交叉效率概念被批评为不可靠的。

注意到上面的讨论是以输入导向为基础的。类似地，我们可以使用输出导向型模型来计算交叉效率。在这种情形下，基于输出导向 DEA 模型，式 (13.2) 中的 E_{dj} 即为

$$E_{dj} = \frac{\sum\limits_{i=1}^{m} v_{id}^* x_{ij}}{\sum\limits_{r=1}^{s} u_{rd}^* y_{rj}} \tag{13.5}$$

式中，v_{id}^* 和 u_{rd}^* 是下面以 DMU_d 为评估对象时输出导向型模型的最优解：

$$\begin{aligned}
&\min E_{dd} = \frac{\sum\limits_{i=1}^{m} v_{id} x_{id}}{\sum\limits_{r=1}^{s} u_{rd} y_{rd}} \\
&\text{s.t.} E_{dj} = \frac{\sum\limits_{i=1}^{m} v_{id} x_{ij}}{\sum\limits_{r=1}^{s} u_{rd} y_{rj}} \geqslant 1,\ j = 1, 2, \cdots, n \\
&\qquad v_{id} \geqslant 0,\ i = 1, 2, \cdots, m \\
&\qquad u_{rd} \geqslant 0,\ r = 1, 2, \cdots, s
\end{aligned} \tag{13.6}$$

上面的模型 (13.6) 等价于下面的输出导向型 CRS 乘子模型：

$$
\begin{aligned}
&\min \sum_{i=1}^{m} v_{id} x_{id} \\
&\text{s.t.} \sum_{i=1}^{m} v_{id} x_{ij} - \sum_{r=1}^{s} u_{rd} y_{rj} \geqslant 0, \quad j = 1, \cdots, n \\
&\qquad \sum_{r=1}^{s} u_{rd} y_{rd} = 1 \\
&\qquad v_{id} \geqslant 0, i = 1, \cdots, m \\
&\qquad u_{rd} \geqslant 0, r = 1, \cdots, s
\end{aligned}
\tag{13.7}
$$

注意到在输出导向的情形下，所有的交叉效率值都不小于 1，就如输出导向的 CRS 值一样。接下来，输出导向的 DEA 交叉效率值可以通过式 (13.3) 中类似的方式定义。

最后，上面的讨论是基于 CRS 框架的。在 VRS 下也可以得到相似的过程。然而，我们需要指明的是，在非 CRS 的条件下会得出负的交叉效率值。

13.3 电子表格中的交叉效率

实际上交叉效率可以直接从 CRS 乘子模型的表格中计算出 (见第 3 章图 3.3)。如图 13.2 所示，效率值和相关的最优乘子已经被计算出。在图 13.3 中，从模型 (13.4)(输入导向型 CRS 乘子模型) 中得到的最优乘子显示于第 L 到 N 列以及第 P 和 Q 列。使用这些乘子和 (13.2)，我们可以计算这 15 个城市的交叉效率。在这个例子中，我们不需要修改或建立新的求解参数。

	A	B	J	K	L	M	N	O	P
1	DMU	City	Efficiency	Housing Pri	Rental	Bread		Doctors	Income
2	1	Seattle	1	3.262E-07	0.001392	0		0.052386	1.63E-05
3	2	Denver	1	3.599E-08	0	1.013306		0	2.33E-05
4	3	Philadelphia	1	2.082E-06	0	0.387645		0	2.29E-05
5	4	Minneapolis	0.982382	5.123E-07	0.001391	0		0	2.15E-05
6	5	Raleigh-Durham	1	1.805E-06	0.000173	0.322993		0.069394	1.6E-05
7	6	St. Louis	1	7.472E-07	0.001136	0.188822		0	2.56E-05
8	7	Cincinnati	0.807702	3.517E-07	0.00135	0.042182		0.061484	1.65E-05
9	8	Washington	1	5.379E-07	0.000818	0.135915		0	1.84E-05
10	9	Pittsburgh	0.898093	3.97E-07	0.001524	0.047606		0.06939	1.87E-05
11	10	Dallas–Fort Worth	0.864403	6.012E-07	0.000914	0.151925		0	2.06E-05
12	11	Atlanta	0.82216	0	0	0.840336		0	1.9E-05
13	12	Baltimore	1	0	0	1.010101		0.016232	2.16E-05
14	13	Boston	1	2.174E-06	0.000198	0.05589		0.175747	0
15	14	Milwaukee	0.812082	1.761E-06	0	0.327853		0	1.94E-05
16	15	Nashville	0.781083	0	0.000495	0.551202		0.032649	1.68E-05

图 13.2　最优乘子

图 13.3 显示了一部分的交叉效率矩阵。用户可以参照 Excel 文件 “cross efficiency.xlsm” 来获得详细的信息，包括使用的公式。例如：C21 =SUMPRODUCT (INDEX($G$2:$H$16,C20,0),INDEX($P$2:$Q$16,$A$21,0))/SUMPRODUCT(INDEX($C$2:$E$16,C20,0),INDEX($L$2:$N$16,$A$21,0))，并将其复制到单元格 D21:Q21 中。

C22 有一个稍微不同的公式 = SUMPRODUCT(INDEX($G$2:$H$16,C20,0), INDEX($P$2:$Q$16,$A$22,0))/SUMPRODUCT(INDEX($C$2: $E$16,C20,0),INDEX($L$2:$N$16,$A$22,0))，且被复制到单元格 D21:Q21 中。

	A	B	C	D	E	F	G	H	I	J
20	DMU	City	1	2	3	4	5	6	7	8
21	1	Seattle	**1**	0.906832	1	0.935324	0.968331	0.944082	0.805788	1
22	2	Denver	0.734328	**1**	0.66544	0.700493	0.942175	1	0.698769	0.953318
23	3	Philadelphia	0.604237	0.720837	**1**	0.873301	0.899353	1	0.605697	0.726885
24	4	Minneapolis	0.910905	0.904865	1	**0.982382**	0.868373	0.921996	0.790948	1
25	5	Raleigh-Durham	0.654002	0.695163	1	0.81452	**1**	1	0.601853	0.699204
26	6	St. Louis	0.875428	0.936193	1	0.976682	0.935709	**1**	0.791081	1
27	7	Cincinnati	1	0.915635	1	0.928113	1	0.967019	**0.807702**	1
28	8	Washington	0.875428	0.936193	1	0.976682	0.935709	1	0.791081	**1**
29	9	Pittsburgh	1	0.915635	1	0.928113	1	0.967019	0.807702	1
30	10	Dallas–Fort Worth	0.875428	0.936193	1	0.976682	0.935709	1	0.791081	1
31	11	Atlanta	0.732135	1	0.657178	0.693426	0.936634	0.9933	0.695937	0.952062
32	12	Baltimore	0.741585	0.991162	0.659991	0.684043	0.96525	1	0.693616	0.941374
33	13	Boston	0.5367	0.409447	1	0.549447	1	0.81136	0.41002	0.40228
34	14	Milwaukee	0.604237	0.720837	1	0.873301	0.899353	1	0.605697	0.726885
35	15	Nashville	0.859457	0.999702	0.75644	0.760288	1	1	0.754764	1
36										
37		cross efficiency	0.800258	0.865913	0.915937	0.84352	0.95244	0.973652	0.710116	0.893467

图 13.3　交叉效率计算

在图 13.3 中，主对角线上显示了原始的 CRS 效率值。单元格 C37:Q37 是基于式 (13.3) 计算出的交叉效率。在这个特定的例子中，DMU_6(St.Louis) 有最高的交叉效率值，达到 0.974，接着是 DMU_3(Philadelphia)。

13.4 结　论

有许多方法解决交叉效率的非唯一性问题，例如，Doyle 和 Green(1994) 提出用一个次级目标来解决 DEA 解的非唯一问题。他们构造了激进式 (仁慈式) 模型来得到最优的权重，不仅可以最大化特定待评价 DMU 的效率，还可以最小化 (最大化) 其他 DMU 的平均效率。

最大交叉效率可以通过使用一组对数线性 DEA 模型 (Cook et al.，2004) 来获得。

Liang 等 (2008) 提出了一种博弈交叉效率方法。在很多 DEA 的应用中，一些直接或间接形式的竞争可能存在于待评估的 DMU 中。当然在任何决策单元为了稀缺的资金而竞争的环境中，竞争都是可以定义出现的。一个组织中不同部门提交的 R&D 项目计划可被视为 DMU，可以进行 DEA 分析。这些提案明显是为了竞争可获得的资金。在一个择优选举背景下的候选人可被视为决策单元，且竞争是显然存在的。一个申请研究资助的学者要与其他学者竞争。像奥林匹克比赛一样的运动会的参与者构成了竞争性的决策单元。当决策单元被视为一个博弈的参与者时，交叉效率值可能被视为支付，且每一个决策单元都可能在一定程度上采取非合作博弈立场，从而尝试最大化自身的支付。博弈交叉效率的思想可以用下面的方式呈现。对于每一个竞争性的 DMU_j，通过以最优化其效率值为目标可以得到一组最优乘子值。其约束条件中有一个额外的约束条件，即在交叉效率情形下，DMU_d 的效率值应当不小于其估计的最优值。在博弈交叉效率情形中，我们力图使用实际代表决策单元最终绩效评价结果的效率值，而不是使用 DMU_d 的理想值。当然，也会出现另外的问题，即我们只有在所有其他决策单元的最优效率值也得到的情况下才能够知道 DMU_d 的最优效率值。为了解决这个“鸡和蛋”的现象，Liang 等 (2008) 采用了一个迭代方法，从而得到一个均衡结果。

第14章　基准模型

14.1　引　　言

本章我们将介绍一种基于 DEA 的基准方法，将一组 DMU 与其他组 DMU 进行比较。这种 DEA 基准法是基于包络模型的。这些模型是 Cook，Seiford 和 Zhu(2004) 对一个规模较大的加拿大银行的基准研究的结果。在当时开展研究时，为节约金融产品申请过程的时间与成本，全球金融服务业中传统面对面的客户接触正在被电子终端式接触所取代。为了更好地响应这个新兴市场，被研究的加拿大银行认为在满足内部营运绩效目标的同时，有必要用最有效的方式来对设计和传递金融服务进行研究。该银行利用一种新的银行理念创建了一系列电子商务分支机构，尝试着用更加有效的交易平台以给客户带来方便。电子分支机构的目标是通过互联网、ATM、电话银行和其他电子渠道来使机构运行自动化，从而增加服务传递的速度并降低一定比例的成本。从商业视角来看，这些电子分支机构是业务交易和工作流程自动化技术应用的结果。对从事电子商务活动的银行进行基准研究，同时检验电子分支机构是否能够在减少费用的同时提高生产力和销售效率是至关重要的，即银行想去检验电子业务活动对它的商业活动是否有正向影响。显然，本例中生产率是用包括劳力、信息技术投资、交易等指标来表示的。

基准管理是一个定义合理的绩效指标并用来确定同类 DMU 之间的相对位置，最终建立一个优秀标准的过程。在这个意义上，DEA 可被认为是一个基准管理的工具，因为识别的最佳实践前沿可被认为是一个经验上的优秀标准。

一旦最佳实践前沿被构建，我们就可以将一组新的决策单元与最佳实践前沿进行比较。然而，当一个新的 DMU 比已识别出的最佳实践前沿上的点表现得更好时，一个由 DEA 确定的新最佳实践前沿就产生了。因此，对于其他 (新的) 决策单元，我们没有同样的基准点 (最佳实践前沿)。

本章我们将呈现大量的基于 DEA 的基准模型，模型中每一个 (新的) 决策单元通过与一组给定的基准点 (标准) 进行比较来评估。

14.2　基准模型

令 E^* 表示一组由 DEA 识别的基准点或最佳实践集合。根据输入导向型 CRS

包络模型，我们有

$$
\begin{aligned}
&\min \ \delta^{\mathrm{CRS}} \\
&\text{s.t.} \ \sum_{j\in E^*} \lambda_j x_{ij} \leqslant \delta^{\mathrm{CRS}} x_i^{\mathrm{new}} \\
&\quad\ \ \sum_{j\in E^*} \lambda_j y_{rj} \geqslant y_r^{\mathrm{new}} \\
&\quad\ \ \lambda_j \geqslant 0, j \in E^*
\end{aligned}
\tag{14.1}
$$

式中，新决策单元 $\mathrm{DMU}^{\mathrm{new}}$ 的投入为 $x_i^{\mathrm{new}}(i=1,\cdots,m)$，产出为 $y_r^{\mathrm{new}}(r=1,\cdots,s)$。上标 CRS 表示在集合 E^* 中由基准点 DMU 组成的基准前沿面呈现出规模报酬不变的特征。

在实际应用中，我们可以首先以 CRS 包络模型来识别一组 DMU 的最佳实践集合，然而这一步也不是必要的。事实上，E^* 可以用整个一组 DMU 代替，包括有效的和非有效的 DMU。模型 (14.1) 在计算过程中自动识别了有效 DMU 作为标杆。

$\mathrm{DMU}^{\mathrm{new}}$ 也可以是来自于另一组决策单元中的 DMU，该组 DMU 与 E^* 中的 DMU 进行比较。

模型 (14.1) 评价在当前产出水平固定的情况下 $\mathrm{DMU}^{\mathrm{new}}$ 相对于 E^* 中基准 DMU 的绩效。类似地，基于输出导向型 CRS 包络模型，我们可以评价在当前投入水平保持不变的情况下依照产出的 $\mathrm{DMU}^{\mathrm{new}}$ 绩效。

$$
\begin{aligned}
&\max \ \tau^{\mathrm{CRS}} \\
&\text{s.t.} \ \sum_{j\in E^*} \lambda_j x_{ij} \leqslant x_i^{\mathrm{new}} \\
&\quad\ \ \sum_{j\in E^*} \lambda_j y_{rj} \geqslant \tau^{\mathrm{CRS}} y_r^{\mathrm{new}} \\
&\quad\ \ \lambda_j \geqslant 0, j \in E^*
\end{aligned}
\tag{14.2}
$$

定理 14.1　$\delta^{\mathrm{CRS}*} = 1/\tau^{\mathrm{CRS}*}$，其中 $\delta^{\mathrm{CRS}*}$ 是模型 (14.1) 的最优值，$\tau^{\mathrm{CRS}*}$ 是模型 (14.2) 的最优值。

证明　假设 $\lambda_j^*(j\in E^*)$ 是与模型 (14.1) 中 $\delta^{\mathrm{CRS}*}$ 相关的一个最优解，现在令 $\tau^{\mathrm{CRS}*} = 1/\delta^{\mathrm{CRS}*}$，且 $\lambda_j' = \lambda_j^* \delta_o^{\mathrm{CRS}*}$。则 $\tau^{\mathrm{CRS}*}$ 和 λ_j' 是模型 (14.2) 的最优解。因此，$\delta^{CRS*} = 1/\tau^{\mathrm{CRS}*}$。

模型 (14.1) 或模型 (14.2) 得到了 $\mathrm{DMU}^{\mathrm{new}}$ 的一个基准点，基准点的第 i 个投入和第 r 个产出可分别表示为

$$\left\{\begin{array}{l}\sum\limits_{j\in E^*}\lambda_j^* x_{ij}\ (\text{第 } i \text{ 个投入})\\ \sum\limits_{j\in E^*}\lambda_j^* y_{rj}(\text{第 } r \text{ 个产出})\end{array}\right. \tag{14.3}$$

注意到尽管与集合 E^* 相关的 DMU 是给定的，每一个新的被评估的 DMU 所得到的基准点可能会不同。这是由于对于每一个新的被评估的 DMU 来说，(14.3) 可能代表集合 E^* 中 DMU 的不同组合。因此，模型 (14.1) 和 (14.2) 代表一种可变基准情形。

定理 14.2

(i) $\delta^{\text{CRS}*}<1$ 或 $\tau^{\text{CRS}*}>1$，表示 DMU^{new} 的表现弱于 (14.3) 中的基准点；

(ii) $\delta^{\text{CRS}*}=1$ 或 $\tau^{\text{CRS}*}=1$，表示 DMU^{new} 与 (14.3) 中的基准点表现一样；

(iii) $\delta^{\text{CRS}*}>1$ 或 $\tau^{\text{CRS}*}<1$，表示，DMU^{new} 与 (14.3) 中的基准点相比存在投入节约或产出过剩。

证明：根据 DEA 效率的概念，(i) 和 (ii) 的结果是显然的。

$\delta^{\text{CRS}*}>1$，表示 DMU^{new} 可以增加它的投入来达到基准点，这反过来表示 $\delta^{\text{CRS}*}-1$ 度量了 DMU^{new} 实现的投入节约。类似地，$\tau^{\text{CRS}*}<1$，表示 DMU^{new} 可以减少它的产出来达到基准点，这反过来表示 $1-\tau^{\text{CRS}*}$ 度量了 DMU^{new} 实现的产出过剩。

图 14.1 阐述了定理 14.2 中的三种情形，$ABC(A'B'C')$ 代表投入或产出的标杆前沿，D、H 和 G(或 D'、H' 和 G') 代表与 ABC(或 $A'B'C'$) 进行标杆对比的新 DMU。对于 DMU_D 来说，$\delta_D^{\text{CRS}*}>1$(对于 $\text{DMU}_{D'}$ 来说，$\tau_D^{\text{CRS}*}<1$)，表示 DMU_D 可以在和基准点生产同等数量产出的同时，按照 $\delta^{\text{CRS}*}$ 比例增加投入 ($\text{DMU}_{D'}$ 可以在和标杆使用同等数量投入的同时降低它的产出)。因此，$\delta_D^{\text{CRS}*}>1$ 是 DMU_D 实现投入节约的一种度量，$\tau_{D'}^{\text{CRS}*}<1$ 是 $\text{DMU}_{D'}$ 实现产出过剩的一种度量。

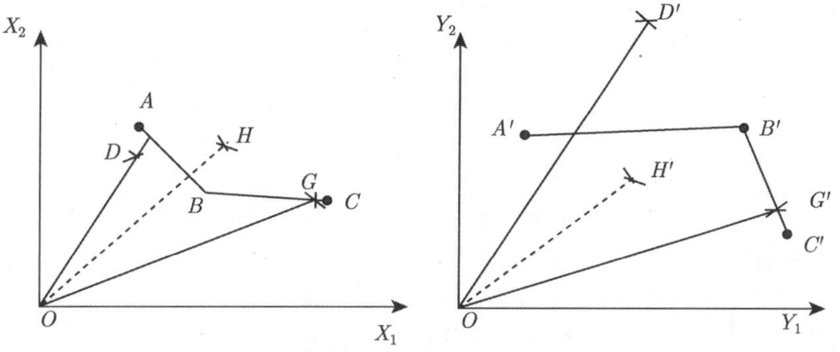

图 14.1 可变基准模型

对于 DMU_G 和 $\mathrm{DMU}_{G'}$，我们有 $\delta_G^{\mathrm{CRS}*}=1$ 和 $\tau_{G'}^{\mathrm{CRS}*}=1$，表示它们与基准点有同样的绩效水平且没有投入节约和产出过剩。对于 DMU_H 和 $\mathrm{DMU}_{H'}$，我们有 $\delta_H^{\mathrm{CRS}*}<1$ 和 $\tau_{H'}^{\mathrm{CRS}*}>1$，表示这两个 DMU 存在非有效情况。

注意到图 14.1 中，DMU_A 和 DMU_B 的一个凸组合被用作 DMU_D 的基准点，然而 DMU_B 和 DMU_C 的一个凸组合被用作 DMU_G 的标杆。因此，模型 (14.1) 和 (14.2) 都被称为可变基准模型。

从定理 14.2，我们可以将 $\delta^{\mathrm{CRS}*}-1$ 或 $1-\tau^{\mathrm{CRS}*}$ 定义为 $\mathrm{DMU}^{\mathrm{new}}$ 和基准点之间的绩效差。根据 $\delta^{\mathrm{CRS}*}$ 或 $\tau^{\mathrm{CRS}*}$，可以得到一个基准绩效的排名。

通过在模型 (14.1) 和 (14.2) 中加一个凸性限制条件 $\sum\limits_{j=1}^{n}\lambda_j=1$，上述模型可被应用于 VRS 情形。然而，在 VRS 下相关的基准模型可能存在非可行解。图 14.2 阐述了这个非可行性的问题。

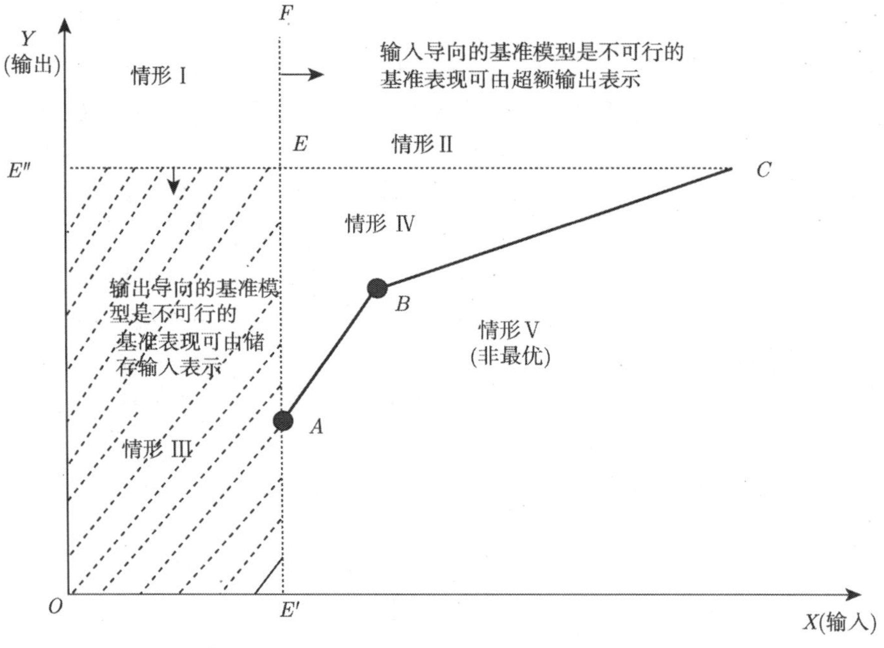

图 14.2　VRS 可变标杆模型的非可行性

在图 14.2 中，ABC 代表基准前沿。在 VRS 框架下的模型对于任意位于 EC 下面和 EA 右面的 $\mathrm{DMU}^{\mathrm{new}}$ 会得到有限的最优解。输入导向型 VRS 基准模型对于位于射线 $E''C$ 之上的 $\mathrm{DMU}^{\mathrm{new}}$ 是无可行解的，输出导向型 VRS 基准模型对于位于射线 $E'E$ 左边的 $\mathrm{DMU}^{\mathrm{new}}$ 是无可行解的。这是因为在这两种情形下，$\mathrm{DMU}^{\mathrm{new}}$ 不能通过改变投入或产出来定位一个基准 DMU。另外，VRS 基准模型对于位于

$E''E$ 上方和射线 EF 左边的 $\mathrm{DMU^{new}}$ 也是无可行解的。

注意到如果 $\mathrm{DMU^{new}}$ 位于 $E''C$ 之上，它的产出值大于 A, B, C 任意凸组合的产出值。还注意到如果 $\mathrm{DMU^{new}}$ 位于 $E'F$ 的左边，它的投入值小于 A, B, C 任意凸组合的投入。

我们有四种情形。

情形Ⅰ：$\mathrm{DMU^{new}}$ 与基准点相比有最小的投入水平和最大的产出水平，因此 $\mathrm{DMU^{new}}$ 既存在投入节约又存在产出过剩。

情形Ⅱ：非可行性是由 $\mathrm{DMU^{new}}$ 与基准点相比有最大产出水平的事实导致的。

情形Ⅲ：非可行性是由 $\mathrm{DMU^{new}}$ 与基准点相比有最小投入水平的事实导致的。

情形Ⅳ：我们需要同时使用输入导向和输出导向的 VRS 基准模型来确定投入节约和产出过剩是否存在。

14.3 案例：一个互联网公司的实例

我们使用 22 个互联网公司来说明可变基准模型。表 14.1 显示的是相关数据。这里有四个投入：① 网站的浏览量 (千)；② 员工的数量 (人)；③ 营销费用 (百万美元)；④ 研发费用 (百万美元)。两个产出：① 客户的数量；② 收益 (百万美元)。

表 14.1 互联网公司的数据

公司	浏览量/千	员工人数/人	营销费用/百万美元	研发费用/百万美元	客户数量/人	收益/百万美元
Barnes&Noble	64 812	1 237	111.55	21.01	4 700 000	202.57
Amazon.com	177 744	7 600	413.2	159.7	16 900 000	1 640
CDnow	79 848	502	89.73	23.42	3 260 000	147.19
eBay	168 384	300	95.96	23.79	10 010 000	224.7
1-800-Flowers	11 940	2 100	92.15	8.07	7 800 000	52.89
Buy.com	27 372	255	71.3	7.84	1 950 000	596.9
FTD.com	11 856	75	29.93	5.29	1 800 000	62.6
Autobytel.com	12 000	225	44.18	14.26	2 065 000	40.3
Beyond.com	17 076	250	81.35	12.39	2 000 000	117.28
eToys	13 896	940	120.46	43.43	1 900 000	151.04
E*Trade	29 532	2 400	301.7	78.5	1 551 000	621.4
Garden.com	16 344	290	16	4.8	1 070 000	8.2
Drugstore.com	19 092	408	61.5	14.9	695 000	34.8
Outpost.com	7 716	164	41.67	7	627 000	188.6

续表

公司	浏览量/千	员工人数/人	营销费用/百万美元	研发费用/百万美元	客户数量/人	收益/百万美元
iPrint	42 132	225	8.13	3.54	380 000	3.26
Furniture.com	10 668	213	33.949	6.685	260 000	12.904
PlanetRX.com	17 124	390	55.18	12.95	254 000	8.99
NextCard	46 836	365	24.65	22.05	220 000	26.56
PetsMart.com	18 564	72	33.47	2.43	180 000	12.45
Peapod	2 076	1 020	7.17	3.54	111 900	73.13
Webvan	1 680	1 000	11.75	15.24	47 000	13.31
CarsDirect.com	15 612	702	33.43	2.14	12 885	98.56

假设我们选定前 7 家公司 (Barnes&Noble，Amazon.com，CDnow，eBay，1-800-Flowers，Buy.com 和 FTD.com) 作为标杆。如果我们将输出导向型 CRS 包络模型应用于这 7 家公司，则可得最大的 3 家公司 (Barnes&Noble，Amazon.com，CDnow) 并不在最优前沿上，因此可以被排除出基准点。然而，即使我们将它们包括在标杆集之中，标杆结果也不受影响。因为与 3 家公司相关的 λ_j^* 一定等于 0。

可变标杆模型的电子表格模型与情境依赖 DEA 的电子表格是相似的。实际上，现在的评估背景就是选定的基准。图 14.3 展示了输出导向型 CRS 可变基准模型的电子表格形式，其中基准 (评估背景) 被输入在第 2 ～ 8 行。(见文件 “benchmarking.xlsm”)

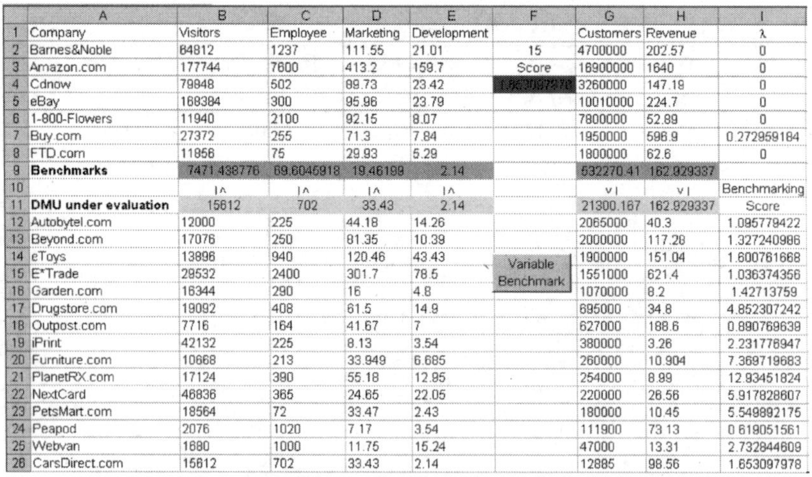

	A	B	C	D	E	F	G	H	I
1	Company	Visitors	Employee	Marketing	Development		Customers	Revenue	λ
2	Barnes&Noble	64812	1237	111.55	21.01	15	4700000	202.57	0
3	Amazon.com	177744	7600	413.2	159.7	Score	16900000	1640	0
4	Cdnow	79848	502	89.73	23.42	[illegible]	3260000	147.19	0
5	eBay	168384	300	95.96	23.79		10010000	224.7	0
6	1-800-Flowers	11940	2100	92.15	8.07		7800000	52.89	0
7	Buy.com	27372	255	71.3	7.84		1950000	596.9	0.272959184
8	FTD.com	11856	75	29.93	5.29		1800000	62.6	0
9	**Benchmarks**	7471.438776	69.6045918	19.46199	2.14		532270.41	162.929337	
10		|^	|^	|^	|^		v|	v|	Benchmarking
11	**DMU under evaluation**	15612	702	33.43	2.14		21300.167	162.929337	Score
12	Autobytel.com	12000	225	44.18	14.26		2065000	40.3	1.095779422
13	Beyond.com	17076	250	81.35	10.39		2000000	117.28	1.327240986
14	eToys	13896	940	120.46	43.43	Variable	1900000	151.04	1.600761668
15	E*Trade	29532	2400	301.7	78.5	Benchmark	1551000	621.4	1.036374356
16	Garden.com	16344	290	16	4.8		1070000	8.2	1.42713759
17	Drugstore.com	19092	408	61.5	14.9		695000	34.8	4.852307242
18	Outpost.com	7716	164	41.67	7		627000	188.6	0.890769639
19	iPrint	42132	225	8.13	3.54		380000	3.26	2.231776947
20	Furniture.com	10668	213	33.949	6.685		260000	10.904	7.369719683
21	PlanetRX.com	17124	390	55.18	12.95		254000	8.99	12.93451824
22	NextCard	46836	365	24.65	22.05		220000	26.56	5.917828607
23	PetsMart.com	18564	72	33.47	2.43		180000	10.45	5.549892175
24	Peapod	2076	1020	7.17	3.54		111900	73.13	0.619051561
25	Webvan	1680	1000	11.75	15.24		47000	13.31	2.732844609
26	CarsDirect.com	15612	702	33.43	2.14		12885	98.56	1.653097978

图 14.3　输出导向型 CRS 可变基准电子表格模型

单元格 F2 保存的是标杆中的 DMU，单元格 F4 表示模型 (14.2) 中 τ_o^{CRS} 的目标单元格，单元格 I2:I8 代表基准点的 λ_j，单元格 B9 包含公式 “=SUMPROD-

UCT(B2:B8,$I$2:$I$8)”，并复制这个公式到单元格 C9:E9 中。单元格 G9 包含公式“=SUMPRODUCT(G2:G8,$I$2:$I$8)”，并复制这个公式到单元格 H9 中。

单元格 B11:E11 和单元格 G11:H11 包含在基准评估下的 DMU 的公式 —— 模型 (14.2) 的右边部分。B11 的公式是 “=INDEX(B12:B26,$F$2,1)”，并将其复制到单元格 C11:E11 中。单元格 G11 的公式是 “=$F$4*INDEX(G12:G26,$F$2,1)”，并将其复制到单元格 H11 中。

图 14.4 显示的是图 14.3 中展示的电子表格模型的求解参数。通过利用一个 VBA 程序 “VariableBenchmark” 将基准评价值记录到单元格 I12:I26 中。

```
Sub VariableBenchmark()
Dim i As Integer
For i=1 To 15
Range("F2")=i
SolverSolve UserFinish:=True
Range("I"&i+11)=Range("F4")
Next
End Sub
```

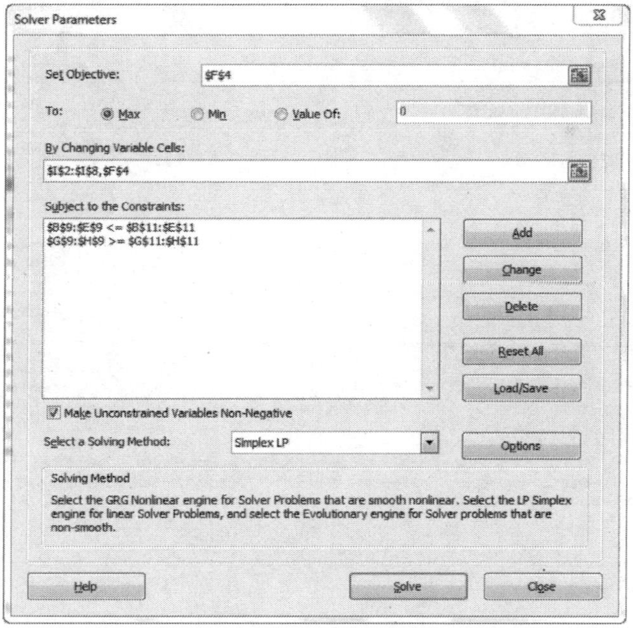

图 14.4 产出导向型 CRS 可变标杆模型的求解参数

因为图 14.3 中的模型是一个输出导向型模型，$\tau^{\text{CRS}*}$ 值越小表示绩效更好。因此，Peapod 是相对于特定的基准点表现得最好的公司。非 0 最优解 λ_j^* 表示标杆评估时的实际基准点，例如，Buy.com 被用作 CarsDirect.com 的实际基准点 (见图 14.3 中的单元格 I7)。

如果我们使用输入导向型 CRS 可变标杆模型，我们需要将图 14.3 中的单元格 B11 的公式变为 "=\$F\$4*INDEX(B12:B26,\$F\$2,1)"，然后将这个公式复制到单元格 C11:E11 中。单元格 G11 的公式改为 "=INDEX(G12:G26.\$F\$2,1)"，并将其复制到单元格 H11 中。图 14.3 中的其他公式保持不变。

我们还需要通过选择 "Min" 来改变图 14.4 中的求解参数，如图 14.5 所示。图 14.6 展示了输入导向型 CRS 可变基准模型和基准评估值的电子表格形式。可以看出定理 14.1 是正确的。

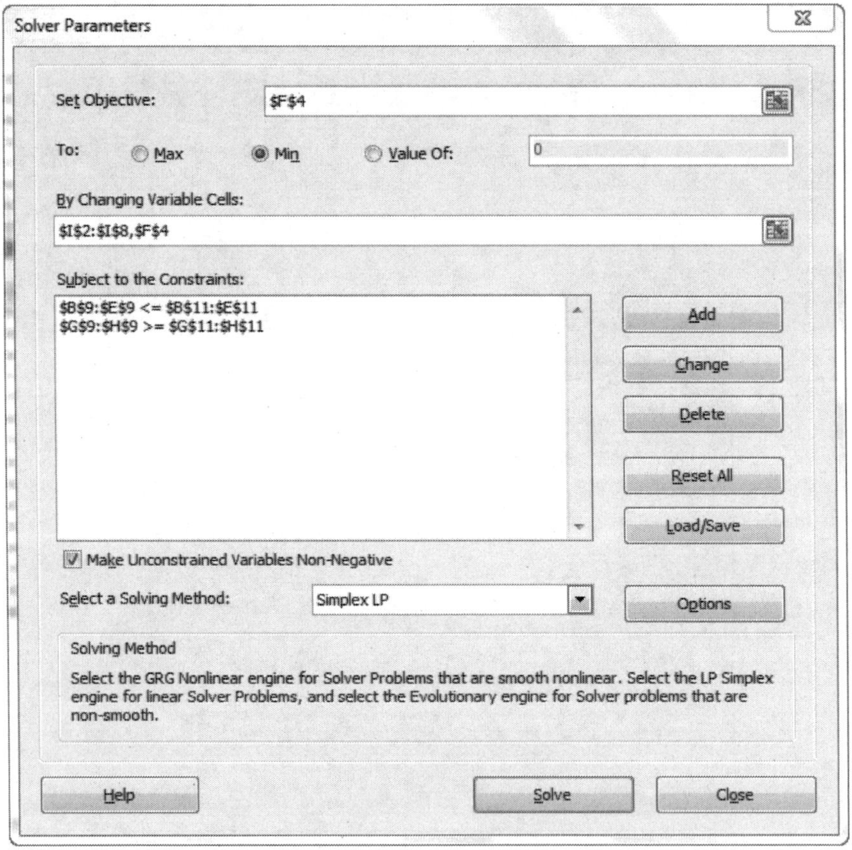

图 14.5　输入导向型 CRS 可变基准模型的求解参数

	A	B	C	D	E	F	G	H	I
1	Company	Visitors	Employee	Marketing	Development		Customers	Revenue	λ
2	Barnes&Noble	64812	1237	111.55	21.01	15	4700000	202.57	0
3	Amazon.com	177744	7600	413.2	159.7	Score	16900000	1640	0
4	Cdnow	79848	502	89.73	23.42	0.604924822	3260000	147.19	0
5	eBay	168384	300	95.96	23.79		10010000	224.7	0
6	1-800-Flowers	11940	2100	92.15	8.07		7800000	52.89	0
7	Buy.com	27372	255	71.3	7.84		1950000	596.9	0.165119786
8	FTD.com	11856	75	29.93	5.29		1800000	62.6	0
9	**Benchmarks**	4519.65877	42.1055453	11.77304	1.294539119		321983.58	98.56	input-oriented
10		|∧	|∧	|∧	|∧		∨|	∨|	Benchmarking
11	**DMU under evaluation**	9444.086319	424.657225	20.22264	1.294539119		12885	98.56	Score
12	Autobytel.com	12000	225	44.18	14.26		2065000	40.3	0.912592425
13	Beyond.com	17076	250	81.35	10.39		2000000	117.28	0.753442676
14	eToys	13896	940	120.46	43.43	Variable	1900000	151.04	0.624702615
15	E*Trade	29532	2400	301.7	78.5	Benchmark	1551000	621.4	0.9649023
16	Garden.com	16344	290	16	4.8		1070000	8.2	0.700703287
17	Drugstore.com	19092	408	61.5	14.9		695000	34.8	0.206087527
18	Outpost.com	7716	164	41.67	7		627000	188.6	1.122624702
19	iPrint	42132	225	8.13	3.54		380000	3.26	0.448073452
20	Furniture.com	10668	213	33.949	6.685		260000	10.904	0.135690371
21	PlanetRX.com	17124	390	55.18	12.95		254000	8.99	0.077312505
22	NextCard	46836	365	24.65	22.05		220000	26.56	0.168980899
23	PetsMart.com	18564	72	33.47	2.43		180000	10.45	0.180183681
24	Peapod	2076	1020	7.17	3.54		111900	73.13	1.615374328
25	Webvan	1680	1000	11.75	15.24		47000	13.31	0.365919085
26	CarsDirect.com	15612	702	33.43	2.14		12885	98.56	0.604924822

图 14.6　输入导向型 CRS 可变基准电子表格模型

14.4 结　　论

本章介绍了一组 DEA 模型，模型中参考集或 DEA 前沿由事先确定的基准标准组成。这些事先确定的基准标准是基于一组选定的 DMU。新的 DMU 与基准标准进行基准评估。这些模型与第 9 章中讨论的超效率方法和第 10 章中讨论的基于 DEA 的 Malmquist 方法是不同的。

参考文献

Ali A I, Seiford L M. 1990. Translation invariance in data envelopment analysis. Operations Research Letters, 9(6): 403-405.

Banker R D. 1984. Estimating most productive scale size using data envelopment analysis. European Journal of Operational Research, 17: 35-44.

Banker R D, Morey R C. 1986. Efficiency analysis for exogenously fixed inputs and outputs. Operations Research, 34(4): 513-521.

Banker R D, Thrall R M. 1992. Estimation of returns to scale using data envelopment analysis. European Journal of Operational Research, 62: 74-84.

Banker R D, Chang H, Cooper W W. 1996. Equivalence and implementation of alternative methods for determining returns to scale in data envelopment analysis. European Journal of Operational Research, 89: 473-481.

Beasley J E. 1990. Comparing university departments. Omega, 18(2): 171-183.

Camp R C. 1995. Business Process Benchmarking: Finding and Implementing Best Practices. Milwaukee, Wisconsin: ASQC Quality Press.

Charnes A, Cooper W W, Lewin A Y, et al. 1994. Data Envelopment Analysis: Theroy, Methodology and Applications. Boston: Kluwer Academic Publishers.

Charnes A, Cooper W W, Rhodes E R. 1978. Measuring the efficiency of decision making units. European Journal of Operational Research, 2: 429-444.

Charnes A, Cooper W W, Rhodes E R. 1981. Evaluating program and managerial efficency: an applicatin of data envelopment analysis to program follow through. Management Science, 27(6): 668-697.

Charnes A, Cooper W W, Seiford L M, et al. 1982. A multiplicative model for efficiency analysis. Socio-Economic Planning Science, 16(5): 223-224.

Cook W D, Green R H. 2005. Evaluating power plant efficiency: a hierarchical model. Computers and Operations Research, 32: 813-823.

Cook W D, Zhu J. 2007. Classifying inputs and outputs in data envelopment analysis. European Journal of Operational Research, 180(2): 692-699.

Cook W D, Zhu J. 2014. DEA Cobb-Douglas frontier and cross-efficiency. Journal of Operational Research Society, 65: 265-268.

Cook W D, Green R H, Zhu J. 2006. Dual-role factors in DEA. IIE Transactions, 38(2): 105-115.

Cook W D, Johnson D J, McCutcheon D. 1992. Implementation of robotics: identifying efficient implements. Omega, 20(2):227-239.

Cook W D, Roll Y, Kazakov A. 1990. A DEA model for measuring the relative efficiency of highway maintenance patrols. INFOR, 28: 113-124.

Cook W D, Seiford L M, Zhu J. 2004. Models for performance benchmarking: measuring the effect of e-business activities on banking performance. Omega, 32(4): 313-322.

Cook W D, Tone K, Zhu J. 2013. Data envelopment analysis: prior to choosing a model. Omega,44:1-4.

Doyle J, Green R. 1994. Efficiency and cross-efficiency in DEA: derivations, meanings and uses. Journal of the Operational Research Society, 45(5): 567-578.

Färe R, Grosskopf S, Lovell C A K. 1985. The Measurement of Efficiency of Production. Boston: Kluwer. Nijhoff. Publishing Co.

Färe R, Grosskopf S, Lovell C A K. 1994. Production Frontiers. Cambridge University Press.

Fried H O, Lambrinos J, Tyner J, 2004. Evaluating the performance of professional golfers on the PGA, LPGA and SPGA tours. European Journal of Operational Research, 154: 548-561.

Liang L, Wu J, Cook W D, et al. 2008. The DEA game cross-efficiency model and its Nash equilibrium. Operations Research, 56: 1278-1288.

Malmquist S. 1953. Index numbers and indifference surfaces. Trabajos de Estatistica, 4: 209-242.

Morita H, Hirokawa K, Zhu J. 2005. A slack based measure of efficiency in context dependent data envelopment analysis. Omega, 33(4): 357-362.

Seiford L M, Zhu J. 1999a. An investigation of returns to scale in data envelopment analysis. Omega, 27: 1-11.

Seiford L M, Zhu J. 1999b. Infeasibility of super-efficiency data envelopment analysis models. INFOR, Information Systems and Operational Research, 37(2): 174-187.

Seiford L M, Zhu J. 2002. Modeling undesirable factors in efficiency evaluation. European Journal of Operational Research, 142(1): 16 20.

Seiford L M, Zhu J. 2003. Context-dependent data envelopment analysis—measuring attractiveness and progress. Omega, 31(5): 397-480.

Sexton T R, Silkman R H, Hogan A J. 1986. Data envelopment analysis: critique and extensions// Silkman R H. Measuring efficiency: An Assessment of Data Envelopment Analysis, JosseyBass, SanFrancisco, 32: 73-105.

Sherman H D, Zhu J. 2006. Service Productivity Management: Improving Service Performance Using Data Envelopment Analysis. Boston: Spring Science.

Sherman H D, Zhu J. 2013. Analyzing performance in service organizations. MIT Sloan Management Review, 54(4): 36-42.

Thompson R G, Langemeier L N, Lee C T, et al. 1990. The role of multiplier bounds in efficiency analysis with application to kansas farming. Journal of Econometrics, 46(1-2): 93-108.

Tversky A, Simonson I. 1993. Context-dependent preferences. Management Science, 39: 1179-1189.

Weber C A, Desai A. 1996. Determination of Phths to vendor market-efficiency using parallel coordinates Representation— a negotiation tool for buyers, Eurpean Journal of Operational Research, 90(1): 142-155.

Zhu J. 1996. Data envelopment analysis with preference structure. Journal of the Operational Research Society, 47(1): 136-150.

Zhu J. 2001. Multidimensional quality-of-life measure with an application to Fortune's best cities. Socio-Economic Planning Sciences, 35(4): 263-284.

附录　DEA 术语中英文对照

assurance region　保证域
attractiveness　吸引力值
benchmarking　基准
best practices　最佳实践
best-practice frontier　最佳实践前沿
capacity of hard disk drive(HDD)　硬盘大小
changing cell　可变单元格
constraints　约束条件
constant return to scale(CRS)　不变规模报酬
convex combination　凸集
cross evaluation　交叉评价
data envelopment analysis　数据包络分析
decision variables　决策变量
decision making units　决策单元
dcsirablc　期望的
dual model　对偶模型
efficiency　效率
efficient　有效的
employees　员工数量
envelopment　包络
envelopment model　包络模型
evaluation　评估
feasible region　可行域
free variable　自由变量
frontier　前沿
global targets　全局目标
inefficient　无效的
input　输入或投入
input-orientation　输入导向
inputs　输入指标
input-oriented model　输入导向模型
intercept　截距
linear programming　线性规划
measures　指标
multiplier　乘子
multiplier model　乘子模型
output　输出或产出
output-oriented model　输出导向模型
output-orientation　输出导向
outputs　输出指标
performance　绩效
performance evaluating　绩效评估
performance metric　绩效指标
preference　偏好
profits　利润
projection　投影
rank　排序
ratio　比率
radial measure　径向测度
regress analysis　回归分析
relative efficiency　相对效率
return to scales　规模报酬
scale efficiency　规模效率
slack　松弛
Solver parameters Solver　程序参数

spreadsheet　电子表格
target　目标
two-stage　两阶段
undesirable　非期望
variable return to scale(VRS)　可变规模报酬
weight　权重
weak efficiency　弱有效
weighted inputs　加权输入
weighted outputs　加权输出

译 后 记

随着经济增长方式的转变以及供给侧改革的推进，中国经济增长效率、环境政策效应以及企业运营绩效等问题，已成为经济管理学者们的热议话题。既有研究的典型范式通常是，运用生产前沿分析方法对宏观、中观以及微观经济进行效率评估与生产率分析。其中，数据包络分析 (data envelopment analysis, DEA) 作为非参数前沿分析方法的典型代表，得到了学者们的广泛认同与应用。然而，纵观国内现有的研究，在 DEA 方法具体应用中却存在两个极端：一方面，经济学者更关注方法的结果，却忽视方法的适用性；另一方面，管理学者追求模型的新颖，却忽略了对应结果的经济学解释。这显然不是学者们应有的态度，也不利于厘清经济效率的本质与合理的经济政策拟定。

带着这样的疑惑，2013 年我受邀前往 DEA 领域国际知名学者 Joe Zhu 教授所在研究团队访学。按惯例，团队成员在每周研讨中均需汇报最新的工作与想法，而轮到我报告 DEA 建模时，每次都会被 Joe Zhu 教授问到这样的问题：你这样建模的经济意义何在、你为什么要这样做。终于我意识到，原来我自己就是前述国内典型的问题学者之一，长期以来对建模的偏执越发轻视了经济学含义的思考，而在国际知名学者的 DEA 研究团队，这两种思维却得到了并行培养与发展。

于是我向 Zhu 教授请教，如何在研究生涯早期就培养与平衡好学生的上述两种思维，尤其是对未来可能致力于效率与生产率分析研究的学生。于是 Zhu 教授向我推荐了这本书，同时建议我将其翻译成中文出版。

Wade D. Cook 教授与 Joe Zhu 教授均为 DEA 领域的国际权威，通读完他们这本力作，忽然有种豁然开朗的感觉。本书不仅以严密的逻辑介绍了 DEA 方法的基本原理与前沿模型，而且辅以大量实例对模型的计算与应用进行演示，尤其是章节后面的习题设计，不仅帮助读者深入理解模型与方法的优点与不足，而且便于读者挖掘数据背后的故事，逐渐掌握经济分析的技巧。

访学结束回国后，在国家自然科学基金项目 (编号：71471053) 资助下，我便开始组织学生一起翻译这本书。但终因琐事太多，直到三年后才正式提交出版社翻译样稿。一时间倍感光阴易逝，岁月蹉跎。

全书翻译工作由我本人主持，戴前智博士、周志翔博士与陈亚副教授辅助，参与翻译的人员另有我的研究生江兵 (第 1、2、11、12 章)，杨靖宇 (第 3、4、13、14 章)，张东旭 (第 5~ 7 章)，李敏 (第 8~ 10 章) 等。最后，由我与戴前智博士对全书进行校译。科学出版社编辑王腾飞老师对校译工作提出了许多宝贵建议。在此，对他们认真细致的工作表示由衷的感谢。

由于译者水平有限，书中错误与纰漏在所难免，敬请广大读者不吝批评与指正。

吴华清
合肥工业大学经济学院
2017 年 8 月